国际政治科学
QUARTERLY JOURNAL OF INTERNATIONAL POLITICS

目录
CONTENTS

1　崛起国海军建设的战略选择　　　金　峰　陈　琪　管传靖

42　印度政党政治碎片化的成因和历程　　　　　　　　谢　超

72　上合组织和集安组织发展及前景　　　　　靳晓哲　曾向红
　　——基于区域公共产品理论的视角

113　国际关系理论中的历史主义　　　　　　　　　　　王日华

148　美国视角下的霸权衰退　　　　　　　　　赵　华　杨夏鸣
　　——基于对1999—2015年《外交》刊文的研究

200　2015年稿件匿名评审人名单
201　2015年全年总目录
203　注释体例

崛起国海军建设的战略选择*

金 峰　陈 琪　管传靖◎

【内容提要】 海军建设是一个需要兼顾物质基础和力量运用的综合战略与政策行为，崛起国执行怎样的海军发展战略和海军运行战略，决定了其海军建设的效果和能否崛起成功。关注物质基础的海军发展战略可分为对称与非对称两个类型，关注力量运用的海军运行战略可分为开放与保守两个类型。两种战略选择组合的类型，直接影响着崛起国海军建设的效果。以1889—1918年的美国为例，崛起国执行对称的海军发展战略加开放的海军运行战略，其海军建设的效果相对较好。以1964—1985年的苏联和1897—1918年的德国为例，崛起国执行非对称加开放以及对称加保守的战略选择，其海军建设的效果则相应变差。开放的海军运行战略对海军建设的影响总是优于保守的海军运行战略，对称的海军发展战略也相较非对称的海军发展战略对海军建设的效果更有积极的影响。

【关键词】 海军建设海权理论　海军发展战略　海军运行战略

【作者简介】 金　峰　清华大学社会科学学院助理研究员、博士后。
　　　　　　　　　　　电子邮箱：jf-319@163.com
　　　　　　　陈　琪　清华大学社会科学学院副院长、国际关系学系教授。
　　　　　　　　　　　电子邮箱：chenqi@mail.tsinghua.edu.cn
　　　　　　　管传靖　清华大学国际关系学系博士研究生。
　　　　　　　　　　　电子邮箱：gcjing@126.com

　＊ 本文是国家社会科学基金重点项目"自由贸易区建设与亚太安全关系重构研究"（项目编号：15AGJ006）的阶段性成果。

海军作为国家综合实力的重要体现，其发展路径和策略选择是学术界和决策者高度关注的理论问题和现实问题。世界近代史表明，霸权国往往同时拥有稳定的海上霸权，而海上霸权有效支撑了霸权国的全球影响力。相对而言，以崛起为目标的后起国家进行海军建设却是一个风险很高的历程。轻则海军本身发展受挫，如18世纪的法国；重则国家崛起进程被打断，如第一次世界大战之前的德国。而与历史有些相似的是，目前中国海军正伴随着国家整体的崛起过程一同发展。以2012年9月首艘航母"辽宁"号正式列装为标志，中国海军开始由近海迈向远洋，进入所谓"蓝水海军"时代。另外，不断壮大的中国海军也开始引起了当今海上霸权美国的注意和警惕。最近几年，在"重返亚太"战略的驱动之下，美国开始积极寻求在东南亚地区扩充自己的海军存在，其围堵中国海军的意图已日渐显露。中国的海军建设日益面临之前的崛起国同样经历过的战略选择难题。从此困惑出发，本文要研究的问题是，何种重要因素影响了崛起国①海军建设的效果？怎样的战略选择有助于这类国家的海军崛起成功？

一　既有研究回顾

海洋作为某种程度上的国际公共资源，是国家间影响力和力量传导的"良导体"，一国海军战略的调整很容易影响他国的利益，不管其本身是进攻性的还是防御性的，不同战略所存在的差别更多是源于各国不同的地理环境和战略目标。因此，本文的文献回顾主要分为两个部分：首先，关注各国发展海军的共性因素即地缘因素问题的理论发展；其次，以中国自身为例，分析崛起国发展海军时的战略理论难点和应有的战略目标。

---

① 本文中所提到的崛起国，是指自身整体实力已达到洲级规模，海军实力正处在崛起或起飞阶段，有机会且有意愿挑战海上霸权国的陆海复合型强国。根据此定义，以较为宽泛的标准，19世纪末至第一次世界大战结束的美国、德国，冷战中后期的苏联皆可被认为属于此列。

(一) 关于海军建设中地缘因素的理论争论

在海军建设的路径分析研究中，多数学者首要讨论的是地缘因素对海军建设的影响。英国政治地理学家哈尔福德·麦金德（Halford John Mackinder）第一次明确了世界范围内的地缘政治格局：欧亚非大陆成了最大的"世界岛"，美洲和澳大利亚是它的"卫星岛"，而俄国位于大陆中心位置的枢纽区域。"世界岛"的"心脏地带"极难进入，边缘国家往往容易处于弱势地位。[①]

但随着航空航天技术的进步和核武器理论的出现，这一观点受到了很大的挑战。有学者就认为，海上作战比陆上作战对科技更有需求，地理决定了海上作战的环境，而科技试图控制这种环境，空间也较陆地广大。[②] 如果能将武器、设施和地理环境结合起来，便能于战时控制海上的运输。海上作战更容易达到地方力量梯度的边缘地区实施作战，海上运输亦较陆上运输更具优势（在大部分时候）。[③] 在技术上，核动力潜艇打破了麦金德理论的两个前提：核动力潜艇的出现使水面舰艇占优势的时代基本上过去了，海军迎来了大规模扩张的新时期；海军力量第一次能够到达心脏地带。有学者认为在核武器时代，要对抗"心脏地带"国家的陆军优势，西方国家应该结成新的海洋联盟。[④] 该理论一个可能的漏洞是，它过于倚重核武器的作用，但核武器原则上是运用于无限战争，在有限战争里其作用并不彰显。因此，从理论上说，崛起国在制定战略时必须考虑陆军和海军的区别。

---

① H. J. Mackinder, "The Geographical Pivot of History", *The Geographical Journal*, Vol. 23, No. 4, 1904, pp. 421–437.

② Michael Lindberg and Daniel Todd：《近岸、近海及远洋舰队：自1861年迄今地理环境对海军作战之影响》，高一中译，台北，"国防部"史政翻译室，2005，第25—28页。

③ Bernard Brodie, *A Guide to Naval Strategy* (New York: Praeger, 1965), pp. 12–25.

④ Robert E. Walters：《海权与核子谬论》，钱怀源译，台北，黎明文化事业公司，1977年10月；吴征宇：《海权、陆权与大战略：地理政治学的大战略内涵》，《欧洲研究》2010年第1期，第52—66页。其思想源流参考 Nicholas J. Spykman, *America's Strategy in World Politics* (New York: Harcourt Brace & Co., 1942), pp. 412–416。

部分英法学者还批评麦金德过分夸大了"心脏地带"在国际政治运作中的枢纽作用,忽视了海洋与海洋型国家的地缘优势及其统治世界的潜力。① 在此方面,最系统的论述是尼古拉斯·斯皮克曼(Nicholas Spykman)在20世纪30—40年代所发展出的"边缘地带"理论。所谓"边缘地带",其实就是麦金德理论中的"内新月地带"。但不同之处在于,麦金德认为这一地带是地缘政治上的从属地方,斯皮克曼认为边缘地带才是最终决定世界政治权力分配的重要因素,其重要性表现为,处在这一地带上的强国既可以自主选择向陆地或者向海上的结盟方向,也有可能遭遇来自两个方向上的夹击。② 有趣的是,本文后面将要论及的美国、德国、苏联以及中国,在斯皮克曼的认知中都属于"边缘地带"国家,因此这一理论流派也值得重视。

在本节中,从笔者对自二战以来的海军理论进行梳理可以看出,技术水平、时代背景和国际规范等诸多因素均可能影响海军建设,关于海军构成和分析海军实力要素的既有研究虽然不甚丰富,但通过考察已有文献我们可以发现,多数学者认为地缘因素是发挥战略效用的首要要素。

(二) 以中国为例关于海军建设的研究评述

目前学术界并没有成熟的关于崛起国海军建设的相关研究,但中国正处于权力快速上升的时期,是公认的崛起国,有关中国海军建设的相关文献也层出不穷。因此,对相关研究成果进行分析,就可以窥见有关崛起国海军建设路径选择的观点。为了方便讨论,本文借用张炜的说法,将各种观点粗略地分为"海军优先论""反海军优先论"以及"海陆和合论"三类。③

---

① 杰弗里·帕克:《二十世纪的西方地理政治思想》,李亦鸣等译,北京,解放军出版社,1992,第34—36页。
② 吴征宇:《尼古拉斯·斯皮克曼的"边缘地带理论"及其战略含义》,《教学与研究》2006年第5期,第78—83页;刘中民、黎兴亚:《地缘政治理论中的海权问题研究:从马汉的海权论到斯皮克曼的边缘地带理论》,《太平洋学报》2006年第7期,第34—45页。
③ 张炜主编《海上国家安全》,北京,海潮出版社,2008,第497—505页。

"海军优先论"的主要观点是，海军是中国通往大国强国之路和遏制美国霸权的必然选择，应该大力发展远洋型强大海军（比如航空母舰）。张文木一方面表示中国目前只能追求有限海权，①另一方面又强调是否拥有海权是历史上决定大国兴衰的关键要素，中国发展海军的目标是要与美国分享海洋利益。②倪乐雄的研究则是从文明冲突的角度进行分析，认为海军压倒陆军是历史的必然趋势，决定海军战略的不是国家地理位置而是对外发展需求，所以中国必须从"内陆农耕国家转向现代海洋国家"，实现文明转型。③另外，还有学者从政治经济学的分析方法入手，用中国以经济建设为中心的国策和海外利益不断增多来证明发展强大海军的必要性，并特别提到了海军在远洋作战、核威慑和夺取制空权方面不可替代的作用。④也有学者以"战略地缘"概念取代传统的地缘概念，意在说明建设强大海军的动力是源于国家实力增强和海外利益扩展导致的地缘战略环境变化。⑤

相比"海军优先论"的人多势众，对这一观点持怀疑态度的学者虽然不多，但也有其鲜明的立场。叶自成等学者从历史经验出发，说明只迷信海上的坚船利炮成就不了海军大国，而以马汉为代表的海权理论也并不适合中国。无论从地缘环境还是战略位置计，中国都不可能成为西方式的海军大国，"海洋空间的发展不可能超越大陆空间的发展而成为中国最主要的问题"。⑥徐弃郁则从批评经典海权理论入手，认为已有研究过度抬

---

① 张文木：《论中国海权》，《世界经济与政治》2003年第10期，第8—14页。
② 张文木：《经济全球化与中国海权》，《战略与管理》2003年第1期，第86—94页。
③ 倪乐雄：《从陆权到海权的历史必然：兼与叶自成教授商榷》，《世界经济与政治》2007年第11期，第22-32页；《中国海权战略的当代转型与威慑作用》，《国际观察》2012年第4期，第23—28页；《文明转型与中国海军战略》，引自倪乐雄《文明转型与中国海权》，上海，文汇出版社，2011，第197—204页。
④ 杨震、周云亨：《关于中国海权的几点思考》，《世界地理研究》2012年第9期，第20—27页；与其观点类似的还有周琦、马少猛的《中国海权现状分析及破解海权困境的战略思考》，《湘潭大学学报》（哲学社会科学版）2010年第11期，第143—147页。
⑤ 方堃：《战略地缘与中国海军建设》，《世界经济与政治》2004年第8期，第43—48页；李小军：《论海权对中国石油安全的影响》，《国际论坛》2004年第4期，第16—20页；陈彤：《回归地理特性，探讨海权本质》，《世界经济与政治》2012年第2期，第51—69页。
⑥ 叶自成、慕新海：《对中国海权发展战略的几点思考》，《国际政治研究》2005年第3期，第5—17页。

高了海军的历史地位,夸大了海军对国家大战略、国家安全、历史进程的联系。所以他主张中国在制定政策时,应该摒弃这些误区,一方面立足自身的地缘传统优势,另一方面通过国际合作解决自身安全问题,不在海军问题上做出头鸟。[1]

"海陆和合论"走的是中间路线,认为海军和陆军是相辅相成、协同发展的关系。这一提法最早是由刘江永明确提出的,当时意指"以和平方式管理和利用好海洋国家和大陆国家之间的地缘关系",[2]之后变成对中国海军战略的研究观点。吴征宇等学者根据中国临近开放性海洋且背对广袤国土的地理环境,提出了建设海陆复合型强国的战略目标。他从战略平衡性的角度论述,认为中国要吸取德国、法国等同类型国家海军转型失败的教训,既认识到海军发展的必要性,又明确自身资源统筹。[3]胡波则给出了海陆和合论的另一种思路。他的基本逻辑是,中国的海陆位置和海洋经济的低水平,决定了中国要比其他国家花费更多精力在协调海陆资源上。而目前中国的海军战略目标不明,利益诉求也不易被国际社会理解。所以中国首先要明确海洋战略的总体目标,在不同的领域运用适合自己实际的手段。在海军建设领域,中国应注意武力威慑与非军事手段的结合使用。[4]

(三) 现有研究的不足

通过上述文献梳理,笔者认为在已有的与海军实力相关的著作文献

---

[1] 徐弃郁:《海权的误区与反思》,《战略与管理》2003年第5期,第15—23页。
[2] 刘江永:《地缘战略需要海陆和合论》,《学习时报》,2006年4月24日,第2版。
[3] 吴征宇:《海权与陆海复合型强国》,《世界经济与政治》2012年第2期,第38—50页,孔小惠:《中国作为陆海复合国家的地缘战略选择》,《国际关系学院学报》2008年第2期,第12—17页;王勇:《浅析中国海权发展的若干问题》,《太平洋学报》2010年5月,第90—98页;刘中民:《海权发展的历史动力及其对大国兴衰的影响》,《太平洋学报》2008年第5期,第69—78页。
[4] 胡波:《中国海权策:外交、海洋经济及海上力量》,北京,新华出版社,2012,第71—127、247—256页;胡波:《中国海洋战略主打"和""合"牌》,《人民日报》(海外版)2013年7月16日,第1版;鞠海龙:《亚洲海权地缘格局论》,北京,中国社会科学出版社,2007。

中，存在以下不足和缺陷。

首先，目前学术界普遍强调地理因素对一国发展海军成败的影响，笔者并非认为这一观点有误，只是认为这样的解释带有很强的宿命论色彩；此外，过于强调地缘因素会导致两个较为严重的后果。第一是对科技的忽略。在航空母舰发明之前，舰队对陆地攻击的能力是受限的，除了从河流进入内陆外，舰队对岸上的威胁受制于舰上火炮的射程。但自"二战"以来，舰队现在已有足够的能力从海岸线数百千米外发动进攻，全然改变了海军和陆军的关系。而且，海军飞机也能摧毁港口和锚泊于内的舰船。第二是对资源和海洋秩序重要性的忽略。在传统的海军理论中，海洋只被用来作为交通之用，然而今天海洋已经变成资源的供应者，大量食物、能源和矿产来自海水和海床。一个国家拥有的海洋领土越大，能拿到的资源越多。所以，保护海洋资源是海军发展的重要目的。从20世纪以来，随着科技的进步，人类开始用更多方式方法去利用海洋，所以国家现在需要用新的手段来保卫领海和经济海域。

其次，现有的关于海军的研究多数是关于理论的探讨或深化，或者是关于一国海军战略与发展问题的研究，极少有在一个相对统一的平台上对多国海军发展策略的一般性范式的研究。当然，存在这一现象的原因很容易理解，海军实力与国家的利益诉求联系紧密，因而特定国家的需求才是推动海军理论和战略研究的主要动力，所以研究内容往往以某国的特殊利益为出发点。

最后，学术界关于崛起国海军建设的相关文献不够丰富，相关研究还未形成体系，研究的领域和国家分布较分散。笔者主要选择中国作为崛起国的代表对其海军建设的相关文献进行了梳理，一方面是因为此领域文献有一定积累，另一方面也是为本文所提出的新理论做一铺垫。

二 有关崛起国海军建设战略选择的理论模型

单纯用大型水面主力舰作为一国海军实力的象征远不足以如实反映海

军的真实战斗力。如果海军的实力对比仅根据船只数量就能判断其大小的话,那么西班牙无敌舰队和北洋水师也许就不会遭遇悲惨的失败。使用某一单一标准来对一国海军的实力做出判定并不客观,因为后者是建立在多种因素之上的综合性产物。在现实中,不同等级实力的海军会通过承担不同的任务来达成不同的政策目标。因此影响海军完成任务的因素也可以等同于决定海军实力的因素。进一步讲,海军实力作为一国的权力要素,它是既具有输入性,也具有输出性的。① 在海军完成任务这一语境下,海军实力实际就包括了支持完成任务本身的输入性能力和支持完成任务后续影响力的输出性能力。

海军实力在输入性和输出性上的综合体现,即通常意义的"海军战略"(Maritime Strategy)。提升一国海军实力是一个综合性的政策行为,即使以最为简化的标准,也至少要解决两个问题,即"需要一支怎样的海军和需要一个怎样的海军战略"。② 前者涉及舰队结构、军舰组成、武器平台和信息系统的整合乃至人员培训;③ 后者涉及追求怎样的海权和如何有效利用以海军为主的海上军事力量达成相应政策目标。但由于海军战略是一个宽泛且边界并不明确的概念,从广义上讲,海军军备建设也属于海军战略的一部分,为了避免概念上的混淆和可能的逻辑争议,本文借鉴核战略研究中的相关理念,引入"海军发展战略"(Naval Development Strategy)和"海军运行战略"(Naval Operational Strategy)这两个地位并列且内涵明显不同的概念来替代海军军备和海军战略。④

---

① Richard Harding, *Seapower and Naval Warfare 1650–1830* (London: University College Press, 1999), pp. 281–287; 杰弗里·蒂尔:《21世纪海权指南》,师小芹译,上海人民出版社,2013,第24—26页。

② 杰弗里·蒂尔:《21世纪海权指南》中文版序言。

③ A. T. Mahan, *The Influence of Sea Power Upon French Revolution and Empire 1793–1812* (Boston: Little, Brown & Co., 1892), Vol. 1, p. 102.

④ 相关观点参考孙向丽《中国核战略研究》,引自张沱生、李彬、樊吉社编《核战略比较研究》,北京,社会科学文献出版社,2014,第21—36页。

自18世纪末，风帆战列舰"阿伽门农"号和"胜利"号相继成为英国传奇海军将领霍雷肖·纳尔逊（Viscount Nelson）的舰队旗舰以来，海军发展战略，也就是通常而言的造舰计划，对世界各国来说都一直是消耗大量资源的复杂且有挑战性的国家工程。① 即使从那之后200多年间，世界经历了几次重大的技术革新，执行海军发展战略对国家的消耗不仅没有减小，反而对国家的资金、技术乃至整个工业体系都提出了更高的要求。② 在这一点上，崛起国要提升海军实力还面临着额外的困难。通常一国的海军在执行造舰计划时并不会声明是针对假想敌的。而当崛起国执行造舰计划时，霸权国现有的舰队结构则是绕不开的参照系，这一点甚至与两国之间双边关系的状态没有直接关系。③ 对于崛起国来说，霸权国海军既是其潜在的敌手，又是其仿效的榜样。然而，不同的崛起国所采取的有针对性的海军发展战略，则有着不同的侧重点，大体可以分为两类。第一类是推动与霸权国舰队机构相似的造舰计划，目标是在性能或者数量上取得对霸权国的相对优势④；第二类是推动与霸权国舰队功能不对称但有针对性的造舰计划，目标是利用新技术规避与霸权国的正面冲突，在侧翼或者消耗中取得相对优势。⑤ 本文中称前者为对称策略，后者为非对称策略，两者均相较于霸权国海军舰队结构而言。

　　相比于海军发展战略或者造舰计划这一类相对单纯的涵义而言，海军

---

① N. A. M. Rodger, *The Western World: An Anatomy of Georgian Navy* (London: Collins, 1986), p. 29.

② Captain James Goldrick, "The Medium Power in the 21st Century," *Naval Review*, April 2001, p. 103; C. V. Bett, "Development in warship Design and Engineering," *Proceedings of Institution of Mechanical Engineers*, Vol. 210, 1996.

③ 比如，在19世纪末，尽管缺乏英国执行敌视德意志帝国政策的政策，当时德国的海军部长提尔皮茨依然不能忍受英国海军在制海权上的绝对优势，进而在1898年和1990年连续向德皇提出大规模的战列舰造舰计划。可参见 Paul M. Kennedy, "The Development of German Naval Operations Plans against England 1896–1914," in *The War Plans of the Great Powers, 1880–1914*, Paul M. Kennedy ed. (Boston: Unwin Hyman, 1979), p. 171; Paul G. Halpern, *A Naval History of World War* (Annapolis, M.D.: Naval Institute Press, 1994), pp. 2–12。

④ Alfred von Tirpitz, *My Memoirs*, Vol. 1 (New York: Dodd, Mead, 1919), pp. 170–177.

⑤ 吉原恒淑、詹姆斯·霍姆斯：《红星照耀太平洋：中国崛起与美国海上战略》，钟飞腾等译，北京，社会科学文献出版社，2014，第80—82页。

运行战略[①]的涵义就拥有更多的解释空间，甚至连这个概念是否成立都曾存在过一些争议。[②] 当然，本文并无意讨论海军战略是否存在、海军战略是否重要等形而上的问题，[③] 笔者关心的是狭义化的海军战略，即本文中的海军运行战略在海军实力提升过程中所具有的作用及影响以及为什么的问题。尽管研究海军行为和运行方式的著作早在16世纪的风帆时代就已经出现，但是直到19世纪末，海军战略才作为战略学的分支之一开始与作战力量的发展直接相联系。[④] 该领域的学者就一再声称海军战略至少在两个方面拥有区别于其他军事战略的独特性：一是海洋环境本身的特殊，这造成了海军的机动空间广阔、战线概念模糊、联合指挥与协同作战难度大、威胁来源立体多元等一系列实战问题；[⑤] 二是海军战略对非军事因素的关注，马汉就曾提到，"（海军战略）无论在战争中还是在和平状态，其最终目的是发现、支持并增加一个国家的海权"。[⑥] 而与其他种类军事战略一样的是，海军的运行战略不仅需要分配军事资源，还需要分配非军事资源，更需要对舰船的使用与战术运用加以限制。所以，海军运行战略一方面与国家战略与政策目标相连接，另一方面为具有特殊性的海军行为提供指导。如果将海军发展战略比作剑锋，那么海军运行战略就是剑柄，其对一国海军实力提升的作用可谓不言而喻。

考虑到本文之后的案例比较所涉及的年代跨度和技术水平差异都很

---

① 在中国官方的军事教材中，海军战略的定义为："指在服从国家军事战略的前提下，为达成某一特定目的，而对海军力量的建设和运用所进行的全局性的筹划和指导。"全金富编《海军战略学》，南京，中国人民解放军海军指挥学院，2001，第26页。

② Thomas Hardy, *The Trumpet Major* (London: Macmillan, 1925), p. 354; Andrew Gordon, *The Rules of the Game: Jutland and British Naval Command* (London: John Murray, 1996).

③ Mark Russel Shulman, *Navalism and the Emergence of American Sea Power 1882 – 1893* (Annapolis, M. D.: Naval Institute Press, 1995), pp. 78, 121.

④ Milan Vego, *Operational Warfare at Sea Theory and Practice* (London: Routledge, 2009), p. 1.

⑤ Brian Lavery, *Nelson and the Nile: The Naval War Against Bonaparte 1798* (London: Chatham Publishing, 1998), p. 168.

⑥ Capt. A. T. Mahan, *The Influence of Sea Power Upon History 1660 – 1783* (London: Sampson, Low, Marston & Co., Ltd., 1890), pp. 22 – 23.

大，也考虑到几个海军霸权国在制定自身海军运行战略时的变化趋势，本文对崛起国海军运行战略类型的划分既不拘泥于战略理论观点的差异，也不纠结于个别概念的变迁，而是关注一国海军对获得与利用制海权的基本立场，再根据这种立场考察相关的战略选项。因此在本文中，笔者将崛起国海军运行战略分为开放与保守两个类型（此处"开放"与"保守"皆为中性词语，不表示笔者的主观立场）。前者是指海军运行战略主要体现进攻性色彩，更强调"介入"①的战略逻辑和运行范围，更追求在全球开放式的海洋范围内获取安全的海上战略通道；后者是指海军运行战略主要体现防御性色彩，更强调"拒止"的战略逻辑和运行范围，更追求在一定区域（通常为本国近海）的海洋范围内获得排他性较强的安全空间。

综上所述，提升海军实力的相关建设，是指在一个国家提升海军实力的过程中，需要进行海军发展战略与海军运行战略的制定与转型这两项主要任务。如图1所示，本文的自变量有两个，分别是海军发展战略和海军运行战略，两者都属于广义的海军战略的有机组成部分；因变量为崛起国海军建设效果。

图1　本文自变量与因变量的关系示意

其中，自变量与因变量的具体内涵如下。

第一，海军发展战略是指一国对其海军物质力量、技术水平的发展方向与建设计划的全局性筹划和指导。它由造舰计划的基本结构与海军建设

---

① 有关"介入"与"拒止"两种战略逻辑的比较讨论案例，可参考 Roger Cliff et al., *Entering the Dragon's Lair: Chinese Antiaccess Strategies and Their Implications for the United States*（Santa Monica, C. A.: RAND, 2007），p.11；吉原恒淑、詹姆斯·霍姆斯：《红星照耀太平洋：中国崛起与美国海上战略》，第8—15页。

的国内基础两个要素所组成,并可分为对称与非对称两个评估类型。(1)崛起国造舰计划的基本结构,即造舰的重点舰种和舰队组成与海上霸权国现有海军力量的相似度越高,则判定其海军发展战略越接近对称的类型;崛起国造舰计划的基本结构与海上霸权国现有海军力量的相似度越低,则判定其海军发展战略越接近非对称的类型。(2)崛起国海军建设的国内基础,即民意和领导层意志对海军建设和海上扩张的支持度越高,则判定其海军发展战略越接近对称的类型;崛起国民意和领导层意志对海军建设和海上扩张的支持度越低或者极不稳定,则判定其海军发展战略越接近非对称的类型。

第二,海军运行战略是指一国对其已有海军力量的调动、部署,以及基于不同政策目标具体运用的全局性筹划和指导。它由战略逻辑与运行范围、对制海权的利用方式和海军实力的对外展示三个要素所组成,并可分为开放与保守两个评估类型。(1)崛起国越偏重"介入"式的战略逻辑,并倾向将海军力量跨海域甚至全球性地进行部署,则判定其海军运行战略越接近开放的类型;崛起国越偏重"拒止"式的战略逻辑,并倾向将海军力量在一定海域内或本国近海范围内进行部署,则判定其海军运行战略越接近保守的类型。(2)崛起国海军对制海权的利用越偏重建设性,即注重本国海上航路的保护和开拓,并积极寻求建立海外军事基地,则判定其海军运行战略越接近开放的类型;崛起国对制海权的利用越偏重破坏性,即注重阻断和干扰他国特别是海上霸权国的海上航路,并且不积极寻求建立海外军事基地,则判定其海军运行战略越接近保守的类型。(3)崛起国越积极地以多种形式对外展示本国海军实力,并利用海军作为非战争工具来达成本国的对外政策目标,则判定其海军运行战略越接近开放的类型;崛起国越消极地不愿意对外展示本国海军实力,或越少利用海军作为非战争工具,则判定其海军运行战略越接近保守的类型。

第三,海军建设效果是指崛起国海军在其崛起阶段中的力量变化及最终建设结果。从总体上来看,最优的结果是指崛起国的海军在相对和平的状态下渡过崛起阶段，自身实力显著提升，具备了进一步赶上或超过现有海上霸权国海军的坚实基础；最差的结果是指崛起国的海军建设在崛起阶段内遭遇海上霸权国的坚决制衡并引发体系战争，崛起国海军在输掉战争后实力被严重压缩，丧失海军强国的资格。

本文将崛起国海军建设的最优效果称为该国海军实力的"崛起成功"（后文简称为"崛起成功"），将最差效果称为该国海军实力的"崛起失败"（后文简称"崛起失败"），靠近最优一端的效果称为"相对成功"，靠近最差一端的效果称为"相对失败"。需要特别说明的是，本文中的"崛起成功"并非指国家整体崛起进程的成功，而是指该国海军的绝对实力和相对实力相较于其海军建设崛起期开始之前提升迅速且幅度显著，并且对国家整体崛起进程有明显且实质的正面影响。反之，本文中的"崛起失败"是指该国海军的绝对实力和相对实力相较于其海军建设崛起期开始之前提升缓慢且幅度并不显著，并且对国家整体崛起进程有明显且实质的负面影响。另外，海军建设效果的具体评估标准则包括海军硬件设施的改善幅度、力量投送与海上运输方面的能力、经济技术因素与海军建设之间的互动关系和海军建设对其国家安全造成的影响及后果四个方面。

本文认为，海军发展战略与海军运行战略两大因素，共同决定了崛起国海军建设的效果，即崛起国快速提升海军实力的努力能否获得持续性的成功。如果崛起国选择适当的海军发展战略加海军运行战略的策略组合，则其海军在崛起阶段的建设过程将受到来自霸权国及周边国家相对较小的制衡压力，进而在相对顺利的过程中获得良好的效果；如果崛起国选择不适当的海军发展战略与海军运行战略的策略组合，则其海军相应的努力将遭遇相对较大的制衡压力，自身安全环境恶化，海军建设效果较差，甚至会遭遇失败。另外，海军发展战略与海军运行战略在此过程中并非并列关系，而是相互作用的"串联"关系，并且两者各自独立，不能相互替代。以下为本文的理论模型（详见表1）。

表 1　本文理论模型示意

崛起国 海军建设效果		海军发展战略策略选择	
		非对称	对称
海军运行战略 策略选择	保守	海军崛起失败	相对失败
	开放	相对成功	海军崛起成功

由本文的理论模型可以提出如下三个假设。

假设1：当崛起国执行一定的海军发展战略时，选择开放的海军运行战略选项的海军建设效果要优于选择保守的海军运行战略，可以使崛起国海军具更大可能崛起成功。

假设2：当崛起国执行一定的海军运行战略时，选择对称的海军发展战略选项的海军建设效果要优于选择非对称的海军发展战略，可以使崛起国海军具更大可能崛起成功。

假设3：根据前两个假设，当崛起国执行开放加对称的战略组合时，海军建设效果最好；当崛起国执行保守加非对称的战略组合时，效果最差；而开放加非对称或者保守加对称的战略组合所导致的崛起国海军建设效果可能居于中间。

三　崛起国海军建设的案例研究

本节将通过描述现代海军时代不同的崛起国试图挑战海上霸权国而发展海军力量的大体过程，以验证上文提出的战略选择影响这些国家海军建设效果的理论模型。因此笔者选取了1889—1918年美国、1897—1918年德国以及1964—1985年苏联这三个不同的案例，来对海军发展战略和海军运行战略的策略选择和海军建设效果之间的作用关系进行检验。[①] 篇幅

[①] 其中美国案例和德国案例对应检验假设1，美国案例和苏联案例对应检验假设2，三个案例共同对应检验假设3。而由于现代海军时代缺乏崛起国采取非对称加保守的海军战略选择的实际案例，因此假设3在本文中无法得到全面检验。

所限，本文仅就三个案例中涉及自变量与因变量的要点加以分析，更多的历史细节就不加以呈现了。

（一）1889—1918年美国的海军建设

美国海军崛起阶段的建设以1889年时任美国海军部长的特雷西（Benjamin F. Tracy）首次向国会提出进攻性海军战略为开端①，以1918年第一次世界大战终战为节点。而从上文论述可知，一国崛起阶段的海军建设具有双重属性，需要进行海军发展战略与海军运行战略的转型这两项主要任务。所以，要正确检验一国海军建设的效果，首先要确定一国在以上两个方面执行了何种战略选择。在对本文几个案例的研究中，笔者都将遵循这样的逻辑。

首先，我们需要考察美国在这轮海军建设中所执行的战略选择。

在造舰计划的结构方面，1889—1918年，当时的海上霸权英国皇家海军正处于费希尔时代。在此阶段，英国具有稳健威慑特征的古典海权时代接近终结，但工业化与技术水平却日臻完善。② 在这30年中，现代海军从前无畏舰时代过渡至无畏舰盛行的时代，而英国不论是前无畏舰还是无畏舰，在数量上每年都稳居世界第一。③ 1889年旨在执行"两强标准"的《海军防务法案》④ 和1905年之后达到高潮的英德海军军备竞赛，都显示英国一直别无选择地在坚持以战列舰为主体的造舰计划。而回顾美国海军的军备扩充过程可知，从1889年特雷西的《年度报告》到一战过程中的《1916海军法案》，从"印第安纳"号前无畏舰到"马里兰"号超

---

① Benjamin F. Tracy, *Annual Report of the Secretary of the Navy for 1889* (Washington D. C.: GPO, 1889), p. 4. 转引自 George Baer, *One Hundred Years of Sea Power: The U. S. Navy, 1890 - 1990* (Sanford: Stanford University Press, 1993), pp. 8 - 9.

② 相关论述参考胡杰《海洋战略与不列颠帝国的兴衰》，北京，社会科学文献出版社，2012，第166—179、193—236页。

③ George Modelski, William R. Thompson, *Seapower in Global Politics, 1494 - 1993* (Seattle: Univeristy of Washington Press, 1988), pp. 76 - 78.

④ 相关评价参见 Lawrence Sondhaus, *Naval Warfare, 1815 - 1914* (New York: Routledge, 2001), pp. 161 - 168.

无畏舰,美国海军对战列舰的注重始终如一。由此可知,1889—1918年的美国海军建设执行的是对称的海军发展战略。

1889年前后的美国在结束南北战争后国力迅速上升,政府和民众逐渐偏离建国之初孤立主义的传统,开始转向扩张主义。具体到海军方面,尽管国会在相关问题上的立场一直比较保守,但因为有罗斯福和马汉这样极具煽动力人物的存在,政府还是成功地为海军扩军争取到了资源。另外,美国海军中的"少壮派"从19世纪80年代开始就自发地展开了一场对民众的海权教育运动,逐渐扭转了南北战争以来民众对海军缺乏好感的局面。① 而美国媒体在美西战争前极具煽动力的"黄色新闻"宣传攻势也起到了作用,民众在战争胜利后对以杜威为代表的海军将领产生了英雄式的崇拜。② 这标志着美国海军建设开始获得大部分国内民众的认同和支持。由此可知,这一阶段美国的海军发展战略,拥有基于外向型战略文化和民众普遍支持的国内基础。

而在海军运行战略选择上,1889—1918年,美国基本遵循了马汉的进攻性战略逻辑。在1898年的美西战争期间,美国海军两面出击,先是派遣太平洋中队突袭菲律宾,有效地牵制了从西班牙本土出发的支援舰队;之后利用战列舰集群的火力优势,成功地封锁了远道而来的西班牙支援舰队,并最终将其歼灭。在战争中期的6月下旬,美国凭借海军在加勒比海区域所建立的相对稳定的制海权,成功投送了超过1.7万名陆军士兵登陆古巴,进而在7月1日取得了圣胡安高地战斗的胜利,在地面战场实现了对西班牙军队的压制。③ 另一个例子就是一战期间美国海军将超过百万的陆军运送到大西洋对岸的欧洲战场。虽然其中占总量49%的士兵和相当一部分给养的运输是靠英国船只完成的,但美国海军参与的这些陆海

---

① 彼得·卡斯滕:《海军贵族:安纳波利斯的黄金时代及现代美国海军至上主义的出现》,王培译,北京,海潮出版社,2011,第275—329页。
② 毛婷婷:《舆论造势与社会控制:以美西战争为例论黄色新闻的煽动作用》,《新闻世界》2011年第5期,第146—147页。
③ 詹姆斯·柯比、兰迪·罗伯茨等:《美国史》,范道丰等译,北京,商务印书馆,2012,第873—875页。

共同行动，还是对一战最终的结果起到了积极的作用。① 由此可知，这一阶段美国海军的战略，基本遵循"介入"式的战略逻辑和跨海域的运行范围。

在1889年之前，美国海军的主要任务是保护在海上航行的美国商船，使其免遭海盗和其他国家的袭扰。在海军建设的开始阶段，美国就确立了不能将濒海地带作为战场前线的方针，海军应"保证其行动的一切自由"。② 在一战期间，美国驱逐舰队跟随英国海军在1917—1918年完成了对大西洋商船队的护航任务，帮助欧洲的协约国重新疏通了海上交通线。需要说明的是，在门罗主义原则之下，美国要求对西半球海域的相对控制，同时也享受了在英国海军庇护下的其他海域自由通行权。随着现代海军时代的到来，美国也像其他海军国家一样积极寻求海外基地与加油站，以保障其舰队的续航力。截至一战之前，美国在加勒比海区域的古巴关塔那摩和波多黎各都建立了基地，保障了其海军在拉美地区的航行能力。而位于夏威夷的珍珠港基地和萨摩亚的港口，也使得美国海军至少在太平洋东部的调动不至于受到其他国家的制约。此外，美国在此期间所控制的关岛和菲律宾苏比克湾，也开始逐步具备了建设海军基地的条件。由此可知，这一阶段美国的海军运行战略对制海权的利用具有建设性意义。

19世纪末到20世纪初是欧洲海军强国实施炮舰政策的高峰期，逐渐成长起来的美国海军也没有缺席这一过程。特别是在门罗主义的大旗之下，美国海军在1889年后的30年中几十次出兵拉丁美洲，将很多小国纳为保护国，彻底将这一地区变成了自己的战略后方。不仅成功策动了巴拿马脱离哥伦比亚，从而控制了巴拿马运河这条几乎决定了20世纪美国国运和海军发展大势的生命线，而且还通过"巴尔的摩"号事件成功敲打

---

① William J. Wilgus, *Transporting the A. E. F. in Western Europe* (New York: Columbia University Press, 1931), pp. 149 – 241.

② Graham A. Cosmas, *An Army for Empire: The United States Army in the Spanish – American War* (Columbia: University of Missouri Press, 1971), pp. 38 – 39; George Baer, *One Hundred Years of Sea Power: The U. S. Navy, 1890 – 1990* (Sanford: Stanford University Press, 1993), pp. 19 – 21.

了南美洲海军强国智利。① 美国海军在此期间对外展示实力的行为并不只有强制这一种性质,它在1903年委内瑞拉危机中强硬对抗欧洲列强,某种程度充当了美洲国家的利益代言人角色。起到类似效果的还有1907年"大白色舰队"的环球航行,这次规模宏大的海军外交行动,让澳大利亚和新西兰开始相信美国能够帮助它们抵御来自日本的海上威胁。② 这些某种程度兼具善意和炫耀性质的海军外交行为,反过来也巩固了罗斯福修正后的门罗主义政策。由此可知,这一阶段美国海军的战略是主张对外进行高频度与多形式的海军对外展示实力的行为,并取得了良好的效果。

下面我们接着考察基于以上战略选择的美国海军建设的具体效果。

第一,从崛起国海军硬件设施的改善幅度看,美国在南北战争后,大幅削减了海军预算,造成已有军舰年久失修和海军实力的严重下降。在时任海军部长亨特的1881年《年度报告》中就曾提到,美国当时的140艘军舰中,仅有31艘具有实际战斗力。而在同年举行的海上阅兵式中,竟然还有1812年战争时遗留的老式木质战舰。③ 在1889年美国海军建设开始时,其舰队中没有一艘现代战列舰,而此时欧洲国家已进入前无畏时代将近十年。美国海军当时的相对实力只与中国相当,与任何一个欧洲列强都无法相提并论。经过30年从无到有的发展,美国海军在一战前的1912年已经拥有22艘前无畏舰,是同时期英国前无畏舰舰队规模的53.6%;美国海军在一战结束后,至1918年时已经拥有17艘无畏舰,是同时期英国无畏舰舰队规模的38.6%,其超无畏舰的战力水平与英国的相当。此外,美国海军在仿效英国的造舰计划的同时,从20世纪初开始相继在潜

---

① 詹姆斯·柯比·兰迪·罗伯茨等:《美国史》,第861—862页。
② M. J. Crawford, *The World Cruise of the Great White Fleet*: *Honoring 100 Years of Global Partnerships and Security*, (Washington: U.S. Department of Defense, U.S. Navy, Navy History & Heritage Command, 2008), pp. 6 - 7, 108 - 110;白永明、张明峰:《美国海军"大白色舰队"的环球航行》,《军事历史》2008年第4期,第76—78页;乔治·布朗·廷德尔、大卫·埃默里·施:《美国史》,宫齐等译,广州,南方日报出版社,2012,第748—749页。
③ Peter Karsten, *Naval Aristocracy*: *The Golden Age of Annapolis and the Emergence of Modern American Navalism* (Annapolis, M.D.: Naval Institute Press, 2008), pp. 280 - 286.

艇、驱逐舰和早期航空母舰的研发上取得了技术突破，为未来引领世界海军技术发展打下了基础。① 因此，美国海军在硬件设备改善的绝对值与相对值都提升巨大，其建设获得了良好的效果。

第二，从崛起国海军在力量投送与海上运输方面的能力看：事实上早在南北战争之前，美国海军远距离执行任务的经验就已经相对丰富。经过大规模扩充舰队之后，其远程力量投送能力得到了进一步增强。美西战争时期，美国海军可以安全地将超过1万人的军队与辎重投送至加勒比邻近海域的古巴参与地面战斗。罗斯福总统执政前后，海军多次将小股美军投送到拉美国家执行保护侨民和武力威吓的行动。而在一战期间，海军除了将数十万美军远距离投送至欧洲战场外，还成功防御了德国潜艇的海上袭扰。在此过程中，参与投送和运输任务的船只，从早期的以巡洋舰为主，变为后期的战列舰、巡洋舰等多舰种联合行动。因此，美国海军在此期间逐步达到了多舰种、远距离、执行多种任务的标准，其建设获得了良好的效果。

第三，从崛起国的经济发展、技术进步与海军建设之间的互动关系看，从19世纪中后期到20世纪初，美国经济一直在第二次工业革命的助推下保持了较快增长。以1900年英国的水平为基准100计，1900年时美国的人均工业化水平为69，相对总工业潜力为127.8；到了1913年，这两个数据分别飙升到126和289.1。在与军事工业密切相关的钢产量方面，美国在1900年就已经是英国的2倍多了。② 反观海军预算，英国1900年为3400万英镑，美国只有1400万英镑；到了1913年，英国已经升至近5000万英镑，美国则是2700万英镑。③ 以当时美国的经济实力，实际发展的海军规模并没有对整体经济产生压力，相反还绰绰有余。由于

---

① 詹姆斯·M. 莫里斯：《美国海军史》，靳绮雯等译，长沙，湖南人民出版社，2010，第91—94页；切斯特·赫恩：《美国战史·海军》，胡升新译，北京，中国市场出版社，2011，第59—61页。

② 保罗·肯尼迪：《大国的兴衰》，陈景彪等译，北京，国际文化出版公司，2006，第192—195页。

③ George Modelski and William R. Thompson, *Seapower in Global Politics, 1494 – 1993* (Seattle: Univerity of Washington Press, 1988), pp. 80 – 82.

造舰计划和日常维护是一项复杂的大型工程,看到商机的军工、造船和能源行业的托拉斯巨头均毫不吝惜自己对海军的支持。① 而在技术转化和革新领域,美国的步伐并不慢于英国或德国,甚至有时还会显得有些激进。美国是当时海军强国中唯一几乎在所有主要军舰品项研发中都获得成果的国家,例如连续瞄准技术、铜线缠绕鱼雷、早期航空母舰都是明确的例子。因此美国海军建设能够与当时国家经济实力相适应,并可以及时进行技术转化——尽管有些技术革新显得并不成熟。② 但从总体上来说,所取得的效果还是不错的。

第四,从崛起国海军建设对其国家安全所造成的影响及后果看,从总体上说,1889—1918年美国海军的实力建设,就是美国海军从世界排名前十的孙山之外赶超至世界三甲的故事。在实施了近一个世纪的门罗主义政策庇佑下,再加上周边墨西哥、加拿大等国的海军实力不值一提,相对有实力的智利、阿根廷海军又很快被超越,所以美国周边的安全环境基本上没有因为其发展海军而出现明显的恶化。而在与其他海军强国的较量中,美国先是击败了当时已经日薄西山的西班牙;虽然与德国展开过海军军备竞赛,但是也通过外交手段与之保持了冷淡和平的关系,没有让萨摩亚或委内瑞拉成为战争导火索。最后,美国几乎从未试图超越英国海军,而只是把自己的发展目标定位在世界第二,也没有将舰队频繁派往欧洲海域,因此英国也没有对其采取过明确的制衡行为。所以,美国在进行海军建设的同时,基本保持了周边安全环境的稳定,取得了良好的效果。

综上所述,1889—1918年美国的海军发展战略与两个对称型基本特征比较相符,海军运行战略与三个开放型基本特征相符程度比较高。因此可知,在此期间,美国海军建设的战略选择为对称的海军发展战略和开放的海军运行战略。而在海军建设效果的检验中,除了技术进步因素部分不

---

① 乔治·贝尔:《美国海权百年:1890—1990年的美国海军》,吴征宇译,北京,人民出版社,2014,第13页。
② 海军的技术进步并非追求新进越好,而要求在成熟技术和创新措施之间取得平衡。相关论述参见杰弗里·蒂尔《21世纪海权指南》,第175—177页。

符之外，1889—1918年美国海军建设符合有关海军建设效果评估四个标准的正面描述。因此可以判定，在此期间美国海军建设取得了良好的效果，也顺利通过了自己实力的快速崛起阶段，崛起成功。

（二）1897—1918年德国的海军建设

德国海军崛起阶段的建设以1897年提尔皮茨（Alfred von Tirpitz）出任帝国海军大臣并开始研拟新《海军法案》为开端，以1918年德国一战战败为节点。首先考察德国在这一轮海军建设中所执行的战略选择。

在造舰计划的基本结构方面，由于德国海军在19世纪后期经历过卡普里维主政时期大量修建雷击舰，走所谓"绿水海军"路线的混乱时期，海军总吨位从一度的欧洲第三退到欧洲第六。正因为有这样的前车之鉴，提尔皮茨上台之后，在《海军第九号备忘录》中明确了战列舰优先的政策，并将这一政策坚定地延续到了一战之前。由于德国在20世纪初之后陷入了与英国的战列舰造舰竞赛之中。因此这段时间德国海军的造舰计划不仅紧扣战列舰这一主题，就连战舰的形制和体量大小都要同英国海军针锋相对。并且，因为战列舰的修建占据了德国海军绝大部分的资源和精力，客观上也导致德国海军战前在其他舰种的修建上特别是潜艇的修建上准备不足，一定程度上导致了德国在一战海上战场的相对劣势。由此可知，1897—1918年德国的海军建设执行的是对称的海军发展战略。

19世纪末20世纪初德国战略文化的基础，是以普鲁士军事传统为主轴的军国主义和具有扩张性的大国沙文主义。由于德国在19世纪中后期的现代化进程中，改革主导权长期掌握在容克地主阶层，因此不可避免地在军队建设上呈现出重陆轻海的倾向。[①] 再加上德国在地理上不直接面对大洋，从事海洋事业的人群本非社会的主流，海军自建立伊始就持续受到

---

① 钱乘旦：《谈现代化过程中领导者力量的错位：以德国为例》，《南京大学学报》1998年第3期，第35—43页；吴友法：《关于对德国历史进程产生影响的几个问题》，《武汉大学学报》2004年第5期，第293—302页；王明芳：《普鲁士军国主义的形成及其影响》，《兰州学刊》2005年第6期，第36—38页。

陆军传统的影响，提尔皮茨之前数任海军部长都来自陆军就是明证。而在他们的理念中，海军就是保卫海岸和殖民地的防御性力量。尽管威廉二世本人对发展海军很有兴趣，并得到了提尔皮茨的有力辅佐，但是这个时期德国军事战略的重点还是应对来自法国、俄国的陆上威胁，海军建设则起辅助性的作用。这一点从德国的军费支出结构就可以得到证明。而且，在德国海军建设的过程，又没有如美西战争那样足以激起国人崇拜海军情绪的案例，所以德国海军得到的国内支持事实上是比较有限的。由此可知，这一阶段德国海军的发展动力主要来自德皇的个人兴趣和海军内部的鼓吹，民众和社会精英的兴趣则相对有限，这种情况符合非对称的海军发展战略的相关特征。

1897—1918年德国海军所执行的战略逻辑和运行范围，基本上是依循提尔皮茨个人极富进攻色彩的战略构想。他在《海军第九号备忘录》中的核心理念就认为，海军作战必须以战略上的攻势作为基础，才有可能达到防御本土的目的。此备忘录提出时，德国海军的假想敌还是法国的北大西洋舰队和俄国的波罗的海舰队，所以提尔皮茨还强调了执行进攻性战略时需要建立主力舰数量的优势。但随着20世纪初英德之间的竞争态势逐渐明朗，而在当时英国的海上霸权优势又看似无法撼动，这就迫使提尔皮茨的战略思想转向"风险理论"。相对于《海军第九号备忘录》中对攻势战略不遗余力地追求，"风险理论"中已经包含了一定程度的防御目的。尽管在1900年的海军法中，德国海军依然宣称需要强大的舰队来保卫海外殖民地，但同时又要用这支舰队来达到对海上霸权的威慑作用。实际上，一支舰队是不可能同时完成这两项任务的，很明显后者才是这一时期德国海军的真正目的。[①] 而且，之后英国相继与法、俄两国达成了联盟协议，使得英国舰队可以心无旁骛地集中在北海以对抗德国海军。这样的变化，也迫使提尔皮茨进一步在"风险理论"中加入了

---

① 王曾惠：《从一个致命的政策"风险理论"看当前"国军"战略思想》，《国防政策评论》2002年第2期，第144—146页；Keith Bird, "The Tirpitz Legacy: The Political Ideology of German Sea Power", *The Journal of Military History*, Vol. 69, No. 3, Jul., 2005, pp. 821–825。

"存在舰队"的思想，并设想迫使英国与自己进行舰队决战的可能性。之后的战争实践显示，提尔皮茨忽视了英国的地理优势和海军对远程封锁战术的擅长，使得德国战列舰基本无法执行进攻任务，只能坐困本港行存在舰队之实。[①] 由此可知，德国这一阶段的海军运行战略，在理论层面是进攻性的"介入"思维，但在实践中更偏向"拒止"式的战略逻辑和区域性的运行范围。

在对制海权争取和运用的问题上，德国海军的态度是相对比较模糊的。虽然提尔皮茨早期的海军战略提到要保护德国的海外贸易，争取全球性的海上霸权，并且德国海军也一直保有长年驻扎海外殖民地的巡洋舰队，但由于当时德国海军的主要对手是法国和俄国，因此其对制海权的欲望基本只限于北海和波罗的海的狭长区域。其对海上交通线实际的保护，大部分要附属于英国所建立的海上秩序之下，就能力而言，对比同一时期的美国也有差距。德国虽然也在这一时期建立了一些如萨摩亚和青岛这样的海外军事基地，但它们距离德国本土的距离过于遥远，在战时很容易被更加强大的英国海军分割包围，发挥不了实质性的作用。在一战之中，由于德国大型水面舰艇全部被英国海军封锁无法进入大洋，德国海军只能派遣规模并不大的潜艇部队进入大西洋、印度洋和东南太平洋执行无限制潜艇战，试图阻断英、法等国的海上运输线。基于这些史实可以判定，在现实的压力下，这一阶段德国的海军运行战略，对于制海权的利用注重破坏性意义。

在帝国主义盛行的时代，海军外交往往与处理殖民地和附属国事务紧密相连。由于德国在1871年才正式完成统一，因此它加入争夺殖民地的时间很晚，相应的收获也有限。尽管如此，德国海军也在试图开展一些基于炮舰政策的对外展示实力行动，攫取一定的利益，比如委内瑞拉危机和第二次摩洛哥危机。但是德国海军在这些事件里的态度都不甚坚决，也没

[①] Herbert Rosinski：《海军思想的发展》，台北，"中华民国国防部史政编译局"，1987，第100—102页。

有派出主力舰船参与威慑行动,其结果也多是以退让妥协收场。至于德国海军所参加的一些欧洲国家的联合海上阅兵,多是出于礼节,对推动和改善双边关系意义不大。而在战争期间,德国海军与其盟国奥匈帝国及土耳其海军的合作也并不顺利,无法达到牵制英国海军的目标。奥匈帝国一直是欧洲列强中海军实力最弱的国家,在战争中其主要任务是在亚得里亚海和地中海中部牵制意大利海军和法国海军的地中海舰队,并制造少量的潜艇在形式上支援德国的潜艇战。① 而土耳其海军的战斗力则更加孱弱,基本被协约国军队压制在土耳其海峡附近,在战争中的作用着实有限。②。由此可知,这一阶段德国的海军运行战略,虽基本认同对外展示实力和海军外交的作用,但在实践中投入不足,收效有限,更偏向保守型海军运行战略的特征。

接着我们可以考察基于以上战略选择的德国海军建设的具体效果。

第一,从崛起国海军硬件设施的改善幅度看:在1897年前,德国海军的战列舰建造虽然已经开始起步,但进展相对缓慢。1896年时德国海军只拥有4艘设计相对落后的前无畏舰,不仅与英国海军同期21艘前无畏舰的保有量相距甚远,也落后于法国和俄国等欧洲大陆列强。再加上德国海军曾在19世纪80年代经历过追求"绿水海军"战略的弯路,将本就不多的资源大多投入到修建没有远洋作战能力的雷击舰上,所以其海军的总吨位一直在欧洲第四至第五位间徘徊,不足以挑战英国的海上霸权。在1897年提尔皮茨上台之后,德国的大规模造舰计划就以很快的速度收到了成效。到了1903年,德国海军中服役的前无畏舰数量已经达到了1897年时的3倍,并在之后的几年里稳定在英国海军前无畏舰数量的一半左右。③ 如果说,德国在前无畏舰建造上起步较慢所以较难追上英国的话,那么在

---

① Robert Gardiner ed., *Conway's All the World's Fighting Ships*, 1906–1921 (Annapolis, M. D.: Naval Institute Press, 1985), pp. 339–342.

② Tuncay Zorlu, *Innovation and Empire in Turkey: Sultan Selim III and the Modernisation of the Ottoman Navy* (London: I. B. Tauris, 2011), pp. 221–268.

③ George Modelski and William R. Thompson, *Seapower in Global Politics*, 1494–1993 (Seattle: Univeristy of Washington Press, 1988), pp. 75–77, 304–310.

基本是同时起步的无畏舰建造上德国则又拉近了与英国的距离。从1912年开始到一战结束前的1917年，德国海军中服役的无畏舰数量始终保持在英国的2/3左右，总吨位也在一战之前达到了世界第二。[①] 如果再考虑到英国为了维持其海外霸权必须将部分主力舰派遣到其他海域部署的话，德、英在北海的海军实力对比在数值上已经趋于均势。因此德国海军在硬件设备改善的绝对值与相对值都明显提升，其实力建设获得了良好的效果。

第二，从崛起国海军在力量投送与海上运输方面的能力看：一战前，德国在几次炮舰外交的行动中曾经执行过小规模的力量投送行动。而在一战期间，德国海军在此方面的表现近乎一无是处。一是公海舰队从未对英国本土的港口造成过实质性的威胁，二是德国也从未发动过像样的登陆作战行动。在战争前期，甚至出现过"戈本"号（SMS Goeben）战列巡洋舰和"布雷思劳"号（SMS Breslau）巡洋舰在地中海为躲避英、法海军的追击逃至土耳其，而且德国认为两舰返航无望，索性就将两舰送给土耳其的案例。[②] 德国海军在二战前后鲜有大规模海上运输的行动，主要原因当然是因为战争的重点在陆上，但德国海军本身能力的缺失也难辞其咎。因此，德国海军在此阶段的投送能力仅达到了投送范围狭窄、投送规模小、持续时间短的标准，其实力建设获得的效果相对较差。

第三，从崛起国经济发展、技术进步与海军建设之间的互动关系看，在第二次工业革命和统一红利的双重刺激之下，德国的综合国力在普法战争后提升的速度很快。在海军建设刚开始不久的1900年，德国630万吨的钢铁年产量就已经超过了英国的500万吨，而到了一战开始前的1913年，德国的总工业潜力和制造业份额也都反超了英国。从国家GDP来看，

[①] Brian Benjamin Crisher & Mark Souva, "Power at Sea: A Naval Power Dataset, 1865 – 2011," *International Interactions: Empirical and Theoretical Research in International Relations*, Vol. 40, No. 4, 2014, pp. 602 – 629.

[②] Geoffrey Bennett, *Naval Battles of the First World War* (London: Pen & Sword Military Classics, 2005), pp. 27 – 34.

德国在1897年至战前的1913年虽然一直落后于英国，但仅存在些微的差距。① 反观相关海军经费支出方面，英国1897年总支出在3000万英镑左右，之后就在欧洲大陆国家扩军的压力下快速增长，到1913年时已近5000万英镑，增长接近1倍。而有关海军支出过高的争论也在这一时期的政府和海军内部争论激烈。德国1897年海军相关总支出仅为700万英镑左右，虽经逐年增长，但即使在英、德海军军备竞赛已经如火如荼的1913年，这项支出的总额也只有2300万英镑，不到英国的一半，与法、俄、美三国大体相当。② 当然，因为德国是一个传统陆权强国，海军军费的比例在其总军费支出架构下要明显少于陆军。因此可以推知，德国和英、法等国在战争准备时所付出的经济代价大体相当。国防支出也许会对国民经济正常发展造成挤压，但德国面临的压力并不比英、法等国来得更加沉重。在技术方面，德国依靠自身强大的工业基础也取得了长足的进步，其海军后期建造的前无畏舰的动力系统和火力布局已经赶超了同期的英国前无畏舰。而在1905年后的无畏舰竞赛中，德国战列舰的相关性能甚至还较英国战列舰具备了一定的优势，这一点在一战中日德兰海战的结果中即可见一斑。综合来看，德国海军建设对国民经济的压力适中，对新技术的应用比较及时，其实力建设在此方面获得的效果相对较好。

第四，从崛起国海军建设对其国家安全造成的影响及后果看，在德国开始海军建设之前相当长的时间里，英国并未将德国视为最主要的潜在敌人。在19世纪的绝大部分时间里，英国海军最主要的竞争者是法国海军。但自从普法战争结束之后，统一的德国成了欧洲大陆新的陆权霸主，也就同时成为英国大陆均势政策最主要的挑战者。如果此时德国海军维持近海防御的基本特征，不大量建造进攻性舰艇，那么英国的危机感或许还能维持在一个可控的范围。不过，德国的选择是在已经拥有欧陆最强陆军的同

---

① 保罗·肯尼迪：《大国的兴衰》，第194—196页；安格斯·麦迪森：《世界经济千年统计》，伍晓鹰等译，北京大学出版社，2009，第43—44页。

② George Modelski and William R. Thompson, *Seapower in Global Politics, 1494–1993* (Seattle: Univeristy of Washington Press, 1988), pp. 81–82.

时，进一步挑战英国的海上霸权。被触及核心战略优势的英国，此时只能放弃"光荣孤立"的国策，于1904年和1907年与法、俄两国结盟，对德国形成战略包围。[①] 而在海军运行战略层面，由于德国当时教条地遵循提尔皮茨的风险舰队理论，在海军法中明确指定英国为主要敌人，并拟将所有的主力舰集中在北海，针对英国的意味非常明显。受到这样的刺激，英国义无反顾地投入与德国的海军军备竞赛之中，英德关系进一步恶化，并最终导致一战爆发。[②] 可以说，德国的海军跃进绝非英德爆发大战的唯一原因，但却起到了显著的加速器的作用。德国海军的发展不仅引发了海军军备竞赛，还恶化了德国的地缘政治环境，其实力建设在此方面取得了较差的效果。

综上所述，1897—1918年德国的海军发展战略转型方向部分符合非对称的造舰结构特征，而与非对称的国内基础特征相符程度较高；而它的海军运行战略基本符合保守型海军运行战略的第一个和第三个特征，并且与第二个特征相符程度较高。因此可以判定，在此期间德国海军建设的策略选择，在大部分指标上可以判断为对称的海军发展战略和保守的海军运行战略。而在对海军建设效果的检验中，1897—1918年德国海军建设在硬件设施改善幅度与经济和技术两个层面部分，符合有关海军建设效果评估的正面描述；在力量投送、国家安全两个层面，高度符合效果评估的负面描述，海军建设遭遇战争打断并崛起失败。因此可以判定，在此期间德国海军建设的总体效果较差。

（三）1964—1985年苏联的海军建设

苏联海军崛起阶段的建设以1964年崇尚扩张军事力量的苏联领导人勃列日涅夫上台为开端，以1985年长期担任苏联海军司令的戈尔什科夫

[①] 保罗·肯尼迪：《英国海上主导权的兴衰》，沈志雄译，北京，人民出版社，2014，第246—255页。

[②] 吉原恒淑、詹姆斯·霍姆斯：《红星照耀太平洋：中国崛起与美国海上战略》，第78—80页。

（Sergei Gorshkov）被迫离职为终点。[1]

首先，我们考察苏联在这一轮海军建设所执行的战略选择。

在造舰计划的基本结构方面，二战结束之后，美国正式取代英国成为新的海上霸权国，其海军军力也在美苏争霸的压力之下达到鼎盛。经过二战期间的实战检验，战列舰最终走入历史，航空母舰成为大国海军新一代的主力舰。所以美国海军在冷战时期的造舰计划，主要是围绕航空母舰和喷气型舰载机的更新换代来进行，主要建造了包括最后两代常规动力航母"佛瑞斯特"级（Forrestal-Class）和"小鹰"级（Kitty Hawk-Class），第一代核动力航母"企业"号（USS Enterprise，CVN-65）和美国海军主力核动力航母"尼米兹"级（Nimitz-Class）等在内的十多艘新航母。[2]与此同时，美国真正做到了舰队的多功能化和均衡化发展，其弹道导弹核潜艇和攻击核潜艇的总数常年维持在100艘以上。反观苏联的造舰计划，则基于现实需要，强调提高苏联海军对美国航母编队的不对称打击能力。纵观苏联自1964年后20多年的海军建设，其海军军备的重点始终放在发展核动力潜艇上，其规模也超过了美国同期的核潜艇部队。[3]而在水面舰艇建造方面，苏联海军的着眼点也是放在具备远程打击能力的导弹巡洋舰和驱逐舰上，甚至发展出了核动力巡洋舰这一现代海军史上特殊的舰种。

相对而言，苏联对修建航母的态度就显得保守很多，早期只发展出了具有浓重导弹巡洋舰色彩的直升机航母，后期的航母设计依然保留了反舰

---

[1] 相比于两个案例有较为明显的历史事件作为海军建设崛起期的起讫点，本案例的时间节点稍显模糊。之所以将1964年作为苏联海军建设的起点，主要依据是自勃列日涅夫上台后，苏联开始大幅修正其军事战略，重新重视包括海军在内的常规武装力量的发展；而将1985年为终点，则是因为时任苏联领导人戈尔巴乔夫自20世纪80年代初开始实施的裁军政策削弱了苏联海军进一步发展的基础，而戈尔什科夫的离任则将这一趋势表面化了。王海、李植谷：《苏联军事战略概论》，北京，国防大学出版社，1989，第50页；李彦ப：《沉沦巨人：俄罗斯》，北京，时事出版社，1997，第147—148页。

[2] 诺曼·诺尔马：《航空母舰1946—2006：航空母舰发展史及其对世界大事的影响》，王华等译，上海科学技术文献出版社，2013，第465—469页。

[3] George Modelski and William R. Thompson, *Seapower in Global Politics, 1494-1993* (Seattle: Univeriaty of Washington Press, 1988), pp. 294-302.

导弹的火力设置。综合来看，虽然苏联海军在其海军建设末期开始追求与美国海军类似的均衡舰队目标，但在之前大部分的时间内，苏联海军执行的依然是非对称的海军发展战略策略。

对与苏联海军建设相关的国内基础和民众意见进行讨论是一件模糊又困难的事情。由于苏联国内的政体制约，民众实际上并没有多少机会对海军建设表达支持与否的意见。但如果考虑俄罗斯民族在历史演进的过程中所形成的扩张性战略文化，民众对将海军作为扩大国家权力边界的工具应当是可以接受的。① 但问题是，沙俄和后来苏联的扩张行为大多发生在陆地上，海军在此过程中的作用并不明显，并且沙俄还在克里米亚战争和日俄战争中遭遇过失败。因此，可以推测苏联民众和政府对海洋虽有向往，但是想必也存在因为不熟悉、不了解而衍生的复杂情绪。另外，苏联海军建设的进程实际上受到最高领导人个人意志的严重影响，而先后上台的赫鲁晓夫、勃列日涅夫和戈尔巴乔夫对此的意见是差别极大的。并且，海军高级将领在苏共权力结构内部的地位并不高，戈尔什科夫也是依靠自己较高的政治智慧和与勃列日涅夫良好的个人关系来为苏联海军发展争取支持。虽不能说苏联海军建设的国内基础是内向型战略文化，但也没有证据证明领导层和民众在此问题上取得了有效共识。因此，在此方面可判定苏联海军发展战略转型符合所谓非对称的特征。

在海军运行战略转型方面，1964—1985年苏联海军所执行的战略逻辑和运行范围，基本上就是戈尔什科夫个人的意志体现，外加迎合勃列日涅夫对大型舰队的偏爱。戈尔什科夫常被人称为"红色马汉"，而他个人也不掩饰对海军进攻能力的偏爱，只不过因为要面对美国海军的巨大压力，戈尔什科夫的海军学说中有关"海上拒止"的论述也占了相当大的比例。如果具体分析苏联海军在这20年间的行为，不难看出其基于本土防御型的部署远少于之前，反而是在苏联整体"干涉主义"的外交政策下采取了很多"介入"色彩明显的军事行动，前文提到的美苏东地中海

---

① 曹静娴：《解析新时期俄罗斯战略文化》，《西伯利亚研究》2009年第8期，第76—78页。

对峙就是典型的例子。① 而将核动力同时运用于潜艇和水面舰艇，也显示苏联对于海军远洋巡航能力的重视与提升。由此可以判定，这一阶段苏联的海军运行战略，虽在美苏对抗的背景下也包含了"拒止"式的战略逻辑，但更多实践中所遵循的还是"介入"式的战略逻辑和跨海域的运行范围。

虽然苏联与东欧主要盟国之间的交通并不依赖海洋，但是作为一个超级大国，苏联必须通过海洋来同美国竞争全球影响力。最为典型的案例就是20世纪60—70年代苏联海军黑海舰队在地中海的势力扩张，成功突破了土耳其海峡的限制，形成了在东地中海的稳定存在。这一过程并非以破坏美国海上交通线的形式来达成，而是建设苏联自己的海上战略通道，与美国竞争性地共同利用同一片海域。另外，凭借苏联本身已经建立的国际影响力，苏联海军成功地在一些与苏联意识形态相近的国家获得了地理位置优越的海军基地，其中又以埃及和古巴两地的基地最具战略价值。除了上一节提到的例子外，苏联还在1979年与越南签署协议，获得了金兰湾的租借权，有效地扩大了海军在东南亚地区的影响力。鉴于以上这些史实，基本上可以判定，这一阶段苏联的海军运行战略，对于制海权的利用更侧重于建设性意义。

在核威慑存在的前提之下，美苏两国之间的直接对抗才会以"冷战"的形式存在。具体到海军领域，形式多样的对外展示实力行为成了最常见也最有效的美苏对抗形式。前文提到的1973年10月发生的苏联海军在东地中海对美国所采取的威慑性行为，被认为是苏联海军压制美国气焰、赢得盟国信任的成功海军外交尝试。② 而苏联海军在20世纪70年代所进行的一系列全球性海军演习，也有效地展示了自身军力，向自己的盟国以及美国的盟友传递了含义不同的军事信号和政治信号。此外，苏联在海军合作外交领域也做出了开创性的尝试。1972年5月，苏联同美国在莫斯科

---

① 代鹏：《龙战于野：后冷战时代的霸权与战略较量》（之四），《舰船知识》2014年第4期，第81—87页。
② 张启良：《海军外交论》，北京，军事科学出版社，2013，第50—52页。

签署了防止苏美海军发生意外摩擦的协定，对事实上处在对峙状态中的两国海军的行为做出了很多限制性规定，并建立了制度化的对话管道和危机处理机制。① 这一协定及其相关议定书的签署，是二战之后大国海军建立信任措施的一种新尝试，也开创了之后各大国处理海军事务的新模式。由此可以判定，这一阶段苏联的海军运行战略，主张对外进行高频度与多形式的对外展示实力行为，规避了战争风险，强化了盟国关系，并取得了良好的效果。

下面我们考察基于以上战略选择的苏联海军建设的具体效果。

第一，从崛起国海军硬件设施的改善幅度看，苏联海军在第二次世界大战中损失惨重，共有超过 1000 艘各式舰艇在战争过程中沉没。② 战后斯大林虽然想要重启大型造舰计划，但由于他个人理念落后，加上技术和资金的限制，苏联海军在 20 世纪 50 年代中期只是一支拥有数十艘老式巡洋舰和驱逐舰，加上数量庞大的小型舰艇的"蚊子舰队"。其继任者赫鲁晓夫又把国家军事建设的重点放在了战略火箭部队身上，得不到有效支持的海军依然只是一支近海防御型海军。而经过 20 多年的发展，苏联海军在 20 世纪 80 年代初已经拥有了近 150 艘各类型的核动力潜艇、超过 100 艘具备导弹发射能力的巡洋舰和驱逐舰，海军航空兵也拥有 1400 多架飞机，舰队总吨位达到美国海军的 3/4，是第三名英国海军的 5 倍之多。③ 虽然此时的苏联海军舰队中依然充斥着大量只能近岸活动的小型舰艇，航空母舰的建造也一直处于相对迟滞的状态，但是苏联海军的造舰计划所取得的成就还是有目共睹的，给美国海军造成的威胁也是实实在在的。因此，苏联海军在硬件设备改善的绝对值与相对值都提升巨大，其实力建设

---

① "Agreement Between the Government of the United States of America and the Government of the Union of Soviet Socialist Republics on the Prevention of Incidents On and Over the High Seas"，http：//avalon. law. yale. edu/20th_ century/sov008. asp；季晓丹、王维：《美国海洋安全战略：历史演变及发展特点》，《世界经济与政治论坛》2011 年 3 月，第 69—84 页。

② 吴荣华：《二战苏联海军史》，北京，人民日报出版社，2014，第 430—431 页。

③ 孟胜男：《勃列日涅夫时代的苏联海军建设》，《黑龙江史志》2011 年第 21 期，第 32—34 页。

在此方面获得了良好的效果。

第二，从崛起国海军在力量投送与海上运输方面的能力看：苏联海军之所以被苏联领导人加以重视并在1964年开始建设，直接原因就是苏联海军在1962年古巴导弹危机中暴露出了其力量投送和远航能力上的严重不足。当时的苏联海军甚至没有一艘大型水面舰艇可以承担到达加勒比海的远航任务。再加上当时苏联缺乏足够的海外军事基地，所以在之后的海军发展中，苏联也特别重视舰队的远洋续航能力。大量核动力潜艇的建造、"基洛夫"级核动力巡洋舰这一特殊舰种的开发，就显示出苏联海军在这一方面近乎偏执的追求。巨大的投入带来丰厚的产出，在历次全球性军事演习中，苏联海军都展示了其水面舰队可以轻易从北海、波罗的海和地中海三个方向突入北大西洋的能力。并且，随着海外基地数量的增加，苏联海军在20世纪80年代初已经具备了在所有大洋上执行战略战术任务的能力，成为一支不折不扣的远洋海军。并且其军舰上大多配置了数量众多的导弹发射器，对岸攻击的能力其实也不逊于以舰载机为主要武器的美国海军。因此，苏联海军作为二战之后第二支可以做到全球部署的海军，其实力建设在此方面效果良好。

第三，从崛起国经济发展、技术进步与海军建设之间的互动关系看，作为世界当时最大的计划经济国家，苏联经济虽然在第二次世界大战中受到了一定的打击，但是其发达的重工业体系依然帮助它在二战之后获得了较快的恢复。1964年苏联的GDP大约相当于美国的45%。[1] 但因为计划经济体制的僵化，苏联的经济增长率和工业生产增长率在20世纪60年代明显放缓，到了70年代已经进入经济发展相对停滞的状态。[2] 为了维持与美国的战略平衡，苏联的军费投入在政府财政支出中的占比一直很高，常年保持在30%以上。特别是在勃列日涅夫执政的前期，军费年增长率都保持在10%左右，远高于经济增长率，而军费总额更是在很多年份高

---

[1] 安格斯·麦迪森：《世界经济千年统计》，第84—85、100—101页。
[2] 保罗·肯尼迪：《大国的兴衰》，第422—425页。

于美国。① 很多学者也认为，苏联事实上是在以牺牲本国经济增长和人民生活水平改善为代价，来勉强争得在同美国军事竞争中的优势地位。这其中，苏联海军军费在军费总额的占比为15%—20%，与空军大致相等，远低于陆军，份额虽不高，但显然也是压垮苏联经济重担中的一部分。而在技术转化领域，苏联的投入不可谓不巨大，其军费的1/4是用于军事技术的研发工作，涉军研究的科研经费占国家总体科研支出的比例近75%。也正是由于苏联军工科研系统的强大支持，苏联海军才能在短短20年内完成整个舰队的更新换代，并在包括核潜艇和巡洋舰等相关技术方面比肩，甚至超过美国。不过受限于战略思维，苏联海军在航母及其舰载机的研发领域步伐较慢，甚至犯过方向性错误。综合来看，苏联海军建设对国民经济的压力极其沉重，对新技术的应用尚属合格，其实力建设在此方面获得的效果相对较差。

第四，从崛起国海军建设对其国家安全造成的影响及后果看，在这方面苏联与美、德案例不同。作为一个社会主义阵营的老大，苏联在东欧和亚、非拥有为数不少的盟友，周边安全环境的基础是优于一战和二战时期的德国的；另一方面，"冷战"时期苏联与美国是明确的军事竞争和对抗关系，只是由于核武器的出现抑制了双方发生"热战"的可能性。因此，苏联发展海军并没有对美苏争霸的格局产生根本性的影响，只是增加了一个双方竞争的新领域。如果从细节观察，随着海军的壮大，苏联的近海防御形势已经得到根本的改善，其对外政策执行也有了新的抓手。不过，美苏海军之间直接对抗机会的增加也使得两国之间的战争风险升高，比如在1973年的事件中，美苏舰队就险些开战，美国还因此宣布了全国核戒备。苏联海军的发展是在军事竞赛的背景之下，但客观上保护了国家安全，其实力建设在此方面的效果为中性。

综上所述，1964—1985年苏联的海军发展战略转型方向基本符合非

---

① 李卫国：《苏联的军费开支及其影响》，《世界经济与政治》1987年第9期，第39—44页；谢·罗戈夫：《苏美军费比较：均势的代价》，《世界经济评论》1991年第10期，第63—69页；保罗·肯尼迪：《大国的兴衰》，第377—379页。

对称的海军发展战略的两个基本特征；它的海军运行战略转型方向则高度符合开放型海军战略全部三个基本特征。因此可以判定，在此期间苏联海军建设的策略选择，在大部分指标上可以判断为非对称的海军发展战略和开放型的海军运行战略。而在海军建设效果的检验中，1964—1985年苏联海军建设在硬件设备改善幅度、力量投送层面，符合有关海军建设效果评估的正面描述；在经济与技术两个层面符合效果评估的负面描述；在国家安全层面的评估则呈现相对中性。因此可以判定，在此期间苏联海军建设的总体效果较好，虽不及一战前美国海军建设的案例，但优于德国的案例。

四 结论与政策建议

（一）经验分析结论

本文对崛起国发展海军实力时的策略选择及其效果进行研究，进而在国家分析层面构建了解释和理解崛起国海军建设成败的新的理论假说。本文通过描述现代海军时代崛起国试图挑战海上霸权国而发展海军力量的大体过程，以找出影响不同崛起国海军建设效果的共同决定性因素。笔者首先对本文涉及的主要自变量海军发展战略、海军运行战略和因变量海军建设效果进行概念界定和操作化。接着，笔者选取了1889—1918年的美国、1897—1918年的德国以及1964—1985年的苏联这三个不同选项组合也收到不同效果的具体案例，来对海军发展战略和海军运行战略的策略选择和海军建设效果之间的作用关系进行检验，三个案例的检验情况详见表2。

假设1：当崛起国执行一定的海军发展战略时，选择开放的海军运行战略的海军建设效果，要优于选择保守的海军运行战略，可以使崛起国的海军具有更大可能崛起成功。笔者通过1889—1918年美国海军建设与1897—1918年德国海军建设的案例对比检验获得了证实，假设可以成立。

表2 对假设案例的检验总结

假设内容	对应案例	变量情况	是否证实假设
假设1：海军发展战略一定时选择开放的海军运行战略，其效果优于保守的战略选项	1889—1918年美国海军建设 1897—1918年德国海军建设	自变量：美国对称加开放；德国对称加保守 因变量：美国海军崛起成功；德国海军崛起失败	假设成立
假设2：海军运行战略一定时选择对称的海军发展战略，其效果优于非对称的战略选项	1889—1918年美国海军建设 1964—1985年苏联海军建设	自变量：美国对称加开放；苏联非对称加开放 因变量：美国海军崛起成功；苏联海军发展相对成功	假设成立
假设3：四种可能的战略组合中，对称加开放的战略选择效果最优；非对称加保守的选择效果最差；其他两种选择效果介于二者之间	本文三个崛起国海军建设案例比较检验	自变量：美国对称加开放；苏联非对称加开放德国对称加保守 因变量：美国海军崛起成功；苏联海军发展相对成功；德国海军崛起失败	假设基本成立

假设2：当崛起国执行一定的海军运行战略时，选择对称的海军发展战略选项的海军建设的效果，要优于选择非对称的海军发展战略，可以使崛起国海军具有更大可能性崛起成功。通过1889—1918年美国海军建设与1964—1985年苏联海军建设的案例对比检验获得了证实，假设可以成立。

假设3：根据前两个假设，当崛起国执行开放加对称的战略组合时，海军建设效果最好；当崛起国执行保守加非对称的战略组合时，效果最差；而开放加非对称或者保守加对称的战略组合所导致的崛起国海军建设效果可能居于中间。本文对三个崛起国海军建设的案例进行对比检验，获得了大部分证实，又由于缺乏非对称加保守战略选择的历史案例，所以本假设基本成立。

综上所述，本文研究发现崛起国在海军发展战略和海军运行战略两个方面的策略选择组合，共同决定了崛起国快速提升海军实力的努力能否获得良好效果和持续性的成功。其中，对称的海军发展战略选项加开放的海军运行战略选项对崛起国来说是相对优选，可以令海军建设的效果较好，并且拥有很高可能性实现海军的成功崛起。如果将两个方面的策略选择单独分析，可以发现开放的海军运行战略总是优于保守的海军运行战略，对称的海军发展战略也较非对称的海军发展战略具有一定的优势。

表3 对三个案例的比较分析

案例检验		1889—1918年 美国的海军建设	1897—1918年 德国的海军建设	1964—1985年 苏联的海军建设
海军建设 策略选择	造舰计划的结构	以战列舰为主体	以战列舰为主体	发展核潜艇、反舰导弹
	国内基础与民意	外向型文化 民众支持	陆军传统强 民众支持不足	扩张型文化 领导意志善变
	战略逻辑与运行范围	全面介入,两洋部署	风险理论,形攻实防	部分拒止,总体介入
	制海权运用	保护航线 广布海外基地	制海欲望低 战时袭商破交	全球扩张 争取海外基地
	对外展示实力的形式和频率	炮舰政策、高频多样	炮舰政策、效果有限	与美信任外交 全球演习高频
	总评	对称加开放	对称加保守	非对称加开放
海军建设 效果评估	硬件设施的改善幅度	绝对与相对 实力上升明显	绝对与相对 实力上升明显	总吨位上升 拉近与美差距
	力量投送与远洋续航能力	远洋续航强 执行任务多样	投送能力差 对外投送案例少	续航能力提升 全球部署形成
	经济与技术因素与海军的互动	经济支持有力 技术转化充分	经济压力适中 技术转化及时	扩军反噬经济 部分技术迟滞
	国家安全与地缘政治环境	未遇明显制衡 周边稳定	扩军加剧制衡 最终引发大战	外部安全压力 持续高位
	总评	成功崛起	崛起失败	发展迅速,相对成功

(二) 海军发展战略和海军运行战略选项组合产生效果的原因

为什么对称的海军发展战略和开放型的海军运行战略的选项组合会相较于其各自的竞争性策略选项组合更佳?笔者认为,主要有以下四个方面的原因。

首先,崛起国海军建设的目标是为了缩小与海上霸权国的相对实力差距,并至少建立区域性的海上力量优势和主导权,而对称加开放型的策略选项组合最符合历史既有海上霸权国的海军特征。在现代海军时代,只存在英国和美国两个海上霸权国,而英、美海军所秉持的海军建设路线,都是对称加开放的策略选择。特别是美国海军,它自1889年开始进行海军建设起,其海军形态就一直是以大型进攻性水面舰船为主的舰队,加上遍及全球各个大洋的军事存在和前进基地。而在风帆时代,西班牙、葡萄牙和荷兰等国都曾在或长或短的时间内取得过海上霸权,而维系这样的霸权也是靠广泛分布的殖民地和大量的海军舰船。① 虽然在一些特征指标上会有所变化,但是两个时代海上霸权的基本形态是一脉相承的。所以对崛起国来说,如果海军建设可以取得成功,则其最终的海军形态大抵也不会脱离历史规律。又因为海军一直是一支高资本与高技术密集的军种,替代性发展所需的时间和物质成本相当高昂。② 因此采取跟随仿效的方式,选择对称加开放的策略组合,对崛起国来说是相对优解。

其次,对称的海军发展战略是一种透明度较高的造舰计划,可以有效降低霸权国的不安全感和警惕性。虽然人们熟知的军备竞赛往往是以崛起国与霸权国争相修建主力舰为特征,但是修建主力舰在此处仅为必要条件而非充分条件。所谓两国间的敌对关系和国内政治因素还会起到很大的推动作用,因此修建大型水面舰船并不必然导致海军军备竞赛和霸权国其他制衡行为的发生。③ 相反,非对称型的海军发展战略,即修建在战术层面明显克制霸权国主力战舰的替代性战舰,对霸权国所传达出的敌意才更加明确。另外,非对称的海军发展战略也会面临所谓"战略模糊"(Strategic Ambiguity)的问题,因为非对称的海军发展战略虽然可以保持

---

① 有关风帆时代霸权国的海军历史参考 Paul M. Kennedy, *The Rise and Fall of British Naval Mastery* (London: Fontana Press, 1991), pp. 45 – 140;保罗·肯尼迪:《大国的兴衰》,第52—135 页;刘中民:《海权发展的历史动力及其对大国兴衰的影响》,《太平洋学报》2008年第5期,第69—78页。

② Norman Friedman:《海权与战略》,翟文中译,台北桃园县,"国防"大学译印,2012,第63—64页。

③ Ido Oren, "Capability and Hostile Behavior in Arms Race Models," *International Interactions*, Vol. 21, No. 4, June, 1996, pp. 309 – 334; Sean Bolks and Richard J. Stoll, "The Arms Acquisition Process: The Effect of Internal and External Constraints on Arms Race Dynamics," *The Journal of Conflict Resolution*, Vol. 44, No. 5, 2000, pp. 580 – 603.

较好的保密程度，但霸权国很有可能会因为缺乏信息来源而做出过激反应。①最后，崛起国海军在其起飞阶段的发展战略实质上具有一定战略灵活性，即可以选择是否明确以达到和超越霸权国的海军军备水平为目标。如果崛起国选择的目标仅仅是接近而非超越霸权国，那么引发军备竞赛和周边安全环境恶化的风险就会大大降低，甚至有可能促成与霸权国的对话和妥协。②

再次，开放型的海军运行战略某种程度上代表了对现有海上秩序的承认和维护，直接挑战霸权国的意味相对较淡。海军存在的主要目标是维系海上控制或者制海权，以确保本方可以自由使用海上通道。有关制海权的绝对性和排他性的争议一直在进行，但随着战略理论的丰富和海军技术的革新，相对性和暂时性的海洋控制概念逐渐被各国所认同。开放型和保守型两类海军战略重要的区别之一，就是前者专注制海权的建设性运用，后者专注破坏性运用。虽然崛起国采取开放型的海军战略也存在挤压和占据原有霸权国海上势力范围的可能，但是更多的情况下崛起国在海军建设期间是认同霸权国在全球范围内的海上霸权的，前者所要求的往往只是一定区域内的主导权。相反，保守型的海军运行战略的破坏性基本等同于直接对抗霸权国所建立的海上秩序，这是霸权国难以接受的。并且，开放的海军运行战略最大限度地保证了海军行为的模糊性和机动性，扩大了崛起国海军的影响力，也提高了霸权国在非战争状态下的制衡成本。③

最后，自第二次世界大战结束之后，随着相关国际制度的逐步健全和核威慑体系的建立，世界主要大国之间发生战争的可能性显著降低。冷战结束之后，国际政治格局从两极转化为一超多强，大国之间爆发战争的可能性似乎也没有增加。由于霸权国制衡强度的降低和制衡成本的相对提

---

① Sandeep Baliga and Tomas Sjöström, "Strategic Ambiguity and Arms Proliferation," *Journal of Political Economy*, Vol. 116, No. 6, December, 2008, pp. 1023–1057.
② 托马斯·谢林：《军备及其影响》，毛瑞鹏译，上海人民出版社，2011，第239—244页。
③ Norman Friedman：《海权与战略》，第65—66页。

高，海军实力崛起所面临的外部安全压力减小。① 在大国之间发生战争的可能性较低的前提下，大国提升自身影响力的主要途径已经转为同小国进行利益分享。如果一个崛起国仅仅提升自身实力而不承担相应的国际责任，或不向国际社会提供一定量的公共产品，其实力越增长，遭遇的体系压力就会越大。② 回归到海军建设的层面，开放型的海军运行战略显然要比保守型的海军运行战略更容易为他国提供好处，并纾解自身的体系压力。③ 在此条件下，崛起国采取一步到位的对称的海军发展战略在时间和资源成本上都会变得更加合算。综上所述，当下国际政治格局和海军技术发展的新变化实际上加强了本文基本假设对可预期的未来崛起国海军建设的解释力，对称的海军发展战略和开放型的海军运行战略作为相对优选的地位也会进一步凸显。

（三）对中国海军建设的政策含义

本文所提出的有关崛起国海军建设的战略选择理论，适用于崛起国海军发展的崛起阶段，而这一崛起阶段通常是发生在崛起国整体崛起过程的中后期。因此，这一理论如果成立，则其也对中国整体崛起过程中后期时的海军发展具有政策上的参考意义。

在海军发展战略的策略选择上，笔者认为中国海军首先应遵循从修建

---

① 以当下的中美海军关系为例，面对中国海军军力的上升，美国所采取的策略实质上是在希望遏制与接触之间求得平衡，或者实现中美海军在一些具体领域的谅解与合作，这与之前崛起国与海上霸权国的互动模式明显不同。樊吉社、张帆：《美国军事：冷战后的战略调整》，北京，社会科学文献出版社，2011，第310—332页；庄建中：《中国海洋发展战略与中美合作》；彼得·A.达顿：《指引航向：中美海军开展合作，促进治理与安全》；迈克尔·J.格林：《美中海上合作：地区影响与展望》，引自安德鲁·埃里克森、莱尔·戈尔茨坦等主编《中国、美国与21世纪海权》，第19—25、166—194、281—288页。

② 相关研究参考杨原《武力胁迫还是利益交换？大国无战争时代大国提高国际影响力的核心路径》，《外交评论》2011年第4期，第96—116页；杨原《大国无战争时代霸权国与崛起国权力竞争的主要机制》，《当代亚太》2011年第6期，第6—32页。

③ 相关分析参考 Colin S. Gray, *The Navy in the Post - Cold War World: The Uses and Value of Strategic Sea Power* (University Park, P. A.: Pennsylvania State University Press, 1994), pp. 125 - 160。

"辽宁"号航母开始的既有路线,实施在结构上与美国基本对称的海军发展战略。中国海军的造舰计划,应该参考美国海军现有的舰队结构,将重点放在继续建造以航空母舰为主体的具有远洋进攻能力的大型舰队方面,尤其应发展核动力航母。

其次,政府还应采取措施,营造支持中国海军建设的良好社会氛围,特别是要加强对各级在校学生的海洋教育和海军教育。海军建设是一个需要调动大量社会资源的综合性工程,海军发展是一类极易引发社会关注的公共议题,没有一个广泛的群众基础和一个积极的舆论环境,海军要实现长期健康稳定的发展是不可想象的。另外,海军建设需要大量的专业工程人才,海军也需要大量掌握专业技能的军事人员,因此扩大人才的选材范围和提升海军对民众的吸引力也是必须要做的工作。而以上所有这些要求,都应在每个人的求学阶段和孩童时代就落实最基本的教育理念。

相对于海军发展战略的策略选择,中国在海军运行战略上的策略选择则更与整个国家对外政策与相对实力上的变化息息相关。党的十八大之后,中国政府提出了"奋发有为"的外交新基调,并开始以"一带一路"建设为主轴积极开展国际合作,扩大中国在本地区的影响力。作为国家实力的重要组成部分,中国海军理应在新的时代背景和历史条件下承担更大的责任与使命。结合本文的研究结论,中国的海军建设应选择开放型的海军运行战略,具体来说应当在以下三个方面有所注意。

第一,中国海军未来对制海权的利用要注重建设性意义,特别是要大力争取舰队在非近海区域稳定的存在。中国海军要提高自身的远洋行动能力,特别是保卫与经济发展相关的海上交通线的能力,那么寻找形式适当、布局合理、数量合宜的海外基地势在必行。考虑到目前中国政府仍然秉持不结盟的外交战略,获得海外军事基地在政策层面具有较高的困难度和敏感性。这里可以借鉴所谓"战略支点"的概念,[①] 利用军民两用或其

---

① 相关讨论和学者观点参考徐进、高程、李巍、胡芳欣《打造中国周边安全的"战略支点"国家》,《世界知识》2014年第15期,第14—23页。

他相对宽泛的概念与目标国达成谅解和共识，扩大中国海军在对方港口的相关权限（尤其是具有部分排他性的优先权限），逐步接近一个完整海军基地的用途需求。而在地点的选择上，中国海军对马六甲海峡附近和印度洋沿岸应当予以优先考虑。

第二，中国海军未来应进行高频度与多形式的对外实力展示，着力拓展海军外交职能。中国应关注海军建设和舰队存在所派生出的政治意义，更应该重视和推动中国海军发展多形式多任务的对外实力展示的职能。对中国来说，强化海军的对外实力展示至少有三个不同层面的积极意义。首先，将海军军事存在的意义外延至政策工具，丰富中国贯彻本国外交政策和意图的手段；其次，建构中国海军与外国海军基本的双边或多边信任措施，并提高与友军联合行动的效用；最后，提高实力快速上升期的中国海军的透明度，打造中国海军的软实力，改善中国海军的对外形象。①

第三，基于有效规避制衡的战略意图，中国海军未来的发展应明确近期与中期目标，争取国际空间，进而争取与美国及周边国家达成谅解和共识。笔者认为，在中国海军发展的崛起阶段，务必要保持战略目标的有限化，绝不应直接挑战美国目前依然稳固的全球性海上霸权。作为本地区经济总量最大、军事实力较强的国家，中国海军在西太平洋的地位和作用理应得到提升。正如习近平主席所言："太平洋足够大，能够容纳得下中美两个大国。"未来，中国海军不仅应当承担维护本国海洋权益的责任，更应当努力寻找机会，为本地区的海上安全秩序提供积极的安全保障。②

---

① 参考张启良《海军外交论》，第233—236页。该书为中国学术界第一本全面论述海军外交的学术著作，相较于国外从20世纪70年代末就开始的系统性研究，中国学术界对此议题的关注还明显不足，这也从一个侧面显示中国海军在外交领域的潜力远未被完全发掘。

② 笔者此观点主要受下列几篇论文的启发，刘丰：《安全预期、经济收益与东亚安全秩序》，《当代亚太》2011年第3期，第6—25页；孙学峰：《东亚准无政府体系与中国的东亚安全政策》，《外交评论》2011年第6期，第32—47页；孙学峰：《寻求中国东亚政策的再平衡》，《东方早报》，2014年1月14日，第A11版。

印度政党政治碎片化的成因和历程

谢 超◎

【内容提要】 针对学界关于印度政治碎片化成因的争论,本文强调制度设计决定政党体系,印度宪法关于国家制度的条款及选举的法律法规等决定了印度政党政治的发展方向。通过对执政机会和执政稳定性两个维度的分析,本文发现政党体系发展的基本路径是:在既定权力分配制度下,如果大党执政机会大,且能稳定执政,那么小党发展受到抑制,此时有利于党派融合和大党的形成,政党数量下降;如果小党执政机会大,且能稳定执政,那么大党发展就会受到挤压,此时易于出现党派分裂和小党的发展,政党数量上升。制度设计还决定国家治理方式,联合执政作为政党数量上升在国家治理层面的表现方式,逐渐成为联邦和地方两个层面所认可的权力分享机制,使得更多政党获得分享国家政权的机会,提高了政党联盟的执政稳定性,因此在政党政治碎片化的前提下,有助于推动有效政党数量上升并保持高水平。

【关键词】 印度政党政治 联邦制度 多党制 联合执政 有效政党数 碎片化

【作者简介】 谢超 清华大学国际关系学系博士研究生。
电子信箱:xiechaocn@gmail.com

* 感谢《国际政治科学》匿名审稿专家提出的建设性修改意见,文中的错漏之处由笔者负责。

一 问题的提出

印度政党体系的演变，特别是关于印度政党政治碎片化（以下简称"碎片化"）的成因，历来是学界热烈讨论的话题之一。按照"迪韦尔热定律"（Duverger's Law），实行单议席单票制（First-Past-the-Post，FPTP，即每个选区有一个席位，得票最多的参选者得之）选举制度的国家更容易形成两党制。严格地说，迪韦尔热的假设只适用于地区层次，不过随着地区层次两党制的发展成熟和效应外溢，国家层次最终也将形成两党制。① 印度政党体系演变的历史进一步挑战了该定律，两党制并没有在印度生根发芽，即使是在地方层次，多党联合执政的现象也很多，这并不符合迪韦尔热定律假设的情况。有鉴于此，相对于世界政党政治发展的普遍趋势而言，印度案例呈现出的特殊性多于共性。印度政党政治的演变值得深入研究的原因还在于其后续发展，自国大党一党独大体系瓦解后，印度并没有进入两党制，但也没有像欧洲和拉丁美洲的一些国家那样停留在稳定的多党制，反而是进入了碎片化，无论是从政党的绝对数量，还是在国家和地区层面，有实力参与选举和获得议席的政党数量都在不断增加，执政联盟的政党数量之多也使得印度成为政党研究的突出案例。

二 印度政党体系演变的既有解释及不足

对于印度政党政治碎片化的原因，学界较为普遍的看法是政党实力对比的此消彼长所致，即"国大党式微论"。自独立以来，国大党长期执政，印度政坛很长时间内都没有一个党派能够实质性地挑战国大党的主导地位。这使得该党对印度社会发展出现的新问题不敏感，应对社会新吁求

---

① Maurice Duverger, *Political Parties* (New York: Wiley, 1954), p.288.

的能力下降。① 特别是尼赫鲁去世之后，党内高层之间的权力争夺愈加激烈，政见分歧日益加大，党内领导人脱党另组新党事件时有发生，使该党的影响力不断下降。从政党实力对比来看，国大党影响力下降给了其他政党填补国大党影响力空白的机会，地方政党趁机崛起，有学者把这股政党涌现浪潮称为印度的"第二次民主崛起"。② 借着国大党式微的契机，针对公众在文化认同、政治自治和经济发展等方面的多元化要求，地方政党通过制定更贴近本地选情的纲领，巩固和扩大选民基础，为自身的发展和崛起创造了空间和时间。③ 但需要指出的是，虽然政党实力对比的变化为地方政党数量上升提供了可能，但以上情况并不足以导致政党碎片化，因为此时仍存在两党制和多党制两种可能性。从历史事实来看，印度政党体系是有发展成为两党制的机会的。1977 年，建立在反国大党联盟基础上的人民党（Janata Party）曾上台执政，但执政不到两年就很快解体，两党制的发展在印度受阻。因此，我们还需要引入新的变量，进一步分析印度政党政治为何没有发展成为两党制和停留在稳定的多党制状态。

还有观点强调印度政党政治中的意识形态因素，将碎片化的成因归咎为印度日益扩大的社会分歧，即随着印度在宗教、种姓和阶级问题上的社会分歧上升，新的政党不断出现正反映了这一政治现实。④ 有研究表明，在一些宗教和种姓问题突出的邦，例如北方邦和比哈尔邦，像国大党这样的全民政党很难巩固自己的支持率，反倒是在北方邦的大众社会党（Bahujan Samaj Party，BSP）、印度社会党（Samajwadi Party，SP）和比哈

---

① James Manor, "Party Decay and Political Crisis in India," *Washington Quarterly*, Vol. 4, No. 3, Summer 1981, pp. 25 – 40.

② Yogendra Yadav, "Understanding the Second Democratic Upsurge: Trends of Bahujan Participation in Electoral Politics in the 1990s," in Francine R. Frankel et al. eds., *Transforming India: Social and Political Dynamics of Democracy* (New Delhi: Oxford University Press, 1999), pp. 120 – 145.

③ E. Sridharan, "The Party System," in Niraja Gopal Jayal and Pratap Bhanu Mehta eds., *The Oxford Companion to Politics in India* (New Delhi: Oxford University Press, 2010), pp. 129 – 130.

④ Pradeep K. Chhibber, *Democracy without Associations: Transformation of the Party System and Social Cleavages in India* (New Delhi: Vistaar, 1999); Pradeep Chhibber and Ken Kollman, *The Formation of National Party Systems* (Princeton, N. J.: Princeton University Press, 2004).

尔邦的民族人民党（Rashtriya Janata Dal，BJD）等地方政党，在地方选举中获得了大量选民的支持。① 但是，在充分认识地方政党选举情况的同时，本文认为在表达和重构社会分歧方面，政党并不单纯地反映社会分歧，很多情况下还积极参与社会分歧的构建。② 因此，反过来的论述也是成立的，即政党的数量上升，推动了民众意识形态的启蒙，让大家认识到自己的多重身份属性。事实上，印度政治的现实也表明，意识形态因素与选民投票行为之间并没有必然的联系。研究显示，与基于政党政策或意识形态的投票行为不同，印度选民更倾向于追随政治领导人，他们往往根据政党领导人的种族背景、自己对政党领导人的了解或偏好，乃至对支持者的庇护态度等来决定投票行为。③

有学者认识到以上解释的不足，提出应将视角转向政治精英与选民之间的关系，通过"庇护主义"（Clientelism）来解释印度政治碎片化的成因。④ 印度民主被称为"裙带民主"，国家垄断了大量的工作机会和社会资源，当选者可以在很大程度上控制有关资源的分配。资源的紧缺使得政治分肥带来的选票动员作用更加明显，在印度类似可归入政治分肥的资源很多，例如政府补贴、工作机会、受教育机会、贷款审批、住房甚至衣服

---

① Zoya Hasan, "Representation and Redistribution: The New Lower Caste Politics of North India," in Zoya Hasan ed., *Parties and Party Politics in India* (New Delhi: Oxford University Press, 2002), pp. 370 – 396.

② Cedric De Leon et al., "Political Articulation: Parties and the Constitution of Cleavages in the United States, India, and Turkey," *Sociological Theory*, Vol. 27, No. 3, September 2009, pp. 193 – 219.

③ Steven I. Wilkinson, "Explaining Changing Patterns of Party – Voter Linkage in India," in Herbert Kitschelt and Steven I. Wilkinson, eds., *Patrons, Clients, and Policies: Patterns of Democratic Accountability and Political Competition* (Cambridge, U.K.: Cambridge University Press, 2007), pp. 110 – 140.

④ 庇护主义强调政党和政治家对社会资源的支配权和分配权。庇护关系指的是行为体之间的特殊工具关系，即占据较高社会经济地位的庇护者（patron）利用其影响力和资源向社会经济地位较低的被庇护者（client）提供保护和利益，作为回报，被庇护者则向庇护者提供一般性的支持和帮助（James C. Scott, "Patron – Client Politics and Political Change in Southeast Asia," *The American Political Science Review*, Vol. 66 No. 1, 1972, p. 92），转引自纪莺莺《文化、制度与结构：中国社会关系研究》，《社会学研究》2012 年第 2 期。

和电视机等。在印度,政党和政治家很多时候是通过私下许诺的方式拉选票的,当选者获得资源分配的权力后,能立刻通过政治分肥给支持自己的选民生活带来明显改进。① 在地区层次的表现也是如此,例如有研究发现,印度共产党在西孟加拉邦之所以能长期执政,其与选民之间建立的这种庇护关系起到了很大作用。② 不过,本文认为政治分肥更多的是政党发展、巩固和扩大自身支持群体的手段,而不是催生地方政党大量出现的原因。在笔者看来,"庇护主义论"部分地反映了"经济决定论"的思想,过于强调物质因素,忽略了政党忠诚度、选民对候选人的偏好以及政党动员能力等因素的影响。更进一步说,从世界范围来看,庇护关系并非印度所独有,在一些发达民主国家,例如美国也存在一定程度的庇护关系,它涉及的是选举政治中的选举承诺及兑现问题,因此这应该被看作政党政治和选举政治发展的结果,而不是原因,其无法用以充分揭示印度政党政治碎片化的成因。

从以上可以看出,在印度政党政治演变问题上,学界主要的研究路径是从政党数量决定国家治理体系出发,研究逻辑在于政党绝对数量增多使得国家层面有竞争力政党的数量上升。齐格菲尔德则尝试反转政党体系与国家治理之间的逻辑关系,提出碎片化导致联合执政的路径不符合印度政治现实。印度是在1989年之后才出现的联合执政,碎片化出现的时间是20世纪90年代,从时间上可以判断碎片化出现在联合政府之后,原因不可能先于结果出现,因此他认为是联合执政导致政党数量不断上升。③ 但是齐格菲尔德忽略了另一个事实,即在印度联合执政作为一种国家治理形

---

① Kanchan Chandra, *Why Ethnic Parties Succeed: Patronage and Ethnic Headcounts in India* (Cambridge, UK: Cambridge University Press, 2004), pp. 115 – 142.

② 在西孟加拉邦进行的有关入户调查发现,与获得一次性的好处相比,持续获得好处的选民更倾向于投票支持左翼联盟。Pranab Bardhan et al., "Local Democracy and Clientelism: Implications for Political Stability in Rural West Bengal," *Economic and Political Weekly*, Vol. 44, No. 9, Feb., 2009, pp. 46 – 58。

③ Adam Ziegfeld, "Coalition Government and Party System Change: Explaining the Rise of Regional Political Parties in India," *Comparative Politics*, Vol. 45, No. 1, 2012, pp. 69 – 87.

式并不是凭空出现,而是经历了一个逐渐发展并成形的过程。早在1969年,印度联邦政府层面就已经出现联合执政的雏形。① 如果说那时还只是联合执政的初始形态,那么1977年《紧急状态法》被撤销之后,在原"人民同盟"等党派基础上成立的人民党击败国大党上台执政,彼时的人民党实际上是四个党派之间的松散联盟,已经具备了联合执政的诸多要素。② 如果将研究对象扩大到地区层次,则联合执政出现的时间还要提前,早在1967年大选之前的地方选举中,除了马德拉斯邦(现泰米尔纳德邦)的"德拉维达进步联盟"(Dravida Munnetra Kazhagam, DMK),其他八个邦都出现了政党联盟执政的情形,很大程度上可以说,正是地方政党结成反国大党阵线,从而结束了国大党在这些邦的多数党席位。③ 因此,该研究关于政党体系与国家治理之间的逻辑反转并不成立。

那么,是什么因素促使印度政党数量不断上升并进入碎片化状态呢?本文认为,要解答这个问题,实际需要进一步厘清以下几个问题。国大党一党独大体系瓦解时,印度面临着两党制和多党制的选择,它为何没有走上两党制?印度最终走上多党制,又是什么原因使得它没有停留在稳定的多党制?联合执政与印度政党政治演变之间的关系到底是怎样的?2014年大选中,印度诞生了自1989年以来首个获得人民院多数席位的政党——印度人民党(Bharatiya Janata Party, BJP)。该党在地区层次的选情也普遍上涨,那么这是否意味印度政治碎片化走到了尽头?印度的政党政治是否会因此遏制住当前日益碎片化的演变趋势?如果碎片化趋势逆转,政党联合执政是否会终结?如果碎片化态势依旧,未来印度政治将何去何从?秉持以上研究问题,本文拟提出一个制度主义解释路径,考察制

---

① 1967年第四次大选之后,国大党保持微弱多数党地位,但史无前例地在九个邦丢掉了执政地位。经历1969年的党内分裂后,国大党在人民院已经成为事实上的少数党,在左翼阵线的支持下才勉强维持执政,此时在联邦层面就已经出现联合执政的初始形态。

② Zoya Hasan, *Congress After Indira: Policy, Power, Political Change (1984-2009)* (New Delhi: Oxford University Press, 2012), p. 3.

③ Bidyut Chakrabarty, *Forging Power: Coalition Politics in India* (New Delhi: Oxford University Press, 2006), pp. 65-66.

度演变在执政机会和执政稳定性两个维度对政党体系演变的影响，以期深入探讨印度政党体系演变的成因和历程。

三 碎片化的表现及衡量

印度政党政治的碎片化首先表现在联邦层面和地区层面各类型政党绝对数量的上升并且保持在高水平。根据印度选举委员会公布的截至2015年的数据，全国政党有六个，地方（邦和联邦直辖区）政党有60个，已注册但尚未获得国家或地区选举任何席位的政党数量则达到1737个。[①] 不过在实际研究中，由于全国政党和地方政党的选举结果起伏很大，为了对印度政党政治演变态势做出更加科学有效的统计和分析，我们需要更易于观察和研究的衡量体系。当前学界使用比较多的基础概念是有效政党数(Effective Number of Parties，ENP)，即计算政党在议会选举中的得票率或席位比例，通过比较议会中扮演有效角色的政党数量考察政党政治的演变。自ENP概念被提出以来，后续计算方式经历了一些改进，不过总体是围绕该公式的各种变化模型，并没有跳出上述公式的范围，因此本文仍采纳1979年的公式。[②] 与单纯地计算政党绝对数量相比，ENP提供了考察的标准，通过加权平均的方式研究政党体系，有利于综合考察单个政党的影响力相对于议会所有政党的影响力。

$$N = \frac{1}{\sum_{i=1}^{n} p_i^2}$$

ENP计算公式如上所示，其中N为有效政党数，p_i是政党i在选举中获得的席位占总席位数的比例。[③] 在研究实践中，有效政党数量可以有效

[①] 参见印度选举委员会官网政党目录部分，http://eci.nic.in/eci_main1/PolPar/ListofPolParties.aspx。

[②] Grigorii V. Golosov, "The Effective Number of Parties: A New Approach," *Party Politics*, Vol. 16, No. 2, 2009, pp. 171–192.

[③] Markku Laakso and Rein Taagepera, "Effective Number of Parties: A Measure with Application to West Europe," *Comparative Political Studies*, 12 April, 1979, pp. 3–27.

地反映政党体系，如果所有参选政党获得的选票/席位一样，那么 ENP 值恰好等于实际政党数量，假如两个政党参选，每个政党都得到 50% 的选票/席位，那么 ENP 值等于 2.0。如果此时某个政党获得的选票/席位数较多，那么 ENP 值会下降，领先优势越大，ENP 就越迫近 1.0 的水平，即由两党制走向一党制，或一党独大体系，数值变化趋势可以比较好地反映实际情况。如果存在三个或更多政党，可以通过与其他政党联合的方式控制或参与政府组成，ENP 值在 3.0 以上，也就是我们说的碎片化政党竞争。

ENP 概念考察的指标是席位比例或得票率，不过在讨论印度政党演变时，本文认为需要进一步明确考察的应该是政党在人民院的席位。在印度政治制度下，人民院负责提出总理人选，同时负责提出财政和国防预算，是国家权力的中枢机构；强调席位数是因为印度实行的单议席单票制决定了得票高并不一定意味着席位数多。上文提到的全国和地方政党的划分也着重区分了席位与得票率，对于席位数与票数之间的关系，我们可以根据单议席单票制举一个例子，假设两党竞争十个选区的十个席位，一党在所有十个选区都获得了 49% 的选票，最终得票率为 49%，在议会中代表席位为 0；另一个党在所有选区都获得 51% 的选票，最终得票率是 51%，在议会中代表席位为 10，比较下来虽然得票差距只有 2%，但代表席位的比例却是 10∶0。当然上述例子比较极端，只是为了说明两者之间的差别。在政治现实中也类似，例如参照印度 1952 年的大选数据，ENP 值以得票数和席位计算分别是 4.1 和 1.8，考虑到当时国大党的一党独大情形，以席位数计算 ENP 值更具参考价值，更符合政党在当届人民院的影响力分布情况。[①]

如图 1 所示的印度历年大选体现出的有效政党数演变趋势，可以用于

---

① 需要指出的是，本文更多的是考察数值之间的相对变化趋势，以得票率计算 ENP 不会实质性改变本文的研究结论。不过在印度的政治制度下，得票率也是衡量政党影响力的重要指标，如果说席位反映了政党当前在人民院的影响力，那么得票率反映了政党的选民基础，是政党在下一次大选时东山再起的基础。

考察印度政党政治演变的基本态势以及数据变动背后的历史背景。数据表明，从1989年大选开始，有效政党的数量出现重大变化，从之前的1.7左右快速上升到1989年的4.1，并且在随后的时间内一直保持在较高水平。由此我们可以判断1989年是印度政党政治演变的分水岭，也就是说，1989年大选后印度政党政治进入碎片化。进一步分析1989年之前的情况，我们可以发现，在尼赫鲁时期，有效政党的数量基本稳定地小于2.0，可以说是国大党一党独大时期；尼赫鲁之后，国大党的地位有所衰弱，1967年是尼赫鲁去世之后的第一次大选，国大党的分裂也让当年大选的竞争异常激烈，有效政党的数量短暂上升到3.2，不过随着英迪拉·甘地逐渐稳定了在国大党的领导地位，有效政党数量下降并稳定在2.0—3.0区间，此时国大党基本保持领先地位。例外情况出现在1977年国家取消紧急状态后，国大党一度失去执政地位。1984年国大党的强势胜选，部分原因在于英迪拉·甘地遇刺事件的影响，民众展现出对尼赫鲁家族的巨大同情，再看1989年之后的数据，有效政党数量已经稳定在5.0左右，碎片化态势已经非常明显。

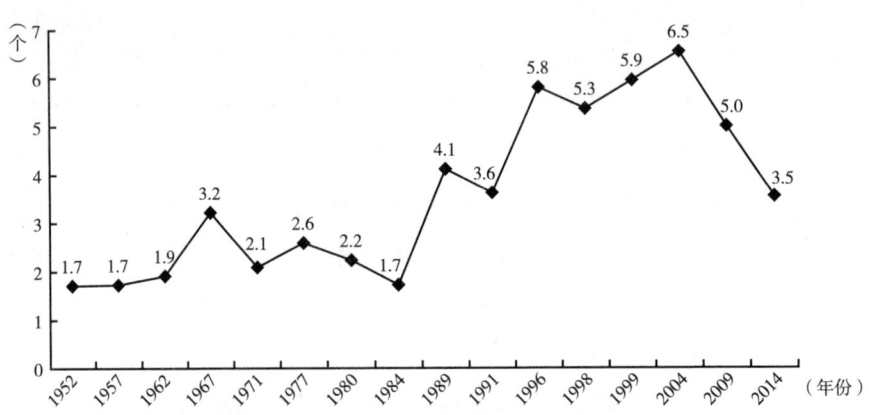

图1　印度历次大选有效政党数演变趋势

为更好地反映日益激烈的政党竞争，图2显示了大选中排名第一和第二的政党获得席位占总席位的比例之差。与上文发现的情况类似，总体来

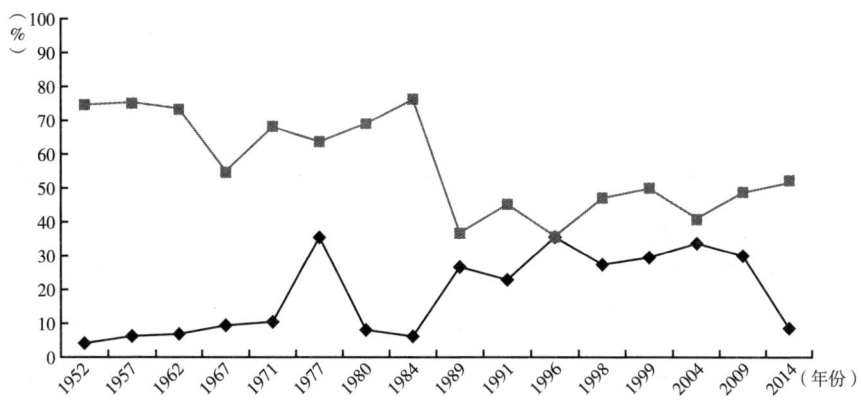

图 2　政党竞争程度演变图

说，在1989年大选之前的时间段内政党竞争激烈度较小。[①] 自1989年之后大选中这种政党差距明显缩小，政党竞争激烈程度上升，排名前两位的政党之间的差距保持在10%—20%的区间。[②] 从尼赫鲁时期的三次大选结果来看，国大党在人民院控制的席位数占比都在70%以上，彰显了其在印度政坛的一党独大地位。英迪拉和拉吉夫执政的大部分时间里，国大党保持了多数党地位，相对其他政党的优势仍十分明显，唯一的例外是在1977年，国大党政府因紧急状态法导致民怨上升而失去执政地位。1977年大选虽然没能诞生强大的第二政党，但是示范效应明显，即国大党不再是不可战胜的，国大党在地方选举中更是丢城失地，在多个邦丢掉执政党地位。因此我们可以发现，随着政党竞争加剧，全国性的大党能够控制的席位总数也在相对减少，这意味着地方政党获得的席位数也在上升，借此我们可以尝试划分印度政党政治演变阶段，从历史和制度演变的视角考察印度政治碎片化的演变态势。

[①] 由于此处考察的是大选层次政党竞争激烈程度，指标是排名前两位的政党，无法反映地方政党综合影响力的变化情况，参考图1的ENP值变化情况后可以发现地方政党影响力有所上升。

[②] 本文主要通过席位数的变化考察政党在当届议会的影响力，考虑到印度的单议席单票制，如果比较政党的得票率，可以发现主要政党之间在历次大选中的差距更小，基本在10%左右。后文也将对得票率对政党竞争，特别是在2014年大选中所反映出的政党实力差距做进一步分析。

四 制度主义解释路径

本文认为政党实力的此消彼长是印度政党体系演变的前提条件,特别是国大党影响力减弱和印度政坛长时间缺乏能与之对抗的主要反对党,这为地方政党数量和影响力得以上升提供了时间和空间。在此基础上,本文将进一步讨论政党政治碎片化的原因所在。本文回归政党的本质,即政党是以争取执政权为目标的组织,在代议制民主制度下,政党通过参加选举获得国家权力以推行自己的施政主张。① 因此,权力是政党政治演变的核心变量,在分析印度政党政治碎片化成因时,应充分重视关于权力分配制度对政党政治和国家治理形式的影响。

印度宪法通过联邦权力、地方权力和共享权力三个清单确立了关于国家权力分配和治理的联邦制度。但是正如一些联邦制度演变的例子所显示的,无论权力分配规则制定得多么精细,两者之间总是面临权力平衡问题。② 印度也不例外,在共同权力方面,如果邦立法与联邦立法冲突,应服从联邦立法。但是印度宪法规定将清单未列出项目的立法权归属于联邦,这与有些民主国家不同,例如美国等将宪法规定未竟之权力归属于地方。因此,虽然印度联邦制度初期出现国家权力集中现象,但随着邦权意识和地方影响力的上升,国家权力出现分散趋势之后,中央和地方两级政府之间的权力平衡和互动逐渐增加。由此印度国家制度发生的独特变化对政党执政机会和稳定性带来重大影响,本文将据此分析碎片化的成因。

1. 制度主义作用机制

本文的基本观点是制度设计决定政党体系和国家治理方式。自独立以来,印度中央和地方权力格局的变化使得国家权力日益分散,地方政

---

① Joseph A. Schlesinger, "The New American Political Party," *The American Political Science Review*, Vol. 79, No. 4, 1985, p. 1153.

② M. G. Khan, "Coalition Government and Federal System in India," *The Indian Journal of Political Science*, Vol. 64, No. 3 - 4, July - December, 2003, p. 168.

府除了力争在宪法规定未竟之权力上争取更大话语权外，还逐渐渗透进入联邦政府的权力范围。① 联邦制度和邦权的兴起使得地方政党的发展获得新的动力。② 如图3所示，本文主要是从执政机会和执政稳定性两个指标来考察国家权力分配制度对政党政治演变的影响，前者考察政党获得执政机会的高低，后者考察执政党能否在一定时间段内稳定执政。本文的研究发现，印度权力分配制度的变化对政党执政机会和执政稳定性施加了独特影响，使不同规模的政党获得的执政机会不同，不同规模的执政党（执政联盟）的执政稳定性也不同；进而政治领导人的从政选择和政党体系的发展路径不同，基本的路径可以概括为：如果大党执政机会大，且能稳定执政，那么小党发展受到抑制，这种情况有利于党派融合和大党的形成，政党数量下降；如果小党执政机会大，且能稳定执政，那么大党发展就会受到挤压，此时易于出现党派分裂和小党的发展，政党数量上升。

由于历史的原因，一些民主国家曾经存在一党独大的政党体系，例如自民党曾经在日本连续执政50多年，独立后的印度国大党在尼赫鲁和英迪拉时期基本处于一党独大地位。此时一个政党实际上垄断执政权，其他政党没有上台执政的机会。也有一些国家形成少数政党轮流执政的局面，例如英国和美国等大多数两党制国家，只有两个主要政党实际上有机会获得执政权。一些西欧国家则形成相对稳定的多党制，两个或多个稳定的政党联盟轮流上台执政。在以上情况下，两三个主要政党或政党联盟基本垄断了执政权力，其他政党很难有机会通过选举获得上台执政的机会。

---

① Krishna K. Tummala, "India's Federalism under Stress," *Asian Survey*, Vol. 32, No. 6, June 1992, p. 538.
② 应注意区分地方政党和地区主义政党之间的区别。前者指的是狭义的地理范围，是相对于影响力遍及全国的大党而言；地区主义政党指的是政党主张或意识形态为某一地区或几个地区的利益服务。一般情况下，地区主义政党大多属于地方政党，但并不是所有的地方政党都是地区主义政党。为方便起见，本文所指的地方政党指的是印度行政管辖区域划分体系下的邦或联邦直辖领地，地区选举也因此指称在邦或联邦直辖领地举行的议会选举。

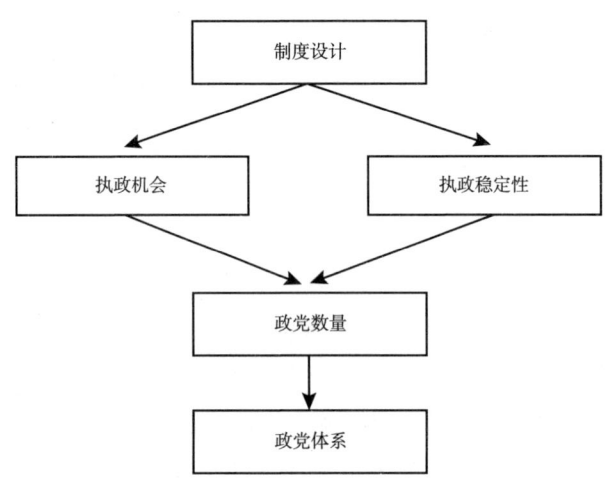

图 3 政党体系演变机制

无论是中央层面还是地区层面，执政的政党数量可以决定加入大党或小党所带来的利益，从而影响政党体系的发展。无论是一党独大式或者两党制的政府，抑或是稳定的多党制，一个、两个或少数几个大党控制政府组成，那么对于其他政治行为体而言，带来的利益很少，小党很少有机会进入政府和获得分享国家政权的机会，无法获得随之而来的政治分肥，例如权力分配、决策影响、裙带资源或腐败机会，小党的发展受到抑制。在联合政府模式中，小党和大党都有机会进入联合政府，虽然通常是大党占据领头地位，但是小党也能成为联合政府的重要组成部分，它们对联合政府的支持可以换来比依靠自身党派规模所能获得的大得多的影响力。因此，在执政联盟建立并能稳定执政后，小党派的吸引力加大，这会进一步导致政党碎片化。

从西方民主国家实施内阁制的经验来看，联合政府的形成与选举制度、政党政治、政治文化有密不可分的关系。假若有单一政党可以获得国会过半数席位，该党可以顺利上台执政。在多党竞争的态势下，如果没有一个政党可以获得国会过半数的席位，此时两个或是多个政党将通过协商的方式联合组阁。1989年是印度政党政治发展的分水岭，但在此之前西方民主国家的联合执政制度已经发展成熟。据统计，1945—1987年，欧洲12个实施内阁制的民主国家中，单一政党在国会中掌握席位超过半数的比例仅有10%，而组成各种形式联合内阁的比例则有57%，另有33%为少数内阁。① 可以说，联合执政的国家治理体系都伴随一定程度的碎片化趋势，印度政党体系的发展经历总体并没有超过这个范围。只是如引文中所述的，印度政党执政联盟的成员更多，碎片化程度更高，本文后续部分将根据印度国家制度的独特设计及其变化分析有关原因。

2. 联合执政及其机制化

笔者认为，国家治理形式与政党体系演变之间不存在因果关系，两者都反映了政党数量上升的政治现实，两者拥有共同的原因，即制度设计。如图4所示，政党体系与国家治理之间是相互促进的关系。一方面，有效政党数量上升意味着选举中难以产生单一多数党，导致国家治理方式日益依赖联合执政形式；② 另一方面，联合执政为地方政党追求政权带来更多机会，联合执政的机制化有利于政党之间就最低共同纲领进行谈判，保证政党联盟的执政稳定性，从而推动地方政党的发展，有助于促进政党碎片化。

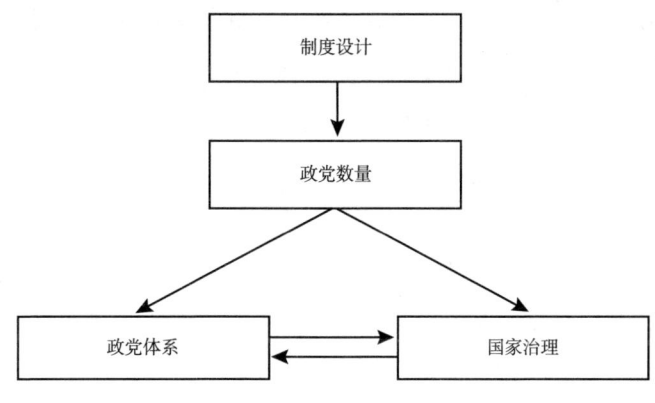

图4 国家权力机制

---

① Michael Laver and Norman Schofield, *Multiparty Government: The Politics of Coalition in Europe* (Oxford: Oxford University Press, 1990), pp. 70–71.

② Jose N. Chander, *Coalition Politics: The Indian Experience* (New Delhi: Concept Publishing Company, 2004).

印度联邦制度的特殊之处使得其政党体系出现有别于其他国家的变化趋势，它的制度设计使得有效政党数量上升，从而导致印度政党体系走向碎片化。随着印度一党独大体系向碎片化体系转变，主要政党日益依靠政党联盟组建联合政府的方式上台执政，使得地方政党成为组建国家政府的重要力量，政治家们加入或者组建自己的地方政党的动力更大。正因为如此，很多有高曝光率或支持率的政治家开始追随这一潮流，造就了印度政坛自20世纪90年代以来开始的地方政党崛起热潮。对于地方政党来说，利用更具针对性的执政纲领，可以在地区层次实现执政目标，地方影响力的上升有利于增加对政党联盟的吸引力。

全国性的大政党由于需要考虑整体的执政纲领，在应对地方选民的特定需求方面，相对于地方政党不具有独特优势，因此相对于以前地方政党的执政机会是上升的。不过有研究发现，政党体系的碎片化已经开始影响印度各级议会的稳定性，地方政党在国家政府中占据很多关键岗位，成为联合政府得以正常运行的重要稳定力量，但它们同时也具备了让联合政府解体的能力。地方政党对于联合政府的存在和延续发挥了超过其政党规模所对应的影响力，此时政党私利可能凌驾于社会整体利益之上，导致立法效率低下，对立法质量也带来负面影响。[1] 从这个意义上说，政党联盟的执政稳定性会受到负面影响。

解决的办法在于提高各方对联合执政的预期回报。执政联盟的稳定性有赖于联盟内各党如何以可持续的方式达成并遵守联盟战略，从而将联盟转化成一个成熟的政治选项。[2] 一旦联盟内核心政党（或者说拥有席位数足以打破执政平衡的政党）将联盟战略视为获得单一多数党战略的过渡阶段，那么执政联盟内部的较小政党伙伴必然会希望在政权存续期间的权

---

[1] Richard Pelizzo, "Fragmentation and Performance: The Indian Case," *Commonwealth and Comparative Politics*, Vol. 48, No. 3, July 2010, pp. 261 – 280.

[2] Balveer Arora, "Negotiating Difference: Federal Coalition and National Cohesion," in Francine Frankel et al, eds., *Transforming India: Social and Political Dynamics of Democracy* (New Delhi: Oxford University Press, 2000), pp. 176 – 206.

力和收益最大化，联盟最终也将走向瓦解。联合执政的机制化表现之一就在于政党协商机制逐渐成熟，政党之间对于执政纲领并不一定总是遵循主导政党或最大政党，政党之间就执政纲领进行协商和妥协也逐渐成为联合执政稳定与否的重要手段。对于小党或地方政党来说，联合执政机制带来的最大好处是通过参与联盟可以获得角逐最高权力的机会，获胜后可以参与到国家权力分配和决策过程中，获得稳定的政治回报。随着政党谈判和妥协日益频繁，政党可以达成和遵守最低共同纲领以组建执政联盟，这种机制化的安排可以克服初期联合政府表现出的执政稳定性不高的缺点，拓展执政机会的同时机制化的联合执政给各党带来的是稳定的政治期待。[1]

提升政党联盟执政的稳定性还有赖于印度政党政治的去意识形态化趋势，这有助于减弱结盟谈判时意识形态因素的影响。这里的去意识形态化是指为了执政或参与联合政府，政党可以在短时间内调整纲领和重新定位政党路线，或者跨意识形态与其他政党结盟。进入联合政府时代以来，包括全国民主联盟（National Democratic Alliance，NDA）和团结进步联盟（United Progressive Alliance，UPA）在内的主要执政盟友进出和更换阵营的情况屡见不鲜，地方政党更换门庭时也没有遇到太多意识形态障碍。据统计，在大选层面，至少有五个地方政党成功地更换联盟阵营，连续在不同执政联盟下获得内阁部长席位，例如 DMK 在人民阵线时期（1996—1998）、印度人民党领导的 NDA（1999—2004）、国大党领导的 UPA（2004—2014）都曾经是执政联盟成员。在地区层面也出现此类情况，例如印度社会党（SP）最初的目标是要在北方邦建立一个国大党和印度人民党之外的第三阵线，但是 1993 年 SP 与大众社会党（BSP）结盟，到 1998 年又与国大党结盟。在泰米尔纳德邦也出现类似情况，地区主要政党 DMK 和全印度安纳达罗毗荼进步联盟（All India Anna Dravida Munnetra Kazhagam，AIADMK）与国大党和印度人民党的分分合合；安得拉邦的泰卢固之乡党

---

[1] K. K. Kailash, "Middle Game in Coalition Politics," *Economic and Political Weekly*, Vol. 42, No. 4, 2007, pp. 307 – 317.

(the Telugu Desam Party，TDP）先是与印度人民党（1998—2003）结盟，在此之后又与左翼阵线结盟。政党之间的标签变得模糊，政党主张之间的差异非但没有扩大，反而出现同化与合流的趋势。这也使得政党达成最低共同执政的可能性进一步上升，有利于政党联盟的执政稳定性。

联合执政的机制化还得益于成功案例的示范效应。与国大党最初抵触联合执政不同，虽然在弥合执政联盟内部分歧方面它也走过很多弯路，但印度人民党较早就开始认识到联合执政的意义。为了巩固和稳定联盟，印度人民党多次暂缓执行在清真寺遗址上修建印度罗摩圣庙、废除宪法第370条（该条款赋予查谟和克什米尔特殊的自治地位）和统一民法典等问题上的主张，而以上主张是印度人民党执政纲领的核心观点。[①] 与其他政党不同的是，国大党一直以来都是主导政党，即使影响力开始下降，也抗拒与其他政党联合执政。因此，在地方政党看来，国大党也不是一个理想的联盟对象。但面对非联盟不足以上台执政的现实，国大党最终选择了妥协。[②] 2004年第14次大选，国大党领导的 UPA 参选并胜选，而且于2009年获得连任，连续执政十年更是让国大党重新占据印度政治舞台的核心位置。[③] 印度人民党借助联合执政形式多次上台执政并得到快速发展，国大党借助联合执政重返执政舞台，这对于地方政党来说都是极好的示范。这种示范效应加大了各党对于联合政府执政形式的认可和依赖，而且这种学习过程本身有自我强化的作用，即成功的、稳固的政党联盟带来示范效应。

五 制度主义路径下的印度政党政治演变历程

上文阐述了制度设计变化对政党体系和国家治理方式之间的因果关

---

① Bidyut Chakrabarty, *Forging Power: Coalition Politics in India*, pp. 194-195.
② E. Sridharan, "Electoral Coalitions in 2004 General Elections: Theory and Evidence," *Economic and Political Weekly*, Vol. 39, No. 51, December 2004, pp. 5418-5425.
③ Zoya Hasan, *Congress after Indira: Policy, Power, Political Change (1984-2009)*, pp. 73-74.

系，本节将根据执政机会和执政稳定性两个考察指标，从印度政党体系演变的历程来展示制度变化对政党政治演变的影响。本文以1977年执行紧急状态法作为突发政治事件对政党政治的特殊影响作为分隔点，将印度独立后至1989年再次细分为两个阶段，从而将印度政党政治演变按照制度演变路径分为三个阶段。第一个阶段是独立后至1977年，这段时间国大党处于一党独大位置，宪法第356条成为主导政党打压反对党的有力武器，1977年第六次大选是国大党第一次丢掉执政党位置。第二个阶段是1977—1989年，国大党在大多数时间仍保持多数党地位，但第六次大选之后，宪法第52条修正案于1985年通过，导致政党数量快速增加，积累到1989年的结果是有效政党数量大幅上升。第三个阶段是1989—2014年，联合执政时代来临，最高法院关于限制宪法第356条使用的判决大大提高了地方政党执政的稳定性，它们在联邦和地区层面的执政机会也大大增加，联合执政的机制化则使得碎片化趋势更加明显。

1. 第一阶段：宪法第356条与国大党的一党独大地位

印度独立初期，政坛虽然小党众多，但没有一个政党能够挑战国大党。在整个尼赫鲁时期，印度政治基本呈现国大党一党独大局面。国大党在联邦政府的绝对多数党地位十分稳固，在地方层面，基本上除了西孟加拉邦等个别邦之外，国大党都处于绝对优势地位。因此这一阶段对小党来说，即使是在地区层面，能获得执政机会的可能性也很小，插手联邦执政权力的可能性更是微乎其微，也就谈不上执政稳定性了。1967年第四次大选是尼赫鲁去世之后的第一次大选，英迪拉领导的国大党获得281个席位，对比之前1962年大选时锐减78席，此时有效政党数方面也从之前的1.9上升到3.2。不过情况在英迪拉权力巩固之后有所缓解，但此后有效政党数再也没有能回到尼赫鲁时期。此时有效政党数上升的部分原因在于国大党的内部分裂，一部分人退党并另组新党，例如自由党（Swatantra Party）和喀拉拉国民大会党（Kerala Congress），以及后来成为印度第五任总理的查兰·辛格（Chaudhury Charan Singh）于1967年组建的印度革命党（Bharatiya Kranti Dal），1977年该党并入人民党。

与国大党内部分裂相伴的是地方上反国大党势力也在逐渐壮大,例如在印度北部中央邦、拉贾斯坦邦和古吉拉特邦等地区影响力上升的印度人民同盟(Bharatiya Jana Sangh, BJS,印度人民党前身),喀拉拉邦和西孟加拉邦的印度共产党,旁遮普邦的最高阿卡利党(Shiromani Akali Dal, SAD)和泰米尔纳德邦的德拉维达进步联盟(DMK)等。有能力在人民院选举获得席位的政党数量已经上升,除此之外地方政党还控制了八个邦政府,地方政党势力开始崛起。虽然一党独大体系仍得以保持,但形势开始变化,之前国大党内部的争夺和竞争变成了不同党派之间的竞争。不过总体来说在这段时期内,地方政党执政机会仍有限,在地方选举中即使有机会当选,也大都面临国大党的强大阻击,更不用说在联邦层次对国大党提出实质性的挑战。

在政党执政稳定性方面,由于尼赫鲁时期只有极少数邦不在国大党控制范围内,大党的执政稳定性非常高,而地方政党的执政稳定性总体较低,因为它们即使能在一些邦获得多数党地位上台执政,也时刻面临主导政党的打压,如果它们与联邦政府存在较大分歧,执政进程被中断的可能性很高。主导政党打压小党的主要武器与宪法第356条赋予中央政府对邦实行总统管制的权力有关,该条款规定总统在接到邦总督报告或通过其他途径了解情况后,在认定该邦政府不具备依照联邦宪法继续履行职能时,可以宣布对该邦实行总统管制,主要包括:(1)由总统直接掌管邦政府的全部职能或任何职能,行使总督和除邦议会之外的全部机关及团体的全部权力或任何权力;(2)由联邦议会行使或控制邦议会的权力。① 在印度政治制度下,总督由联邦总统任命,是各邦名义元首,实际行政权力由首席部长掌控,但在宪法第356条款中,总督被赋予监察邦政府运作的职能,某种程度上,总督递交给联邦政府的报告可以决定该邦执政党的去留。鉴于第365条款赋予政府领导人解散地方政府和议会的巨大权力,在任执政党倾向于将该条款用于打击竞争对手。随着政党竞争的日益激烈,

---

① Article 356, the Constitution of India.

尼赫鲁之后开始出现滥用该条款的趋势，英迪拉时期被多次用来维持国大党在地方层次的执政地位。① 1966—1977年该条款被使用39次，仅在1977年实行紧急状态法前后，英迪拉政府就对13个邦宣布总统管制，其中九个邦是由多数党执政的，可以说宪法第356条的频繁使用对于地方政党的执政稳定性构成巨大影响。

1977年在紧急状态法取消之后，借助民众反英迪拉和国大党的浓厚情绪，在原人民同盟等党派基础上成立的人民党当选上台执政。但是与后期出现的联合执政相比，此时的人民党联合政府只是一个松散的执政联盟，在成功推翻共同的竞争对手国大党的统治之后，人民党联合政府的内部纷争开始浮出水面，人民党政治上沉迷于打击报复英迪拉和国大党，其经济政策上的失误让民众日益不满。② 上台后，人民党也将第356条款作为打击政敌的有力武器，对国大党执政的九个邦宣布实行总统管制。最终，人民党并没有从政党联盟走向政党融合，从而发展成为一个可以与国大党分庭抗礼的全国性政党，反而在日益尖锐的政见分歧和不断上升的内部争权夺利之下，仅仅执政三年就很快解体，两党制发展在印度受阻。

不过应该注意到，1977年大选后联邦层次执政联盟政党数量上升并没有明显导致有效政党数的上升，主要原因在于1968年通过的《选举象征符号法令》(*The Election Symbols Order*)，第一次对政党登记、注册和分类做出明确规定，例如将地方政党门槛定位为获得该邦4%的选票，将全国政党的门槛定位在至少四个邦获得地方政党认定。③ 新的规定，以及各反对党派为反对紧急状态法结成广泛政治阵线，使得该次大选所反映的有效政党数偏少。但是，新阶段的政党互动给其他地方政党的启示意义是很大的，即虽然这种政党联合很短暂，背后所反映的是地方政党影响力不断

---

① M. G. Khan, "Coalition Government and Federal System in India," *The Indian Journal of Political Science*, Vol. 64, No. 3 – 4, July – December, 2003, pp. 167 – 190.

② Madhu Limaye, *Janata Party Experiment. An Insider's Account of Opposition Politics*: *1975 – 1977* (Delhi: B. R. Publishing), pp. 125 – 126.

③ 1992年《政党登记法令》（补充条款）将最低得票率的要求从4%提高到6%。

上升的事实,在团结一致的情况下,地方政党已经具备能力挑战国大党对执政权力的垄断。

2. 第二阶段:宪法第 52 条修正案和党派数量增加

1977 年上台的人民党联合政府并没有能完成自己的任期,最终在 1980 年提前解散举行大选,英迪拉领导的国大党强势回归,获得人民院 542 席的 374 席。英迪拉回归之后,宪法第 356 条的使用频率仍然很高,仅 1980 年就对九个邦宣布执行总统管制,基本上在整个 20 世纪 80 年代,宪法第 356 条依旧是主导政党打击地方执政党的利器。在这段时间内,地方政党的执政稳定性可谓备受考验。针对宪法第 356 条的滥用问题,印度政府于 1983 年成立了专门的调查委员会,成员包括来自最高法官的退休大法官萨卡里亚(Rajinder Singh Sarkaria),委员会也因此得名"萨卡里亚委员会"(Sarkaria Commission)。该委员会于 1988 年发布的《萨卡里亚报告》列举了 247 条建议,其中针对立法问题、总督角色和宪法第 356 条使用问题提出的建议影响最为深远,为后续 1994 年最高法院做出限制第 356 条滥用的判决奠定了基础。① 本文在对第三阶段政党体系演变情况的介绍中将详细叙述有关情况。

本文注意到另一条修正案对提高地方政党执政机会所带来的影响,即 1985 年宪法第 52 条修正案,又称作《反脱党法》(The Anti-Defection Law)。在此之前,印度各政党都频繁遭受党内议员脱党的困扰,印度国大党对此更是受害颇深,例如国大党 1967 年的败选,除了反对党团结一致之外,国大党内部议员的脱党行为也是重要原因。② 对于执政党来说,在执政期间党内议员不按照党的利益投票甚至反对党的纲领,对政党利益的影响显而易见,特别是在执政党地位比较微弱的情况下,一定数量的党员不按照党的统一纲领投票甚至脱党,将直接导致关键纲领无法实施甚至

---

① H. M. Rajashekara, "The Nature of Indian Federalism: A Critique," *Asian Survey*, Vol. 37, No. 3, Mar., 1997, pp. 245–253.

② Subhash C. Kashyap, "The Politics of Defection: The Changing Contours of the Political Power Structure in State Politics in India," *Asian Survey*, 1970, pp. 195–208.

使执政党失去执政地位。脱党的冲击影响的不仅限于大党,地区层次的脱党现象尤其严重,据不完全统计,截至该法案出台之前,总共出现2700多个脱党案例。① 可以说,脱党行为的普遍性已经影响到印度政治制度的正常运转。

为此早在1973年,宪法第32条修正案就提出取消脱党议员的资格,但该修正案最终没能生效;1978年,宪法第48条修正案再度提出动议,由于当时的人民党执政联盟内部分歧严重,该草案甚至都没能付诸表决。② 1984年,英迪拉遇刺事件并没有中断国大党的执政,反而在民众对甘地家族强烈的同情氛围中,拉吉夫·甘地强势当选,国大党获得人民院533席的404席,正是借助此时其在议会两院中的绝对多数地位,宪法第52条修正案于1985年1月通过并于当年3月生效。第52条修正案的主要规定是,议员如果出现以下行为将失去议员资格:(1) 主动放弃所在政党党员身份;(2) 不按照政党指令投票,除非得到所在政党批准;(3) 独立参选议员在当选后加入新的政党。唯一的例外条款是允许集体脱党行为,条件是集体脱党议员人数超过所在政党议员总数的1/3。③

第52条修正案原本意在保持大党完整执政,防止内部分裂,主要是通过加大对脱党议员的惩罚力度,使得脱党成本增加。遏制脱党行为的效果也是立竿见影的,从这个意义上说本条修正案有利于执政党保持政权的稳定性,也有利于所有政党保持党派完整和推行政党纲领。④ 但随后的情况表明本条修正案实际上有利于政党数量的上升。《反脱党法》生效以后,对于之前能相互妥协组建较大政党参选的政治家来说,加入或组建政

---

① Stanley Kochanek and Robert Hardgrave, *India: Government and Politics in a Developing Nation* (New Delhi: Cengage Learning, 2007), p.273.

② G. C. Malhotra, "Anti-Defection Law in India and Commonwealth," *Metropolitan Book Co.*, 2005.

③ The Constitution (Fifty-second Amendment) Act, 1985.

④ 欧洲和拉美国家政党政治的发展证明,党内民主的机制化有助于降低碎片化,如果没有适当的挑战党内等级制度和管理党内分歧的机制,碎片化的可能性会提高。在印度,包括国大党在内很多政党本身缺乏党内民主,党内晋升制度不透明,本身存在的碎片化趋势比较明显。Pratap B. Mehta, "Reform Political Parties First," *Seminar*, No.297, January 2001.

见观点更多元化的大政党不再具备吸引力。如果说之前其他领导人还可以通过脱党或不同的投票主张向自己的选区表达自己的立场,那么第52条宪法修正案则进一步推动了另组新党的趋势,促进了碎片化的发展。[①] 也就是说,法案实质上是鼓励了那些之前在一些大党内处于相对边缘化地位的派别和政治家更倾向于组建自己的政党,此时政党规模较小,但政治主张更加紧密,从而降低了政见冲突的可能性。

《反脱党法》提供的集体脱党例外条款在一段时间内促进了政党数量的增加,在此例外条款下,具备当选实力的政治家们更倾向于组建规模更小的政党,从而保证在政见冲突的情况下更容易凑够例外条款规定的集体脱党人数,从而规避脱党行为招致的处罚。[②] 不过,2003年宪法第91条修正案进一步完善了《反脱党法》,取消了原法案提供的集体脱党例外条款。一些政治家为了规避该法,从而在政见冲突的情况下能保持自己的政治主张,组建规模更小、观点联系更紧密的政党成为更好的选择。

总体说来,宪法第52条修正案客观上有利于增加地方政党数量,促进了碎片化进程的发展。实际上,印度选举政治演变为政治家组建新党提供了新的动力,与20世纪70年代之前在任政党和领导人通常能更容易重新当选不同,80年代以来,无论是在中央层次还是各邦,在选民中出现一种反现任情绪,在任政党和领导人往往难以获得连任,国大党候选人连选连胜不再是必然的结果,这也改变了政党和候选人的选举策略。[③] 特别是对国大党来说,部分领导人发现自己选区的利益与党内政策不相符时,选择盲目跟随党内主张可能导致在自己的选区失去支持,于是脱离国大

---

① Csaba Nikolenyi, "Recognition Rules, Party Labels and the Number of Parties in India: A Research Note," *Party Politics*, Vol. 14, No. 2, 2008, pp. 211–222.

② Csaba Nikolenyi, "Party System Institutionalization in India," in Allen Hicken, Erik Martinez Kuhonta eds., *Party System Institutionalization in Asia: Democracies, Autocracies, and the Shadows of the Past* (New York: Cambridge University Press, 2015), p. 191.

③ James Manor, "Party Decay and Political Crisis in India," *Washington Quarterly*, Vol. 4, No. 3, Summer 1981, pp. 25–40.

党、另组新党就成为他们自然而然的选择。①

与大型政党拥有全国范围影响力不同，地方政党对邦一级政府执政权和议会席位的争夺日见成效，为选民提供了在国大党之外的政党选择。②底层民众和低种姓群体的参政参选意识上升，他们不再满足于政党所做的表面文章，而是将选票投给那些能真正带给他们实惠的政党和政治领导人。主打特定群体牌的政党不断涌现，它们开始改变之前低种姓群体与高种姓群体之间的纵向恩赐关系（Patron-Client），代之以低种姓阶层之间的横向团结，这也在主要政党周围建立起一个相对完整的政党体系。③例如大众社会党（BSP）在北方邦的崛起，长期执政的国大党并没能及时响应北方邦内日益兴起的低种姓群体的政治主张，使得前者代表低种姓阶层在北方邦建立起强大的民众基础，不仅长期连续赢得邦内选举，并成功地从地方政党走向全国。

3. 第三阶段：联合执政及其机制化

1992年印度开始实行《政党登记法令》（补充条款），全国政党和地方政党都有严格的指标规定。对于地方政党来说，必须满足以下四个条件的至少一项：（1）在地区议会选举中至少获得3%或三个席位；（2）至少获得4%的归属该邦的人民院席位；（3）在联邦或地区选举中至少获得6%的有效选票，同时至少获得一个人民院席位或两个邦的议会席位；（4）如果在联邦或地区选举中未获得一个席位，则须至少获得8%的有效选票。对于全国政党来说，必须满足以下三个条件中的任意一个：（1）在人民院选举中需要在不少于三个邦中获得席位，并总计获得2%以上的席位，例如2014年总计545席，则须至少拥有11个席位以确保全国政党地位；（2）在不少于四个邦议会选举中至少获得4%以上的选票，并

---

① James Manor, "Parties and the Party System," in Atul Kohli ed., *India's Democracy: An Analysis of Changing State-Society Relations* (Princeton: Princeton University Press, 1990), pp. 62 – 98.

② Partha Chhibber, *Democracy without Associations: Transformation of the Party System and Social Cleavages in India* (New Delhi: Vistaar, 1999).

③ Sudha Pai, *Dalit Assertion and the Unfinished Democratic Revolution* (New Delhi: Sage, 2002).

且在联邦人民院选举中获得不少于四个席位;(3)在不少于四个邦获得地方政党认可。① 此后政党登记和管理逐渐步入正轨,政党登记的规范化有助于我们更好地开展对政党体系的观察和研究。

本文注意到第52条修正案生效之后其为印度政党发展注入了新的动力,新的法令对于政党登记和参选提供了规范支持,在此之后印度党派绝对数量不断增加,选票分布也日益分散,最终反映在随后的历次大选中有效政党数量保持高水平,印度政党政治进入碎片化时代。特别是在联邦层面,随后的历次大选参选党派数量众多,能在人民院获得至少一个席位的党派数量保持在30个以上,也就是说,与有效政党数量上升相伴的是能获得席位政党的绝对数量也在上升。在联邦层面,虽然各邦情况会有所不同,例如在喀拉拉邦和西孟加拉邦,由于它们的多党体系形成较早,包括印度共产党等在内的主要政党总体保持稳定,而在另外一些邦,例如比哈尔邦和北方邦,注册政党的数量已经较之前翻了四番。② 因此总体趋势是参选党派数量增加,地方政党面临的执政机会大大增加。

执政稳定性方面,《萨卡里亚报告》提出限制宪法第356条使用的建议之后,条款使用频率并没有下降,相反之后出现的几次总统管制事件引起了巨大争议,特别是1988年卡纳塔卡邦的总统管制更是充满争议。波姆依(S. R. Bommai)领导的人民联盟是当时卡纳塔卡邦议会的多数党,但是联合政府组建后不久,人民联盟的一名议员通知总督自己与其他19名同僚脱离执政党,并附上签名信。总督据此向联邦政府报告人民联盟不再是多数党,无法有效执行联邦宪法规定的政府职能,建议对该邦实行总统管制。但是在第二天,签名信涉及的其他19名议员中,有七名向总督报告有人采取不当手段获得他们的签名,而他们实际上是支持现任邦政府的。尽管波姆依提交申诉并建议进行信任投票,但最终联邦两院还是同意

---

① 参见印度选举委员会官网政党注册指南部分,http://eci. nic. in/eci_ main1/objection_politicalparty. aspx.

② E. Sridharan, "The Party System," in Niraja Gopal Jayal and Pratap Bhanu Mehta eds., *The Oxford Companion to Politics in India* (New Delhi: Oxford University Press, 2010), pp. 117 – 135.

根据宪法第 356 条之规定对卡纳塔卡邦实行管制。① 针对此案例和其他几个案例引起的有关争议,最高法院最终于 1994 年做出裁决,判定宪法第 356 条赋予总统之权力不是绝对权力,在接到总督报告或其他途径了解情况之后,还应有其他相关材料表明地方议会停摆,此时总统管制作为最后手段使用。② 此次最高法院确立的原则遏制了主要政党滥用宪法第 356 条作为打击竞争政党的趋势,此后宪法第 356 条的使用频率大大下降,不再是政党斗争的武器,减少了对地区政党执政的干扰和破坏,极大地提高了地方政党执政的稳定性。

世纪交替之际,印度政治的重大事件之一是联合执政在联邦层面的机制化。联合政府第一次出现在联邦层面是 1989 年,当年举行的第九次印度大选没有产生单一多数党,人民联盟(Janata Dal,JD)领导的国民阵线组建联合政府执政,开启印度政坛的多党竞争时代。但是随后近十年时间里,联合政府的执政稳定性并不高。先是 1990 年底人民党分裂,社会人民党(Samajwadi Janata Party,原人民联盟派系)在在野党国大党的支持下组阁,但很快国大党就宣布撤回对社会人民党的支持导致社会人民党下台;在 1991 年提前举行的第十次大选中,国大党重新崛起收复部分失地,拉吉夫竞选遇刺事件部分提振了选情,但国大党也未能获得多数党地位,拉奥组建了少数党政府。此时虽然不是联合政府,但内阁有赖于诸多地区小党的支持。1996—1998 年印度三次大选产生了五任政府都没能稳定执政,直到 1999 年印度第 13 次大选中,再度上台的瓦杰帕伊及其领导的 NDA 胜选,开启了第一个完整的五年任期,也开启了联合执政的新时期,一直到 2014 年印度第 16 次大选,印度政坛都没有出现一个单一政党能足以控制人民院多数席位,多党竞争时期联合政府执政成为主要形式。随后联合政府形态逐渐摆脱了执政稳定性差的缺点,第一个完成五年任期的联合政府是印度人民党瓦杰帕伊领导的 NDA(1999—2004 年),紧随

---

① "Bommai Verdict has Checked Misuse of Article 356," *Frontline*, Vol. 15, No. 14, July 4 – 17, 1998.

② "S. R. Bommai vs. Union of India," *India Supreme Court Judgments*, 1994, www.indiacourts.in.

其后的国大党辛格领导的 UPA（2004—2009 年和 2009—2014 年）连任两届。联合执政作为国家治理形式日益机制化，有助于提高政党联盟的执政稳定性。

六 2014 年大选是碎片化趋势的终结吗？

在 2014 年第 16 次大选中，印度人民党在莫迪的领导下重返执政宝座，这也是自 1989 年以来首次有单一政党获得人民院单一多数党席位，不过在大选中印度人民党仍是以 NDA 的名义进行，在全部 543 个席位中，印度人民党获得 282 个席位，占全部席位数的 51.9%；如果加上联盟中其他政党获得的席位数，则印度人民党领导的 NDA 在人民院中总共获得 335 个席位，占全部席位数的 61.7%。主要的竞争对手国大党（及其领导的 UPA），则只收获 44 个席位（UPA 总共获得 60 席位），仅占全部席位数的 8.1%（UPA 为 11%），从这个意义上说，印度人民党及其领导的 NDA 优势十分明显。如前文所阐述的，此次大选中排名前两名政党之间的差距也是自 1989 年以来最大的。由于此次大选带来的一系列改变，给学界提出的思考问题是，此次大选是否意味着碎片化趋势的终结，当前的碎片化态势是否将迎来转折点？如果答案是肯定的，那么这是否意味着印度政党政治是否将迎来全新的发展阶段？2014 年以后的印度政党政治将何去何从？

根据本文的论证框架，在国家权力制度基础发生重大改变之前，当前的碎片化态势将会持续下去。印度人民党虽然是单一多数党，但最终是按照政党联盟的方式采取联合执政，这也从技术和实际操作层面保持了联合政府形式，由此带来的示范效应将有助于政党联盟的执政稳定性，这一点应该看成是联合执政机制得到进一步强化。执政党坚持联合执政机制还体现在随后的执政进展中。例如印度人民党在克什米尔问题上立场强硬，但是在印度所谓的"查谟和克什米尔邦"（J&K）一直由当地两大政党控制，即民族会议党（National Congress, NC）和人民民主党（the People's

Democratic Party，PDP），自 2009 年以来一直是国大党和 NC 联合执政。2014 年的地方选举结果显示，在邦议会 87 个席位中，PDP 获得 26 席，印度人民党获得 22 席，国大党此次单独参选，获得 20 席。① 印度人民党不得不寻求与 PDP 组建联合政府，但双方在最低共同纲领方面僵持不下。最终于 2015 年 2 月底，印度人民党总部正式向联邦院承诺，在此次执政周期内不会寻求废除宪法第 370 条款，以换取与 PDP 组成执政联盟。② 该条款赋予 J&K 特殊自治地位，寻求废除该条款是印度人民党核心章程之一，最终为了在莫迪任期内印度人民党发挥在克什米尔问题上的影响力，印度人民党最终不得不做出妥协。

从选举数据看，虽然印度人民党收获了大多数席位，但从主要政党和地方政党的总体实力对比来看，相对之前的几次大选，两个主要的竞争政党（国大党和印度人民党）获得的席位总数反而是减少了的，这说明地方政党在此次大选中收获的席位数之和是增加了的，表现出的实力甚至也是有所增加。数据可以说明一些问题，在此次大选中至少能够获得一个人民院席位的政党数为 36，比上次大选的 35 个政党还多出一个；③ 最终本届大选的有效政党数为 3.5，有所回落并没有实质性的超出 1989 年以来的碎片化水平。另外正如前文提到的，衡量政党数量的指标还包括得票率。虽然在反映政党和政党联盟在当届人民院影响力的席位数方面，印度人民党的席位优势十分明显，但是在反映政党群众基础的得票率方面，印度人民党的得票率是 31.9%（NDA 为 39%），国大党虽然遭遇惨败，但得票率是 19.3%（UPA 为 21%），并不如席位数所显示的差距那么大。

至于地方层面，情况则更加不同，国大党控制了九个邦的首席部长席位，印度人民党只控制了八个邦的首席部长席位，两者的实力差距进一步缩小。特别是在极具象征意义的德里地方选举中，印度人民党铩羽而归。

---

① "J&K Election Results Live," *The Indian Express*, December 23, 2014.
② "Article 370 to Stay, Centre Tells RS," *The Hindu*, February 26, 2015; "Exclusive: How the PDP – BJP Deal was Sealed," www.rediff.com, March 2, 2015.
③ Election Commission of India, 2014.

平民党（Aam Aadmi Party，AAP）取得压倒性的胜利，获得全部70个席位中的67个，印度人民党在联邦层面的影响力并没有帮助它赢得德里地方选举。目前来看，莫迪是以经济改革纲领当选的，执政前景取决于经济表现，经济表现很大程度上取决于经济改革的力度，考虑到政治碎片化的状态和地方影响力，印度人民党能否带来全面改革存在很大的不确定性，能否连任也存在变数。印度历史上多次出现类似情况，前一次大选还风光无限，下一次选举中一败涂地，拱手让出政权。因此，既有数据和政治现实并不支持2014年大选后印度人民党的胜利将改变政党竞争模式，地方政党的影响力仍在上升，执政机会和执政稳定性并没有发生巨大变化，联合执政机制化趋势也没有被扭转，印度政治碎片化持续的可能性大于被中断的可能性。

七　结语

　　本文提出的分析框架主要是基于制度演变路径，通过执政机会和执政稳定性两个指标研究碎片化成因，并据此划分了印度政党体系演变阶段，分析结果有助于理解印度政党政治的现状与走势。作者充分注意到本文的研究局限性，除了重要的宪法条款和修正案的影响之外，选举开支、政治献金、选区划分和选民注册等有关选举制度的法律法规，对不同规模政党带来的影响是不同的，将对政党的执政机会和执政稳定性带来影响。当前印度选举委员会在组织和探讨选举制度改革，我们在相关领域的进一步研究将有助于理解和观察印度政治的发展方向。当前印度碎片化政治的发展也具备了新的特点，包括国大党领导的UPA和印度人民党领导的NDA两大政党联盟，在过去的16年里基本上统治了历次大选，事实上形成了轮流执政的态势。即使考虑到联盟政党组成的变化，印度政党政治基本上形成了两个相对稳定的主要政党领导的政党联盟之间的竞争，因此两大政党联盟竞争对政党体系演变的影响也是值得进一步研究的课题。

　　本文强调制度变化的观点，但这并不等于忽略其他观点的有效性，实际上对于文中提出的执政机会和执政稳定性维度，很多制度外的因素也会带来重大影响，例如政党的施政纲领、选举策略、选民动员能力等都影响到选举的成功率，可以提高或降低执政机会；对于上台执政的政党来说，内部是否团结将影响执政前景，政策选择和突发事件也可能对执政进程产生重大影响，从而影响执政稳定性。因此本文认为有必要在政党层次继续开展更具针对性的研究，特别是在当前，印度联邦制度仍在经历深刻变化，碎片化状态下邦权的不断兴起，导致联邦政府与地方政府之间的权力分配格局不断演变。可以判断，邦权的兴起仍是今后一段时间的主要趋势，除了经济领域之外，地方政党和邦政府的影响力已经向外交和安全等高政治领域渗透，因此，还可以从多个方面进一步推进印度政党政治碎片化的研究，笔者也期盼有更多学者发现印度政党政治的研究意义，加入和拓展有关研究范围，推动学界关于印度政党政治的研究和理解。

上合组织和集安组织发展及前景*
——基于区域公共产品理论的视角

靳晓哲　曾向红◎

【内容提要】 2014年底，国际安全援助部队陆续从阿富汗撤出，这一变化可能给中亚地区的安全形势带来一定的影响。在这种背景下，上海合作组织与独联体集体安全条约组织这两个主要涵盖中亚的地区性国际组织，需要而且也能在稳定中亚局势上发挥更为重要的作用。不过，二者在中亚安全领域的发展前景有所不同，这主要是由于它们在区域公共产品供给的机制、内容与效用上存在的差异。这些差异，导致中亚国家在面临较为严峻的安全问题时，更有可能向集安组织求助而非上合组织。鉴于此，如何借助构建"丝绸之路经济带"的机遇和自身在提供经济类区域公共产品方面的优势，与集安组织等区域组织实现在中亚地区的分工合作，是上合组织在未来需要加以考虑的问题。

【关键词】 区域公共产品　上合组织　集安组织　阿富汗　中亚地区

【作者简介】 靳晓哲　兰州大学中亚研究所、管理学院2014级国际政治专业硕士研究生。
电子邮箱：jinxzh14@lzu.edu.cn
曾向红　兰州大学中亚研究所、管理学院教授、博士。
电子邮箱：zengxh@lzu.edu.cn

---

* 本文系2015年兰州大学中央高校基本科研业务费专项资金项目"中亚地区一体化对上海合作组织发展的启示"（项目批准号：15LZUJBWZY094）的阶段性成果，并得到教育部区域与国别研究（培育）基地建设项目与"上海政法学院创新性学科团队"项目的资助。感谢《国际政治科学》匿名审稿专家提出的建设性修改意见，文中的错漏之处由笔者负责。

2014年底，国际安全援助部队（International Security Assistance Force，ISAF）正式结束了在阿富汗长达13年之久的维和与作战任务，仅保留一部分士兵为阿富汗安全部队提供支持和援助。2015年1月1日，阿富汗安全部队正式接管全国的安全防务工作，而北约也正式启动了代号为"坚定支持"的非作战任务。① 按照计划，北约将在阿富汗保留1.3万名左右的士兵，其中1.1万名为美国士兵。这部分士兵主要为阿富汗安全部队提供培训、咨询和援助等方面的支持，预计于2016年底全部撤出。与北约撤军计划相伴的是，塔利班加强了在阿富汗首都喀布尔及其周边地区的攻势。阿富汗首都喀布尔等大城市频频遭受恐怖袭击，南部与西部地区战局恶化，塔利班武装先后在昆都士、南加哈尔、赫尔曼德、卡皮萨等多个省份集结重兵与阿政府武装进行对抗。② 此外，塔利班也拒绝了阿富汗新总统阿什拉夫·加尼发出的举行和平对话的呼吁，并表示只要北约部队不离开阿富汗领土，塔利班就不会参加和平谈判。此举为阿富汗的稳定蒙上了阴影，也会给其周边地区的安全环境带来一定的变化，中亚地区的安全局势将面临新的挑战。

从区域公共产品理论的视角看，阿富汗撤军及塔利班的表态意味着，中亚地区可能面临安全需求增加而供给不足的状况。中亚国家自身实力较弱，单纯依靠自身力量可能无法保证地区稳定与安全。因此，借助大国或国际组织来应对可能的安全挑战成为中亚各国面临的选择之一。③ 同时，国际安全援助部队撤离后美国也会鼓励阿富汗的邻国积极参与阿富汗事务，④ 这就为周边大国或国际组织发挥更为积极的作用提供了机遇。目

---

① 《2015年世界安全形势看点扫描》，人民网，http://gs.people.com.cn/n/2015/0202/c360943-23758279.html。
② 《阿富汗局势最新消息：阿富汗新政府执政百日难突围》，中国社会科学网，http://www.cssn.cn/jsx/dtkx_jsx/201501/t20150108_1472058.shtml。
③ Konstantin Syroezhkin, "Problem – 2014 and Central Asian Security," *Central Asia and The Caucasus*, Vol. 14, No. 3, 2013, p. 32.
④ 朱永彪：《撤军后美国在阿富汗问题上的地位与影响》，《南亚研究季刊》2013年第4期，第102页。

前，对中亚周边地区影响较大的国家主要包括美国、中国、俄罗斯、印度、巴基斯坦、伊朗等，国际组织则包括北大西洋公约组织[①]（下称北约）、上海合作组织（下称上合组织）、独联体集体安全条约组织（下称集安组织）、欧洲安全与合作组织（下称"欧安组织"）等。然而，阿富汗局势给中亚带来的影响是一个国家难以解决的，需要中亚国家及其他国际组织的积极参与，而区域组织恰好是连接中亚国家与大国的纽带，这就为区域组织深化在中亚安全领域的影响提供了契机。

本文尝试从区域公共产品理论出发，以区域公共产品的"需求－供给"为视角，考察阿富汗撤军对中亚国家的安全影响，并对上合组织与集安组织在中亚安全领域的发展前景进行比较。区域公共产品理论是基于国际公共产品理论发展而来的，其理论研究聚焦于区域公共产品相较于国际公共产品的优势。区域公共产品理论认为，通过提供区域公共产品，域内国家或地区性国际组织能有效克服国际公共产品供给中的"私物化"（privatization）及"搭便车"（free-ride）行为，从而"避免大集团内集体行动的困境，实现公共产品的有效供给"。[②] 在全球化不断发展的今天，区域公共产品理论为理解区域合作提供了独特的视角。然而，随着区域化的不断发展，一个区域内可能出现多个组织，并且各组织在功能上可能存在一定的重合。对于如何协调同一区域内不同组织之间的关系，如何评估同一领域不同国际组织的发展前景等问题，目前的区域公共产品理论并没有提出明确的解决思路。

基于此，本文首先考察区域公共产品理论的基本内容，并对同一区域内多个组织之间的关系进行探讨，给出一个评估同一地理区域内不同组织发展前景的比较框架，并选择上合组织与集安组织在中亚安全领域的发展前景进行比较。其次，以需求为视角分析国际安全援助部队撤军之后，中亚地区可能面临的安全外部性问题，并对中亚五国的安全关切进行分析。

[①] 尽管北约成员国的范围并未涉及中亚，但2001年10月4日北约第一次援引北约宪章第五条，认为"9·11"的袭击"应被视为对缔约国全体之攻击"。2003年8月北约进入阿富汗，开始了欧洲以外的第一次行动。

[②] 曼库尔·奥尔森：《集体行动的逻辑》，陈郁等译，上海人民出版社，1995，第25页。

再次，基于供给视角，以前文的评估框架为基础，分别从供给机制、供给内容、供给效用三个方面对上合组织与集安组织进行比较，并对其发展前景进行大致评估。最后，基于本文得出的基本结论，对与上合组织未来发展相关的问题进行讨论。

一 影响地区性国际组织发展前景的因素

相较于国际公共产品理论，区域公共产品理论注意到了地区范围内公共产品在供给和需求方面具有的几个特征。这些特征包括：（1）区域公共产品的覆盖范围具有地理空间上的限制，区域内国家实力有大小与强弱之分，但地缘政治所形成的相互制约效果较为明显，同时区域内国家又面临共同的问题与挑战，从而能比较有效地防止区域公共产品被某个大国"私物化"；（2）除特定区域外，区域公共产品的供给机制主要由有关国家协商进行，一般不存在具有压倒性优势的国家，即使在一些大国主导的区域合作中，主导性的大国一般也不会获得特权；（3）区域公共产品的供给与需求关系更加清晰，供求信息更加对称，从而使机制与制度更切合地区稳定与发展的需要，并且更有针对性。[①] 这些优势使区域公共产品的供给更加符合发展中国家参与区域合作以寻求发展的趋势，而参与地区性国际组织对无政府状态下各国进行理性选择、权衡收益和成本，通过国际合作获得有效供给及满足国家需求也是一种可行且重要的选择。[②] 不过，区域公共产品理论与国际公共产品理论一样，也面临一定的不足。这种不足，最主要地体现在假定国际社会的公共产品往往存在供不应求的现象，进而以此为前提讨论如何缓解国际公共产品供给过程中出现的"集体行动的困境"、"囚徒困境"或"公地的悲剧"等现象。然而，正如张春指

[①] 关于区域公共产品的特点及其相关问题更为详细的论证，参见樊勇明、薄思胜《区域公共产品理论与实践——解读区域合作的新观点》，上海人民出版社，2011，第24—42页。

[②] 有关"国际合作与国际公共产品特性的论述及模式选择"详见庞珣《国际公共产品中集体行动困境的克服》，《世界经济与政治》2012年第7期，第24—42页。

出的，这一假定可能在根本上是错误的，因其不吻合国际社会中公共产品供给的历史与现状。

事实上，与上述假定相反，国际社会中的公共产品往往是国际社会中主导性行为体"自上而下"而非"自下而上"地予以提供的，因为该行为体能够借此提高自身的国际地位，并获得作为公共产品供给方的垄断性收益。[1] 从供给方的视角出发，可以发现既有国际公共产品与区域性公共产品的供需矛盾，更多地体现在"供给竞争"上而非供给不足上。而基于"供给竞争"的概念所提出的公共产品供给二元或多元模式，能更有效地说明不同时期国际社会中或不同地域范围内公共产品供给领域出现的问题与矛盾（如当前中美两国在亚太地区竞争安全类与经济类公共产品的提供），[2] 也能为理解不同时期或不同区域内相关国家或国际组织之间的竞争与合作提供新的思路。不过，在公共产品供给上存在"二元竞争"或"多元竞争"时，供给方如何通过公共产品的提供以保障自身的存续和发展，以及需求方如何进行选择等问题，仍有待做进一步的探索与分析。在区域性公共产品的供给存在多元竞争的情况下，需要构想如何评价不同地区性国际组织的衡量标准，这与地区性国际组织的发展前景息息相关。

然而，本文并不试图建立一个解释同一区域不同国际组织发展前景的评估机制，而仅在于建立一个比较框架，以此比较相关国际组织的大致发展前景。一般而言，对向特定区域提供公共产品的某一组织进行研究时，需要厘清以下几个问题：（1）是"谁"在向区域国家提供公共产品？（2）向区域国家提供的公共产品是"什么"（或者涵盖哪些方面）？（3）该产品是否满足了区域国家的需求？以上三个问题，分别涉及地区性国际组织的供给机制、供给内容、供给效用等方面，而这三个方面的差

---

[1] 参见张春《国际公共产品的供应竞争及其出路——亚太地区二元格局与中美新型大国关系建构》，《当代亚太》2014年第6期，第52—60页。

[2] 参见周方银《中国崛起、东亚格局变迁与东亚秩序的发展方向》，《当代亚太》2012年第5期，第4—32页。

异,在很大程度上影响着不同地区性组织的发展前景。

首先,供给机制是影响地区性国际组织发展前景的基础。这一因素又包括两个方面的内容,即主要供给方数量与区域组织的性质。供给方数量可分为一个、两个及两个以上。其中一个主要供给方不存在潜在的掣肘因素,但易引起需求方的警惕,因为机制内缺乏对主要供给方的制衡,易造成供给方对某一产品的垄断,进而以此为基础对需求方进行胁迫;而在同一国际组织内存在两个或多个主要供给方时,则存在彼此间相互掣肘的可能,一旦双方或多方意见不合,掣肘就可能发生。而对区域组织性质的界定,主要取决于该组织是否具有区域联盟的性质。在联盟性组织中,主要供给方与其他成员之间的关系更加紧密,这有利于其对地区突发事件做出及时、迅速的反应;而在非联盟性质的组织中,主要供给方与其他成员之间的关系相对松散,这就意味着其他国际组织也可以相应地在相关领域建立公共产品的供给,有可能导致区域竞争的激烈化。

其次,供给内容也能影响地区性国际组织的发展前景。只有供给方提供的公共产品与需求方期望获得的产品相契合,需求方才会积极参与供给方的互动,地区性国际组织才能获得进一步发展的动力。换言之,供给方的供给与需求方的需求之间的契合度,也会影响地区性国际组织的发展前景。具体到供给内容,则可包含政治、经济、安全等方面的公共产品。不过,由于供给方的能力和资源有限,一个国际组织往往会有其主导的供给内容。如国际社会中主要的功能性国际组织,世界贸易组织、国际货币基金组织或世界银行等,往往只专注特定领域公共产品的供给。地区性国际组织供给内容的不同,一方面为需求方进行选择提供了空间,另一方面造成了不同组织之间的竞争与合作。然而,一旦新情况出现,地区性国际组织也有可能对供给内容进行扩展,以更好地满足区域国家的需求,但其前提是,在供给机制允许的情况下,供给方对新情况的表态明确且对供给内容的调整及时、有效。

最后,供给方的供给效用,也会影响到地区性国际组织的发展前景。供给方的供给效用,主要指供给方提供的公共产品是否得到了恰当的分配和使用，是否真正满足了需求方对获得区域性公共产品的期待。而这一因素可以从需求方的认知方面加以衡量。需求方的认知主要包含两个方面的内容：其一，基于历史、地缘、经济、民族等因素，某一地区的国家会在总体上对主要供给方有或疏或亲的倾向，这是成员国在地区层面上对供给方的总体认知；其二，除了对供给方本身的认知，成员国还会对供给方所主导的国际组织有或亲近或疏远的倾向，这是成员国对供给方所在的国际组织的认知。根据对供给方和国际组织认知的差异，其大体分为两种情况：两种认知一致或不同。认知一致的情况分为两种：对供给方及其主导的国际组织都有较为负面的认知，或都有较为正面的认知。认知不同的情况亦分为两种：对供给方较为认同，但对其所主导的国际组织并不认同；对供给方并不认同，但对其所主导的国际组织基于成本与收益的考量较为认同。

至于如何界定两个或两个以上涵盖同一地区的不同地区性国际组织的发展前景，则可以从成员国在特定领域对于不同地区性国际组织的倚重程度加以权衡。由于本文着重分析的是安全领域公共产品的供给情况，由此可以设定两个观测指标。其一，在预防可能的冲突时，区域国家会更倾向于依赖哪个地区性国际组织；其二，一旦危机发生，区域国家会优先向哪个地区性组织求助。之所以选择这两个因素作为比较两个或多个涵盖同一区域的地区性国际组织的发展前景的观测指标，主要是因为在提供安全类公共产品的组织中，冲突预防与危机管控是地区性国际组织的重要职能，这两个方面的能力高低，很大程度上决定了不同地区性国际组织的发展前景。冲突预防是危机发生前的预防性措施，以及为此建立的相关应对机制；而危机管控是指危机一旦发生，地区性组织将如何做出及时有效的反应以缓解或消除危机。至于为何选择区域国家在冲突预防和危机管控过程中优先选择哪个组织作为权衡不同地区性国际组织的标准，主要是因为，本文着眼的是中亚国家在面临变化安全形势的背景下对安全类公共产品的需求，再加上北约军队撤出阿富汗后中亚国家对其他地区性国际组织能否发挥所期待的作用是一个新的情况。① 因此，本文并不试图对地区性国际组织的冲突预防与管控危机的能力本身进行全面考察，而是选择中亚国家在进行冲突预防和危机管控时对地区性国际组织持有的期待作为代替。本文认为，将供给机制、供给内容与供给效用综合起来考虑，并以此为基础对区域国家对地区性国家组织的不同期待进行界定，可以为评价同一区域内不同国际组织在某一领域内的发展前景提供一个基础性的比较分析框架。

在运用上述分析框架对同一地区内不同地区性国际组织的发展前景进行权衡时，可选择积极活跃于中亚地区的相关地区性国际组织作为案例。在中亚地区，区域公共产品的"多元竞争"现象有鲜明的体现。首先，中亚地区存在多个发挥作用的多边机制，如上合组织、集安组织、欧安组织、北约等，且相互之间存在一定的功能重合，这就造成供给方之间的竞争以及中亚国家根据自身利益对参与不同的地区性国际组织进行衡量并为获得相应的区域公共产品提供了选择空间。如乌兹别克斯坦在不同时期倚重特定的国际组织就是这方面的典型例子。② 其次，随着地区性国际组织的发展以及组织面临的问题大同小异，不同组织的功能具有日益增多的趋同倾向。如上合组织最初起源于成员国之间在边境地区增进信任的措施，并不涉及非传统安全领域，但随着成员国维护本国与地区安全的需要，上合组织逐渐增加了非传统安全合作的内容；与之相似，集安组织最初也起源于独联体国家在加强传统安全方面的合作，后来也逐渐增加了反恐、打击极端主义等非传统安全的内容。再次，尽管在同一区域内不同组织之间已经形成了一定的"分工合作"，但面对新情况的出现，不同组织可能会寻求扩大供给范围，这就容易造成不同组织之间由"合作分工"走向"博弈竞争"。中美俄分别在上合组织、北约、集安组织中扮演着重要的

---

① "9·11"之后，北约在阿富汗的驻军一定程度上扮演了中亚安全类公共产品供给者的角色，而随着撤军进程的加速，中亚地区的其他地区性国际组织将发挥更为重要的作用，这是中亚地区的一个新现象。

② 乌兹别克斯坦20世纪90年代中期之前与集安组织关系较密切；90年代中期之后至2005年致力于强化与北约的关系；2005年之后参与上合组织的热情升高。

角色,中亚及周边地区安全形势的变化,可能导致三者在互动中既有"分工合作"又有"博弈竞争"。例如阿富汗问题的出现,虽在一定程度上促进了各组织在反恐问题上的交流与合作,但也使得北约对集安组织、上合组织影响力的扩大存在担忧。

本文将从区域公共产品理论出发,考察国际安全援助部队撤军对中亚国家维护国家安全及其对区域公共产品需求的变化可能产生的影响,借此讨论集安组织与上合组织通过提供相关公共产品扩大在中亚安全领域内影响的前景。之所以选取这两个组织进行比较,主要是有以下几点考虑。

(1) 中亚地区是上合组织与集安组织主要的活动区域。上合组织六个成员中四个(哈萨克斯坦、吉尔吉斯斯坦、乌兹别克斯坦、塔吉克斯坦)位于中亚地区,而阿富汗则是上合组织观察员国,这在很大程度上决定了中亚是上合组织的核心区域。而集安组织的成员涵盖了东欧、高加索地区,但中亚地区是其最重要的活动区域,因其目前成员中的半数(哈萨克斯坦、吉尔吉斯斯坦、塔吉克斯坦)位于中亚地区。因此,中亚同样是集安组织的主要活动区域。① 此外,上合组织与集安组织在中亚的成员并不完全一致,这可能会对二者在中亚安全领域的比较造成一定的困扰。然而,笔者认为,成员国数量并非影响国际组织吸引力的主要因素,二者之间并无必然的联系。以上合组织扩员为例:上合组织已经决定扩员,一旦扩员,其成员国数量将会增加,尽管上合组织扩员似乎说明其具有一定的影响力,但其后果难料。上合组织扩员虽然也能带来一些收益,但无法弥补扩员可能带来的更多成本,也许上合组织扩员后,会因为决策困难而导致其效率低下。② 基于此,本文并未在供给机制的考察中将参加国数量作为衡量的标准之一。

(2) 上合组织与集安组织都有直接或间接应对阿富汗变局的相关举

---

① 欧安组织成员国尽管也囊括了中亚五国,但该组织成员国遍及欧洲、亚洲、美洲等大洲,覆盖范围的广阔性决定了中亚只是其中一部分,因此中亚并不能被视为欧安组织的核心区域。

② 参见曾向红、李廷康《上海合作组织扩员的学理与政治分析》,《当代亚太》2014年第3期,第120—155页。

措。2004年6月上合组织在塔什干建立了地区反恐怖机构，2005年11月建立上合组织－阿富汗联络小组，这些机构或机制都有应对阿富汗局势变化的考虑；2009年6月，俄罗斯总统、哈萨克斯坦总统、亚美尼亚总统、吉尔吉斯斯坦总统和塔吉克斯坦总统在莫斯科签署成立集安组织快速反应部队协议，白俄罗斯于同年10月加入。根据协议，快速反应部队由集安组织成员国的机动部队、安全机构和紧急情况部门的人员组成，一旦出现特殊情况，将根据集体安全组织理事会的决定进行部署。这些武装力量的组建，从侧面反映了集安组织对阿富汗问题的关切。

（3）中亚国家对上合组织与集安组织也寄予厚望。随着北约撤军进程的加速，北约在中亚的影响力与控制力将逐渐减弱，而与之相伴随的塔利班攻势加强、中亚恐怖主义与极端主义势力的回流等状况，使得中亚各国迫切希望得到其他地区性国际组织对维护自身安全的帮助。上合组织与集安组织此前在此方面做了不少工作，一定程度上发挥了维护中亚地区的安全与稳定的作用。在新形势下，中亚各国对这两个组织寄予了更多的希望。至少就哈、吉、塔三国而言，它们明显将借助集安组织作为应对阿富汗局势变化的重要渠道；而乌兹别克斯坦、土库曼斯坦的态度尽管尚不明确，但两国与上合组织之间的亲密关系也为其获取安全帮助提供了选择。

在此背景下，从区域公共产品理论的视角出发，比较上合组织与集安组织在帮助中亚国家应对阿富汗局势变化上的角色，评估二者在中亚安全领域的发展前景，既有必要性也有可行性。但必须说明的一点是，本文以阿富汗撤军为背景，分析地区性国际组织的发展前景，即主要以中亚国家面临的外部安全为出发点，并不对各国内部安全进行深入的探讨。此外，尽管本文试图评估上合组织与集安组织在中亚安全领域的近期发展前景，但并不致力于准确判断二者的发展轨迹，因为这是一个难以做出准确预测的问题。至于如何判断哪一个组织的发展前景更有优势，可以"当中亚国家面临可能的安全危机及当其一旦发生时，将优先求助于哪个地区性组织"作为大致的衡量标准。

二 北约撤军给中亚国家可能造成的影响

2014年底国际安全援助部队陆续从阿富汗撤出,这可能带来中亚地区安全上"供给与需求"的变化。这种变化与阿富汗撤军、美俄在中亚的博弈、中亚地区的地缘政治特点等密切相关。[①] 但本部分的关注点并不在探讨中亚地区安全形势变化的原因,而重在讨论中亚的安全形势如何变化。总体来看,国际安全援助部队的撤离不仅对阿富汗国内的局势有重大影响,而且对中亚各国面临的外部安全提出了挑战。2014年后,中亚地区的安全与稳定可能受到外部因素的冲击,中亚各国不得不增加安全防务成本以应对可能出现的外部威胁。从区域公共产品理论的视角看,撤军对中亚地区的影响主要体现在两个方面:(1)撤军附属物即安全外部性的变化;(2)由此带来的中亚各国安全需求的变化。

(一)中亚安全外部性的变化——北约撤军的影响

新功能主义认为,合作具有溢出效果,即某一问题领域的议题得以解决将会影响到其他领域。同理,某一地区安全局势的恶化也可能影响其他国家,尤其是周边国家。国际安全援助部队的撤离,可能使阿富汗未来的

---

① 相关研究参见 Muhammad Ibrahim, "Post - US Withdrawal from Afghanistan and Its Impact on Internal Security," *International Journal of Social Science and Humanities Research*, Vol. 2, No. 1, 2014, pp. 15 - 26; Patrick Nopens, "The Impact of the Withdrawal from Afghanistan on Russia's Security," *Security Policy Brief*, No. 54, March 2014, pp. 1 - 8; Johan Norberg and Erika Holmquist eds., "ISAF's Withdrawal from Afghanistan-Central Asian Perspectives on Regional Security," Almaty: *Conference Report*, May 22 - 23, 2013, pp. 95 - 102; Younkyoo Kim and Fabio Indeo, "The New Great Game in Central Asia Post 2014: The US 'New Silk Road' Strategy and Sino-Russian Rivalry," *Communist and Post-Communist Studies*, Vol. 46, No. 2, 2013, pp. 275 - 286; Stephen Blank, "Whither the New Great Game in Central Asia," *Journal of Eurasian Studies*, Vol. 3, No. 2, 2012, pp. 147 - 160; Anna Matveeva, "Russia's Changing Security Role in Central Asia," *European Security*, Vol. 22, No. 4, 2013, pp. 478 - 499; Richard Rousseau, "Competing Geopolitical Interests of China, Russia and the United States in Central Asia and the Caspian Region," *Khazar Journal of Humanities and Social Sciences*, Vol. 14, No. 3, 2011, pp. 13 - 30。

局势更加不确定,从而导致中亚国家不得不增加防务成本。从区域公共产品理论的视角看,其原因就在于正安全外部性的消退以及可能恶化的阿富汗局势带来的负安全外部性的增加。

1. 正安全外部性的逐渐消退

自"9·11"事件始,中亚国家就为西方干预阿富汗问题提供了很多帮助。其中,吉尔吉斯斯坦和乌兹别克斯坦分别为美国和反恐联盟提供了玛纳斯(Manas)和卡尔希—哈巴德(Carl-Hubbard)军事基地;塔吉克斯坦则允许以法国为主的武装力量使用杜尚别国际机场加油;哈萨克斯坦和土库曼斯坦则提供了过境飞行权及其他方面的支持。① 中亚国家在为国际安全援助部队提供支持的同时,也间接获得了盟军存在的正安全外部性收益。以哈萨克斯坦为例,自2001年美军开始在阿富汗开展打击塔利班和"基地"组织的"持久自由行动"以来,无论是对美军及其盟军的军事行动,还是为稳定阿富汗,哈萨克斯坦都提供了诸多支持。尽管未像吉尔吉斯斯坦和乌兹别克斯坦那样向美军提供军事基地,但哈萨克斯坦向盟军提供了后勤等援助和支持。2011年巴基斯坦因北约袭击其哨所而关闭了南部运输通道后,哈萨克斯坦参与了"北方配送网络"(Northern Distribution Network,NDN),据统计北方配送网络承担了向阿富汗运输补给任务的3/4左右。② 哈萨克斯坦积极参与阿富汗事务,一方面出于提升在中亚地区的地位和影响力的考虑,另一方面更加重要的是,这与其对阿富汗乱局的担忧是一致的,盟军的存在一定程度上分担了哈的对外防务压力。

2012年美国制定了撤军阿富汗的时间表,同时也计划完成从中亚地区的"撤离"。同年,哈萨克斯坦、吉尔吉斯斯坦、塔吉克斯坦为了支持

---

① Nargis Kassenova, "Relations Between Afghanistan and Central Asian States after 2014: Incentives, Constraints and Prospects," Sweden: Stockholm International Peace Research Institute (SIPRI), May 2014, p. 6; Jim Nichol, "Central Asia: Regional Development and Implications for U. S. Interests," Congressional Research Service (CRS) Report for Congress RL33458 (US Congress, CRS: Washington D. C., November 20, 2013), p. 40.

② Jim Nichol, "Central Asia: Regional Developments and Implications for US Interests," p. 46.

国际安全援助部队的撤离，给予了北约从阿富汗撤离军队和补给的过境许可。2014年7月，"吉美协议"到期，美军在中亚最后一个军事基地玛纳斯国际运转中心的存在宣告结束。美国军事基地在中亚的终结，并不是美国对中亚的放弃，但至少意味着中亚在美国外交中地位的下降。[①] 美国和北约在阿富汗的存在，在给阿富汗的重建带来希望的同时，也给中亚地区带来了客观的安全收益，即正安全外部性。美国在阿富汗的驻军减轻了中亚国家在安全上的威胁，如盟军对伊斯兰激进势力的打击、对毒品与军火贸易的控制等。国际安全援助部队在阿富汗充当了地区安全供给者的角色，而中亚各国在一定程度上则是这一供给的获益者。2014年底，国际安全援助部队的撤离将使这种正安全外部性逐渐消失，中亚国家将不再享有这种安全上的"额外"收益。此外，国际安全援助部队撤离后中亚国家普遍增加了对来自阿富汗的潜在不安全外溢的关切，但限于中亚内部缺乏独立平台、各国之间缺乏信任与合作等原因，中亚各国很难单独应对阿富汗局势恶化带来的影响与压力。

2. 负安全外部性的逐渐增多

中亚能否保持长期稳定，起决定性作用的应该是内部因素，但这些内部因素又与外界有千丝万缕的联系。[②] 人们普遍认为，中亚地区的边界可渗透性较强，而且易受到毒品贸易等影响，[③] 这是中亚地区的稳定受外部影响较大的原因之一。2014年国际安全援助部队的撤离是阿富汗局势变化的重要节点，同时中亚局势也将不可避免地受其影响，尤其是在安全方面。第一，国际安全援助部队撤离之后，阿富汗与中亚地区的伊斯兰激进势力可能重趋活跃，这将威胁中亚国家的稳定。近年来，中亚的暴力极端

[①] 赵华胜:《后阿富汗时期的美国外交展望》,《国际问题研究》2014年第2期,第79—95页。

[②] 孙壮志:《当前中亚地区安全形势分析》,《俄罗斯中亚东欧研究》2003年第6期,第64—69页。

[③] Nargis Kassenova, "Relations between Afghanistan and Central Asian States after 2014: Incentives, Constraints and Prospects," p. 11.

组织加大了招募的力度。① 例如，塔吉克斯坦官方就曾表示，2009—2010年有多个伊斯兰激进组织通过塔阿边境进入了塔吉克斯坦，而且过去几年塔吉克斯坦发生的暴力事件与军事冲突大多都与阿富汗的伊斯兰极端主义相关。第二，随着中亚国家介入阿富汗事务逐渐增多，阿富汗局势的变化可能给中亚国家带来恐慌与不安。中亚五国中，哈萨克斯坦是阿富汗的最大援助者，哈在萨曼甘省（Samangan province）和巴米扬省（Bamyan province）分别投资修建了学校和医院等。中亚其他国家也帮助阿富汗修建了道路、桥梁等基础设施。尽管这些基础设施在一定程度上帮助了阿富汗的重建，但可能会引起阿富汗反政府武装的敌视，尤其是塔利班。② 国际安全援助部队撤离之后，面对可能恶化的阿富汗局势，中亚各国存在明显担忧。第三，毒品贸易、军火贸易的加剧增加了中亚国家的不安全感。据联合国毒品与犯罪办公室2012年5月份发布的报告统计，阿富汗每年通过中亚地区输送的最高纯度的海洛因有90吨，约占阿富汗输出全部海洛因的1/4。③ 不断增长的毒品贸易与军火贸易密切相关。毒品贸易的运输线路很多被中亚的暴力极端组织控制，通过控制毒品贸易以增加收入，这些组织可借此获取所需的装备。总体来看，撤军后中亚国家对上述影响进行控制的能力有限，各国的不安全感可能增加。

从区域公共产品理论的视角看，美国从阿富汗撤军给中亚国家带来的负安全外部性可能会增加。国际安全援助部队撤离之前，中亚国家尚可以依靠盟军力量的存在分担自身的安全成本，获取"额外"的安全收益；而国际安全援助部队撤离之后，中亚国家之前享有的正安全外部性逐渐消失，而且伴随着中亚极端组织活动的增多，负安全外部性可能会逐渐增

---

① Jacob Zenn and Kathleen Kuehnast, "Preventing Violent Extremism in Kyrgyzstan", 2014, http://www.usip.org/sites/default/files/SR355_Preventing-Violent-Extremism-in-Kyrgyzstan.pdf.

② 苏畅：《当前阿富汗局势对中亚安全的影响》，《俄罗斯中亚东欧研究》2012年第1期，第77—83页。

③ 《中亚成为毒品走私者的"乐土"》，中国日报网，http://www.chinadaily.com.cn/hqgj/jryw/2012-05-24/content_5997675.html。

多。基于此，中亚国家不得不增加安全方面的投入（主要是应对外部安全的投入）以维持本国的安全、稳定。然而，尽管安全历来受到中亚各国的重视，而且彼此的安全是相互联结的，但各国在合作机制与制度框架的建设上仍停滞不前。[①] 中亚各国在水资源、领土、边界等领域存在的问题一直影响着各国之间的合作，因此各国需要借助由区域外大国主导的多边机制来为各国分担安全成本，以此改善中亚地区安全需求无法得到充分满足的状况。

（二）中亚五国安全需求的变化——各国对阿富汗安全威胁外溢的关切

在国际安全援助部队入驻阿富汗之后，中亚国家本来因外部安全问题而存在的诸多问题被掩盖并积累下来，而在国际安全援助部队撤离之后，这些问题将重新浮现。[②] 总体来看，中亚五国未来在应对阿富汗局势的策略上可能会有所不同，但总体上各国对"乱局外溢"造成的安全与稳定风险的担忧明显趋同。尽管各国在应对外溢风险的能力上存在差异，但这种差异只是程度上的。[③] 在此背景下，各国均在构想采取各种措施以应对阿富汗局势的可能恶化。[④] 鉴于上合组织和集安组织都有为中亚各国提供安全的意愿，这就带来了对多个供给方进行评估和需求方进行选择的问题。下文将以地区安全的"需求"为视角，对中亚五国安全需求的变化进行分析。

[①] Mirzokhid Rakhimov, "Internal and External Dynamics of Regional Cooperation in Central Asia," *Journal of Eurasian Studies*, Vol. 1, No. 2, 2010, p. 96.

[②] Konstantin Syroezhkin, "Problem - 2014 and Central Asian Security," p. 21.

[③] 许涛：《驻阿美军撤离对中亚安全形势的影响》，《现代国际关系》2013 年第 12 期，第 34—39 页。

[④] 相关分析参见 Turarovna Kukeeva, "The U.S. Troop Withdrawal from Afghanistan and Regional Security in Central Asia," *Russian Politics and Law*, Vol. 51, No. 1, 2013, pp. 49 - 58; Timothy A. Krambs, "Central Asia and the Afghanistan Security Dilemma: Amelioration, Retrograde, or Status Quo? Central Asia's Role in Regional Security Regarding Afghanistan after 2014," *Connections: The Quarterly Journal*, Vol. 12, No. 2, 2013, pp. 1 - 26.

哈萨克斯坦在地缘上不与阿富汗接壤,是中亚国家中受阿富汗的安全威胁与挑战相对较小的国家。与其他中亚国家相比,哈萨克斯坦继承了苏联军事遗产中较大的一部分,而且其国内资源优势明显,经济发展较为稳定。[①] 经过 20 多年的发展,在政治、经济、军事等方面俨然扮演了中亚"领头羊"的角色,也有成为中亚地区"领导国家"的潜力与意愿。因此,面对阿富汗安全威胁的外溢,哈萨克斯坦在防御能力和地缘位置上占有一定的优势,但这并不意味着其能"独善其身"。其一,在阿富汗重建问题上,哈萨克斯坦一直持积极介入的姿态,对阿富汗重建有较强的参与意愿。这主要是基于提升其国际形象、树立其在中亚国家中的地位的考虑,而且这也有利于在地缘上保障其国内安全与稳定,避免受到阿富汗局势外溢带来的影响。随着国际安全援助部队的撤离,中亚的宗教极端主义、恐怖主义、有组织犯罪、毒品贸易、军火贸易等可能会趋于猖獗。哈萨克斯坦对阿富汗问题的积极介入易导致反政府武装与暴力极端组织对其的敌意。其二,尽管哈萨克斯坦在地缘上不直接与阿富汗接壤,但南部邻国吉尔吉斯斯坦、塔吉克斯坦都较为虚弱,难以单独应对潜在的安全挑战与威胁。随着撤军进程的加速,并不排除阿富汗安全风险外溢的可能,而且其邻国的经济、政治状况并不乐观,一旦陷入危机,哈萨克斯坦将很难独善其身。如 2011 年 11 月 12 日,在哈萨克斯坦南部塔拉兹(Taraz)发生了杀害五名安全人员与三名平民的恐怖攻击,而发起该攻击的组织为"哈里发战士"(Jundal-Khilafah)。这是一个活跃在阿富汗与巴基斯坦边界地区的恐怖主义组织。较少遭遇恐怖袭击的哈萨克斯坦发生此类事件,意味着其安全形势受到阿富汗局势越来越多的影响。[②] 因此,尽管哈萨克斯坦是中亚五国中防御能力较强、地缘位置较为有利的国家,但在此背景下,它将不得不增加安全防务成本或借助外部力量,以应对阿富汗局势变化带来的挑战。

---

① Erica Marat, *The Military and the State in Central Asia* (London: Routledge, 2010), pp. 64 – 70.
② 《哈萨克斯坦官员称恐怖组织"哈里发战士"威胁哈安全》,新华网,http://news.xinhuanet.com/world/2012 – 12/05/c_124047409.htm。

乌兹别克斯坦与阿富汗相邻（双方边界长约 137 公里），是中亚五国中较易受到阿富汗局势影响的国家。乌兹别克斯坦军事力量较强，一贯重视应对地区安全威胁，并且在应对外部安全威胁上有一定的实力与经验，但它仍对来自阿富汗的安全威胁非常担忧。[①] 而且，除了面临来自阿富汗安全威胁的挑战之外，边界问题也是乌兹别克斯坦面临的重要问题之一，尤其是费尔干纳盆地。[②] 因此，在阿富汗局势尚不明朗的背景下，增加安全成本将成为其应对外部安全问题的必然选择之一。此外，乌兹别克斯坦与中亚其他国家相比在安全等方面的需求又略有不同。其一，乌兹别克斯坦 2012 年宣布退出集安组织。"不满于集安组织在维护安全领域的低效率和涉及阿富汗问题协调上的不作为"是乌兹别克斯坦政府对外宣称的原因，[③] 但其深层的考虑，可能是减少在集安组织内俄罗斯对其的掣肘，尤其是集安组织成员国在关于部署军事基地相关问题上达成一致之后。[④] 从安全防卫需求的角度看，退出集安组织使乌兹别克斯坦失去了一个保障机制，尤其是在阿富汗局势急剧恶化的形势下。其二，面对安全威胁，乌兹别克斯坦可能会进一步扩大同美国、北约等的合作。2012 年退出集安组织后，美乌关系迅速升温。乌兹别克斯坦表示并不介意强化同美国的关系，只要华盛顿放弃将自己的意愿强加于乌兹别克斯坦的做法。[⑤] 而就美国从阿富汗撤军对其及整个中亚地区带来的具体影响，卡里莫夫总统 2012 年 1 月在向乌兹别克斯坦武装力量发表讲话时表示，美国和国际安

[①] Nargis Kassenova, "Relations between Afghanistan and Central Asian States after 2014: Incentives, Constraints and Prospects," p. 5.

[②] Erica Marat, *The Military and the State in Central Asia*, p. 79.

[③] 罗英杰、崔珩：《乌兹别克斯坦再次退出集体安全条约组织的原因及影响》，《西伯利亚研究》2013 年第 4 期，第 41—42 页。

[④] 《乌兹别克斯坦退出集安组织与阿富汗撤军有关》，中俄交流网，http://www.zejl.com/new_xx.asp?id=46398。

[⑤] Umida Hashimova, "Uzbekistan Considers the Strategic Implications of NATO's Drawdown in Afghanistan," *The Jamestown Foundation*, November 14, 2011, http://www.jamestown.org/regions/southasia/single/?tx_ttnews[pointer]=3&tx_ttnews[tt_news]=38670&tx_ttnews[backPid]=679&cHash=1c951645aa9d1b55664e9acd9eb327a5#.VLdvYvSl920.

全援助部队撤出阿富汗,"可能导致恐怖主义和极端主义活动的扩散,加剧中亚地区的紧张和矛盾,并使该地区成为持久的动荡之源"。① 自2010年开始,越来越多的乌兹别克人加入"乌兹别克斯坦伊斯兰运动"(以下简称"乌伊运");2013年4月9日、10日,阿富汗军队和国际安全援助部队在塔哈尔逮捕了"乌伊运"的炸弹制造专家和武器运输员。这些已发起或未遂的恐怖袭击表明,中亚恐怖势力(主要是"乌伊运")加大了对阿富汗北部省份的渗透力度,对乌兹别克斯坦构成了严峻的挑战。②

塔吉克斯坦与阿富汗共享着约1206公里的边界,被认为是中亚国家中较容易受到阿富汗局势外溢影响的国家。塔吉克斯坦国内经济状况不稳定,军事力量弱小,20世纪90年代曾发生内战,国内形势一直较为脆弱。因此,无论是地缘方面,还是国家实力方面,塔吉克斯坦都是中亚国家中较虚弱的国家,对外部安全的需求也更为强烈。国际安全援助部队撤离之后,面对阿富汗安全威胁的外溢,塔吉克斯坦可能面临的安全风险进一步增加。其总统拉赫蒙多次强调,塔吉克斯坦位于国际反恐战争的前线,要求国际社会客观评估其为反恐战争和稳定阿富汗局势所做的贡献。这从侧面反映了塔吉克斯坦受阿富汗局势影响较大。此外,塔吉克斯坦还关心阿富汗局势可能带来的另外一个问题,即可能出现的难民。由于塔阿边界长达约1206公里且边界管理上存在很多问题,同时阿富汗又有500万塔吉克族人(占阿富汗总人口的25%左右,是仅次于普什图族的第二大族群)。③因此,阿富汗局势一旦严重恶化,将不可避免地造成大量难民流入塔吉克斯坦境内,这无疑会对其本就脆弱的安全形势产生严重冲击。

吉尔吉斯斯坦虽不与阿富汗接壤,但自身实力较弱,与塔吉克斯坦的

---

① "Islam Karimov Says, Region Becomes Object of Close Attention," January 13, 2012, http://www.uzdaily.com/articles-id-17077.htm.

② Jacob Zenn, "The IMU Expansion in Afghanistan's Takhar Province: Jumping Off Point to Central Asia," *The Jamestown Foundation*, April 26, 2013, http://www.jamestown.org/single/?tx_ttnews[tt_news]=40802&no_cache=1#.VPWMnfSl_Ow.

③ Zubaidullo Ubaidulloev, "Afghanistan-Tajikistan Relations: Past and Present," *Asia-Pacific Review*, Vol. 21, No. 1, 2014, p. 122.

边境也有较强的可渗透性，是中亚国家中防御能力较弱的国家。2005年、2010年吉尔吉斯斯坦发生了两次"革命"，使原本虚弱的经济更加不景气，而且国内民族矛盾尖锐，应对外部风险的能力明显不足。因此，面临阿富汗局势的变化，其对保障国内安全的需求也较为强烈。例如2012年11月6日，吉尔吉斯斯坦议会国防与安全委员会主席托孔·马梅托夫（Tokon Mamytov）警告说："2013年或2014年，吉尔吉斯斯坦存在面临来自阿富汗入侵的危险。"[①] 再如2013年4月26日，在参加第三届伊斯坦布尔进程部长级会议时，吉尔吉斯斯坦外交部部长阿卜杜勒·达耶夫（Erlan Abdyldaev）质疑北约迅速将安全职责转交给阿富汗安全部队，认为北约军队的撤出有可能激发中亚恐怖势力发动针对中亚国家的行动。[②] 2014年7月，吉尔吉斯斯坦国家边防局局长也表示："随着国际安全援助部队从阿富汗撤军，不排除与阿富汗毗邻的国家南部边境的地区安全形势出现恶化的可能，所以吉方正在采取一系列措施来应对可能出现的问题。"[③] 由此可见，自身状况的虚弱及撤军后阿富汗局势的不确定性，增加了吉尔吉斯斯坦对外部威胁的担忧。

土库曼斯坦与阿富汗有约744公里的共同边界，地缘上是中亚面临阿富汗安全威胁较大的国家。独立后，土奉行"中立"政策，20世纪90年代曾是中亚唯一与阿富汗各方势力都存在联系的国家。然而，近几年土库曼斯坦面临的来自阿富汗安全威胁外溢问题也在增加。[④] 这主要

[①] Jacob Zenn, "Militants Threaten to Return to Central Asia after NATO's Withdrawal from Afghanistan," *The Jamestown Foundation*, http：//www.jamestown.org/programs/edm/single/? tx_ttnews [tt_news] =40302&cHash =84dc2e0f3977c10ade0931397e57e8d0#. VPWOLfSl_ Ow.

[②] Roger McDermo, "Moscow Promotes Airpower and Peacekeeping on Afghanistan-Linked CSTO Agenda (Part One)," *The Jamestown Foundation*, http：//www.jamestown.org/single/? tx_ ttnews [tt_news] =40812&no_ cache =1#. VPWOq_ Sl_ Ow.

[③] 《吉尔吉斯斯坦着手加强与阿富汗毗邻边境的保卫》，新华网，http：//www.chinanews.com/mil/2014/07 -25/6427246. shtml。

[④] Tabib Bagirov, "Afghan border security becomes Turkmen priority," *Central Asia Online*, September 23, 2010, http：//centralasiaonline.com/en_ GB/articles/caii/features/main/2010/09/23/feature -03.

体现在两个方面。其一，土库曼斯坦边界安全受到威胁。2014年2月27日，塔利班从阿富汗巴德吉斯（Badghis）的莫戈尔（Moqor）进攻土库曼斯坦位于土阿边境地区的哨所，导致三名边防人员丧生。① 类似这种袭击此前较为罕见。其二，对涉及阿富汗安全事务的谨慎。尽管2001年"持久自由行动"之后，土库曼斯坦在"中立"政策之下仍保持着同美国、塔利班的密切关系，甚至其与阿富汗经济等领域的合作取得了一定的成就（2011年的TAPI天然气管线项目、2013年的土阿购气协议等）。然而，在涉阿安全问题上，土库曼斯坦一直采取较为谨慎的态度。例如尽管允许北约军队使用其领空与地面交通网络向阿富汗输送人道主义物资，但始终不愿意让北约运输军用物资，而且也未参与北方配送网络。2009年土库曼斯坦总统别尔德穆哈梅多夫曾明确表示，不允许外国军队进驻土库曼斯坦领土。这表明其对涉及阿富汗的安全问题持谨慎态度。然而，中亚各国之间的重重矛盾为恐怖主义、跨国犯罪、毒品贸易、极端主义等的传播提供了土壤，使这些不稳定因素渗透到土库曼斯坦的概率大增。② 在此需要进行说明的是，尽管土库曼斯坦也面临阿富汗局势带来的困扰，但其奉行"积极中立"政策和一贯在涉及安全等问题上所持的谨慎态度，使土库曼斯坦借助区域国际组织分担安全压力的意愿并不强烈。因此，下文对上合组织与集安组织在中亚安全领域发展前景的讨论将不对土库曼斯坦进行重点分析，而着重讨论其他4个中亚国家的情势。

综上所述，随着北约军队撤离阿富汗进程的加速，其主要成员国鼓励中亚国家为自身的安全承担更多的责任，但这对于中亚国家来说是一项艰巨的任务。③ 国际安全援助部队撤离后，中亚地区安全形势的不确定性增

---

① Igor Rotar, "Can Ashgabat Reconcile Kabul With the Taliban," *Eurasia Daily Monitor*, Vol. 11, No. 69, 2014, p. 4.

② Alan Lee Boyer, "U. S. Foreign Policy in Central Asia: Risks, Ends and Means," *Naval War College Review*, Vol. 59, No. 1, Winter 2006, p. 4.

③ Younkyoo Kim and Fabio Indeo, "The New Great Game in Central Asia Post 2014: The US 'New Silk Road' Strategy and Sino-Russian Rivalry," p. 275.

强,撤军前的正安全外部性逐渐消失,中亚各国的安全风险日益增加,对外部安全的需求愈加强烈。由此,获取安全类的区域公共产品便成为中亚各国应对负安全外部性的重要途径。

三 上合组织与集安组织的发展前景评估

在中亚国家面临的安全形势可能恶化的背景下,集安组织与上合组织能为中亚国家维护国家稳定和发展提供一定的帮助。下文以区域公共产品理论中的"供给"为视角,从供给机制、供给内容、供给效用等三个维度的基本内容入手,对上合组织与集安组织进行大体评估,并对二者在中亚安全领域的发展前景进行观测比较。

(一) 评估维度之一——供给机制

区域公共产品的供给方式主要分为四种:简单累加、最优环节、最弱环节、加权总和。[①] 上合组织与集安组织的供给方式都属于最优环节,即主要由组织内的"强者"提供公共产品。然而,尽管供给方式上具有相似性,但上合组织与集安组织的供给机制却并不完全相同。其一,上合组织内部存在两个较强的供给者——中国与俄罗斯,二者之间既有合作也有竞争;而集安组织内部的供给者主要是俄罗斯,不存在内部竞争的问题。其二,上合组织与集安组织在性质与奉行原则上的差异也对供给机制有一定的影响。

1. 上合组织与集安组织主要供给方数量上的差异

上合组织的成员国中包含中俄两个大国,理论上其内部存在相互掣肘

[①] "简单累加"是指区域性公共产品的供给各方平均分配、共同承担;"最优环节"是一种"强者供给",指公共产品的整体供给层次由最大贡献者决定;"最弱环节"类似于"短板效应",指最小贡献者的供给水平决定了整个供给集团所提供的区域性公共产品的实际有效水平;"加权总和"指在总体计量的基础上对参与国的各自贡献赋予相应权重。参见樊勇明、薄思胜《区域公共产品理论与实践——解读区域合作的新观点》,第10—11页。

的可能，最终可能会影响其供给能力的发挥。①"9·11"事件之后，美国进驻中亚，逐渐扩大了在中亚的影响，这引起了一贯将中亚视为自己"后院"的俄罗斯的警觉。上合组织建立至今，俄罗斯在上合组织内的活动在一定程度上是以中国牵制美国在中亚的影响为基础的。然而，随着撤军进程的加速，中俄合作牵制美国的必要性正在逐渐减弱，中俄之间的"博弈"则日益明显。尽管莫斯科仍然保持其在全球层面上与中国的合作，②但未来中俄之间相互掣肘的可能性正在逐渐增强，尤其是在上合组织内。近年来，俄罗斯在中亚的影响力正在受到中国和西方的挑战。③尽管因乌克兰危机等事件的影响，俄罗斯与中国的关系仍以合作为主，但长远来看，中俄在中亚的竞争可能会越来越强，而且中俄对上合组织定位的差异也将成为双方竞争的成因。④这些因素都是上合组织未来的发展过程中可能会遇到的，也是未来在供给机制上可能制约其能力发挥的重要方面。

集安组织涵盖东欧、高加索、中亚三个地区六个国家，但公共产品的主要供给者为俄罗斯，组织内部并不存在制约俄的强大力量。国际安全援助部队撤离后，中亚国家很可能更加倚重集安组织在安全方面的作用，尤其是集安组织成员国（哈、吉、塔）。由于集安组织内不存在制约俄罗斯的大国，因此集安组织的供给能力在很大程度上由俄罗斯决定。尽管2012年乌兹别克斯坦的退出对该组织在中亚地区的影响力产生了一定的

---

① 关于中俄在上合组织内的竞争参见 Angela E. Stent，"Restoration and Revolution in Putin's Foreign Policy," *Europe-Asia Studies*, Vol. 60, No. 6, 2008, pp. 1089 – 1106; Andrei Kazantsev, "Russian Policy in Central Asia and the Caspian Sea Region," *Europe-Asia Studies*, Vol. 60, No. 6, 2008, pp. 1073 – 1088。

② Younkyoo Kim and Fabio Indeo, "The New Great Game in Central Asia Post 2014: The US 'New Silk Road' Strategy and Sino-Russian Rivalry," p. 284.

③ Martin C. Spechler and Dina R. Spechler, "Russia's Lost Position in Central Eurasia," *Journal of Eurasian Studies*, Vol. 4, No. 1, 2013, p. 1.

④ 俄罗斯更看重上合组织的政治、安全等方面的合作，而中国更看重的是经济方面的互惠。参见 Andrei Kazantsev, "Russian Policy in Central Asia and the Caspian Sea Region," pp. 1079 – 1080。

负面影响，但由于乌同集安组织的合作一直较弱，故集安组织的供给能力并未因此受到显著削弱。而在此之前，集安组织已经采取了诸多措施以保护成员国的安全与稳定，如加强成员国在打击恐怖主义、极端势力方面合作，整合成员国之间的军事力量，举行联合军事演习等。这些举措在维持中亚地区的安全与稳定上发挥了重要作用，而且大部分是在俄罗斯的主导之下完成的，如 2009 年建立的以"抵御军事侵略、救灾、打击国际恐怖主义和有组织跨国犯罪"为主要任务的集体快速反应部队等。① 由此可见，实际上集安组织内部并不存在类似于上合组织里中俄相互掣肘的大国因素。

2. 上合组织与集安组织奉行原则与性质的差异

上合组织是一个以地区安全为基础的综合性国际组织，② 发展动力主要来自各成员国之间的合作意愿，并奉行不结盟、不对抗、不针对其他任何国家和组织的原则。这决定了上合组织意在通过一种持续性、建设性的对话对成员国施加影响，而不寻求强加给中亚国家一种区域发展模式。③ 上合组织主要的活动范围集中在经济与非传统安全领域，如打击毒品贸易、武器走私、人口贩卖等活动，④ 主要侧重点在加强成员国之间的合作与协商，对其他组织或国家参与合作并不排斥。这一方面赢得了成员国对上合组织的认同，但另一方面也限制了上合组织在中亚事务上的行动能力。因此，面对阿富汗局势的影响，尽管上合组织有在中亚安全领域发挥更大作用的意愿，但受自身性质与奉行原则的限制，其行动能力可能会大打折扣。

---

① 《独联体集体安全条约组织成员国同意组建建立集体快速反应部队》，新华网，http://news.xinhuanet.com/world/2009-02/04/content_ 10764409.htm。

② 杨恕、张会丽：《评上海合作组织与独联体集体安全条约组织之间的关系》，《俄罗斯中亚东欧研究》2012 年第 1 期，第 67—70 页。

③ Alica Kizeova, "The Shanghai Cooperation and Regional Chessboards," *Russian Analytical Digest*, No. 152, 21 July, 2014, p. 5.

④ Nargis Kassenova, "Relations between Afghanistan and Central Asian States after 2014: Incentives, Constraints and Prospects," p. 28; Alica Kizeova, "The Shanghai Cooperation and Regional Chessboards," p. 6.

集安组织与上合组织不同，它是在俄罗斯主导之下旨在强化其在前苏联地区影响力的重要机制。① 作为一个军事、政治联盟，集安组织有试图扮演更强国际角色的意愿，也具有一定的排他性色彩，是一个兼具进攻性与防御性的安全机制，虽然其宣称并不针对第三方。《集体安全条约》明确规定了禁止成员国加入其他军事同盟，第四条则规定，对一个成员国的侵略被看成是对所有成员国的侵略。② 此外，尽管集安组织基于对2010年吉尔吉斯斯坦国内骚乱的反思，增加了成员国之间的协调，甚至增加了对成员国进行干预的条款，但这并没有改变集安组织对成员国内政问题的谨慎态度，因为集安组织的宗旨仍在于"建立独联体国家集体防御空间和提高联合防御能力，防止并调解独联体国家内部及独联体地区性武力争端"。③ 由此可见，集安组织的关注点侧重成员国的外部威胁，目的是保障成员国不受外部威胁的影响。尽管集安组织的联盟性质易引起成员国对自身主权、领土完整的担忧，但在应对外部安全问题上，其在中亚地区较强的行动能力，相较其他非联盟性质的地区性国际组织更强。

综上所述，相对于上合组织，集安组织在供给公共产品时受到的机制掣肘更小，而且其自身的性质与奉行原则赋予了其对中亚地区事务较强的行动能力。面对阿富汗局势可能给中亚地区带来的影响，上合组织尽管有扩展在中亚安全领域影响力的意愿，但受内部相互掣肘、自身性质与原则的影响，其应对能力略显不足。因此，从供给机制的基本内容比较分析看，集安组织在中亚地安全领域的行动能力强于上合组织。

---

① Richard Weitz, "The Collective Security Treaty Organization: Past Struggles and Future Prospects," *Russian Analytical Digest*, No. 152, 21 July, 2014, p. 2.

② "Treaty on Collective Security," Article 4. 转引自杨恕、张会丽《评上海合作组织与独联体集体安全条约组织之间的关系》，《俄罗斯中亚东欧研究》2012年第1期，第68页。

③ 刘坤喆：《独联体集体安全条约组织表示要与上合组织合作》，中国网，http://www.china.com.cn/international/txt/2007-08/02/content_8616716.htm。

(二) 评估维度之二——供给内容

特定国际组织所能提供的公共产品可以涵盖经济、政治、安全、文化、科技、能源等各个领域。在评估区域性国际组织的发展前景时,需要分析供给方的供给内容与需求方的需求之间的契合度。本文对上合组织与集安组织的评估主要从以下两个方面展开。其一,两个组织目前主要提供的公共产品是什么?以哪种产品的供给为主?其二,面对新情况的出现,两个组织能否顺利对其供给内容做出适时的调整,以满足中亚成员国对公共产品的需求?

1. 上合组织与集安组织的主要供给领域

上合组织的供给内容涵盖了非传统安全与经济领域,两者构成了其发展的驱动力。有观点认为,"中国成立上合组织的目的之一是打击中国西部存在的民族分裂主义",[1] 这与上合组织打击"三股势力"的目标是一致的。在2001年上合组织峰会上成员国签署了《打击恐怖主义、分裂主义和极端主义上海公约》,这表明其从成立之初就已将非传统安全领域的合作视为重要内容。基于此,上合组织开展了诸如"和平使命"、"协作"等军事演习,在维护地区稳定与打击恐怖活动方面取得了明显成果,保障与促进了成员国的安全与稳定。除了非传统安全领域的活动,经济合作也是上合组织着力加以推动的合作方向。自2001年成立至今,上合组织框架内成员国之间的合作已经从最初的边界安全逐步扩展到经贸、能源、文化、科技等多个领域。[2] 在经济合作方面,上合组织在较短的时间内取得了较大成效。2001年,上合组织成员国政府首脑在阿拉木图签署了《关于区域经济合作主要目标和方向的备忘录》;2005年上合组织成立了"银行联合体",并签署了相关协议等。此外在2012年的

---

[1] Michael Clarke, "China's Strategy in 'Greater Central Asia': Is Afghanistan the Missing Link," *Asian Affairs: An American Review*, Vol. 40, No. 1, 2013, pp. 1–19.

[2] 王树春、朱震:《上合组织与集安组织为何合作大于竞争》,《国际政治科学》2010年第22期,第100页。

上合组织峰会上,中国曾提出"依托上合开发银行建立上合组织自贸区"的建议。尽管这一建议因俄罗斯的反对而陷入停滞,但该建议的提出从一个侧面反映了上合组织框架内经济合作发展的迅速。① 通过参与上合组织框架内的经济合作,中亚国家分享到了中国经济快速增长的"红利",收获了一定的经济收益。然而,在国际安全援助部队撤出阿富汗后,上合组织需要积极思考在保障其中亚成员国的安全方面能够和应该发挥什么样的作用。②

与上合组织相比,集安组织的主要供给内容更为明确,那就是为成员国提供安全方面的公共产品。不仅如此,集安组织的演进与阿富汗局势的发展存在着某种联系。1992 年独联体部分成员国签署了《集体安全条约》,1994 年正式生效。此时独联体(集安组织尚未正式成立)首先关注的主要是传统安全领域的威胁。到 20 世纪 90 年代中后期,集安组织逐渐增加了对非传统安全威胁的关注。这与阿富汗内战中塔利班势力的崛起有一定关系。1996 年塔利班在阿富汗掌权之后,中亚地区的恐怖主义与极端主义势力受到鼓舞,乌兹别克斯坦与吉尔吉斯斯坦甚至在 1999 年和 2000 年两次受到"乌伊运"的攻击。为了促进中亚地区的稳定,帮助其成员国应对非传统安全威胁的上升,独联体首先是在 2000 年明斯克成员国元首会议上对《集体安全条约》进行了修订,增加了打击恐怖主义和在必要时建立维和力量的内容;③ 其次是集安组织在 2001 年创建了"集体快速部署部队"(Collective Rapid Development Force,CRDF),以实现打击地区恐怖主义、防止外部入侵的目标。④ "9·11"之后,集安组织成员国在 2004 年签署了《到 2010 年创建集安组织军事联合部队的计划》

---

① Younkyoo Kim and Fabio Indeo, "The New Great Game in Central Asia Post 2014: The US 'New Silk Road' Strategy and Sino-Russian Rivalry," p. 278.
② Alica Kizeova, "The Shanghai Cooperation and Regional Chessboards," p. 4.
③ Irina Ionela Pop, "Russia, EU, NATO, and the strengthening of the CSTO in Central Asia," *Caucasian Review of International Affairs*, Vol. 3, No. 3, 2009, p. 282.
④ Nargis Kassenova, "Relations between Afghanistan and Central Asian States after 2014: Incentives, Constraints and Prospects," p. 18.

(Plan for the Construction of the CSTO's Military Coalition Forces through 2010),不仅加强了成员国之间的政治合作,而且试图对成员国军事力量进行整合。① 经过一段时间的发展,集安组织的活动领域已经覆盖了传统安全领域和非传统安全领域,但与其他一体化组织不同,集安组织的活动与独联体内的其他组织几乎没有交叉,其活动也基本没有超出军事合作的范围。

2. 上合组织与集安组织对供给内容的调整

上合组织已经在非传统安全和经济领域取得了可观的成绩,但面对阿富汗问题的新动向,上合组织的准备似乎并不充分。面对国际安全援助部队的撤出给中亚地区带来的安全问题,一方面,上合组织早已成立了阿富汗问题联络小组,表达了对此的兴趣与关心;但另一方面,对于阿富汗问题,上合组织缺乏直接干预的意愿与能力,其关注点仍在与成员国相关的问题上,可能无法在阿富汗问题上发挥更加重要的作用。目前,尽管上合组织多次表达了对阿富汗问题及其带来的安全问题的担忧,但并没有提出有效的应对该问题的想法或措施,只是表达了与相关各方加强合作的意愿。由此看出,在为中亚地区提供安全产品方面,上合组织似乎缺乏足够的信心与能力。此外,如上合组织要在中亚安全领域的供给上实现突破,还需成员国之间的协商与合作,但这将与俄罗斯主导的集安组织产生竞争,可能会引起俄罗斯的不满。因此,上合组织在该问题上如何定位自己的角色,可能是未来其需要认真思考的重大问题。而就目前来看,上合组织对供给内容的调整并不及时,并且其所能提供的公共产品与中亚国家的安全需求尚存在一定的偏离,供需的契合度不高。

与上合组织相比,基于在主要供给领域的优势,集安组织在面对阿富汗问题的新情况时,对供给内容的调整则更加明确有效。2010 年

---

① Alexander I. Nikitin, "Post-Soviet Military-Political Integration: The Collective Security Treaty Organization and its Relations with the EU and CSTO," *China and Eurasia Forum Quarterly*, Vol. 5, No. 1, 2007, p. 35.

之后，面对中亚地区安全需求的增加，集安组织逐渐增加了成员国之间的协调，以防止成员国内部受到外部威胁的影响。2012年10月普京在访问塔吉克斯坦时，与其签署了一份协议，协议规定将俄罗斯在塔吉克斯坦的军事基地使用权延长至2042年。① 此外，集安组织还保留了在中亚两个最小国家的军事存在，除了在吉尔吉斯斯坦的军事基地之外，在塔吉克斯坦还保留了大约7000人的部队，以保护塔吉克斯坦的安全，尤其是边界安全。② 显然，集安组织所采取的安全措施与阿富汗问题的新动向之间有着某种密切的联系，是其根据情况的变化对供给内容所做的适时调整。这使其在面对中亚地区的安全危机时能更加有效、快速地做出反应，以更好地保障成员国安全。

综上所述，面对阿富汗局势可能给中亚地区带来的安全威胁，相较于上合组织，集安组织既在供需契合度上具有优势，又在对供给内容的调整上更为及时、有效。因此，在对供给内容进行考察后可以看出：在对安全领域的公共产品进行调整方面，集安组织的准备显然比上合组织要更充分、及时，也更符合中亚国家对地区安全的需求。

（三）评估维度之三——供给效用

效用（Utility）是经济学中的常用概念之一，一般是指消费者通过消费或者享受闲暇等使自己的需求与欲望得到满足的一个衡量指标。③ 目前，区域公共产品理论中并没有明确的关于供给效用的内容，而供给效用又是衡量国际组织在相关领域发展前景的重要维度之一。因此，笔者将在此部分对上合组织与集安组织在供给效用方面的差异进行比较，而对供给

---

① Suhrob Majidov, "Russian Extends Military Presence in Tajikistan to 2042," *Central Asia and Caucasus Analyst*, October 19, 2012, http://old.cacianalyst.org/?q=node/5860.

② Martin C. Spechler and Dina R. Spechler, "Is Russia Succeeding in Central Asia?" *Orbis*, Vol. 54, No. 4, 2010, p.619.

③ "效用"是经济学学科常用的概念之一，在此只借用其基本含义。关于效用更为详细的论述，参见 Reem Heakal, "Economics Basics: Utlity," http://www.investopedia.com/university/economics/economics5.asp。

效用的界定拟从中亚国家对中国与俄罗斯、上合组织与集安组织的认知两个方面加以衡量，以综合评估二者在中亚国家认知中的差异以及对其发展前景可能带来的影响。

1. 中亚国家对上合组织与集安组织的认知

上合组织在发展过程中逐渐得到了成员国的认同，但这种认同往往出现在与俄罗斯所主导的国际组织不存在竞争的领域，如经济领域等。目前，上合组织在能源、电力、金融等领域已经取得诸多的成效。例2005年中国和乌兹别克斯坦组建了合资公司，中方获得了对乌境内23个油气区块的先期勘探和开采权；2009年俄罗斯统一电力集团与中国国家电网公司签署了向中国供应电力的合同，项目总额约180亿美元；① 2012年6月，中俄领导人签署了《中国进出口银行与俄罗斯VTB融资租赁公司融资框架合作协议》以及《中国出口信用保险公司与俄罗斯出口信用与保险署合作备忘录》等四项协议等。② 这些合作成果都是在上合组织框架内取得的，这在一定程度上反映了成员国在上合组织框架内开展积极合作的意愿。这种积极的态度无疑与中亚国家参与上合组织以获取收益的动机相关。此外，成员国对上合组织在非传统安全领域的作用也给予了明确肯定。如在2014年9月上合组织杜尚别峰会上，各国元首对上合组织在非传统安全领域的作用做了积极评价。这既是对上合组织的期望，也是对其作用的认可。③ 由此可见，从既有的供给领域看，成员国对上合组织产生了较为正面的认知，并给予了一定程度的认可，这对于上合组织拓展在中亚安全领域的影响力是有益的。

而在集安组织的发展过程中，尽管其浓重的军事色彩给成员国带来了

---

① 孙永祥：《上合组织能源合作的进展及问题》，《亚非纵横》2009年第5期，第23—24页。
② 《中俄元首签署联合声明 深化中俄关系"平等信任"》，中新网，http://www.chinanews.com/gn/2012/06-05/3940919.shtml。
③ 《指明确方向 谋共同发展——国际社会高度评价习近平主席在上合组织杜尚别峰会上的讲话》，新华网，http://news.xinhuanet.com/2014-09/13/c_126983033.htm。

一定的担忧，① 但总体来看，中亚地区成员国对集安组织也持一种认同的态度，即成员国对集安组织的依赖要多于对其担忧。这是因为集安组织在安全等领域所发挥的作用一定程度上满足了中亚国家的需求。例如2011年集安组织成员国领导人第五次会议曾指出："在北约逐步从阿富汗撤军的形势下，集安组织将为保障中亚地区安全承担更多责任，防范阿富汗境内的恐怖主义和分离主义势力向该地区的渗透。"② 这既是集安组织在保障中亚安全与稳定上的明确表态，也是成员国对集安组织在安全领域发挥作用的认可。此外，集安组织在吉尔吉斯斯坦、塔吉克斯坦的军事存在也分担了两国在安全防卫上的压力，为两国的安全提供了一定的保障。以塔吉克斯坦为例，最能说明其对集安组织的依赖大于担忧的是2012年俄罗斯与塔吉克斯坦达成拖延已久的协议，该协议允许俄罗斯驻塔201军事基地延长至2042年。该协议的达成，将使集安组织在塔吉克斯坦遭到严重恐怖袭击等事件时能向其提供更多支持。不仅如此，尽管塔吉克斯坦从2005年开始接管塔阿边界的巡逻和防卫任务，但2011年9月塔俄达成的一项协议确保了"俄罗斯在塔吉克斯坦的存在，以及俄罗斯代表能参与改善塔吉克斯坦边界保护和运作能力的工作"。③ 这项协议除了巩固塔吉克斯坦与俄罗斯的关系外，还提升了集安组织帮助塔吉克斯坦应对不可预测形势的能力。这些都表明，尽管中亚成员国对集安组织浓厚的军事

---

① 如2011年12月集安组织峰会上通过了关于在中亚地区建立军事基地的决议（决议规定：外国要在集安组织成员国境内建立军事基地需得到集安组织成员国的一致同意），这一决议实际上赋予了俄罗斯在此问题上的"一票否决权"。因此，在乌克兰局势的影响下，这一决议很大程度上可能引发成员国对主权、领土完整的忧虑，但这种忧虑并不足以动摇成员国在安全领域对集安组织的依赖。参见：Arslan Sabyrbekov, "Ukrainian Scenario in Kyrgyzstan," *Central Asia-Caucasus Analyst*, Vol. 17, No. 4, 2014, pp. 18 – 20；Dmitry Shlapentokh, "CSTO Exercises Expose Eurasian Disunity," *Central Asian and Caucasus Analyst*, December 14, 2011, http：//old. cacianalyst. org/? q = node/5685；Pavel Felgenhauer, "Putin Prioritizes Rebuilding the Lost Empire," *The Jamestown Foundation*, October 6, 2011, http：//www. jamestown. org/single/? tx_ ttnews% 5Btt_ news% 5D = 38495&no_ cache = 1。

② 《独联体集安组织成员国领导人第五次非正式会议举行》，国际在线，http：//gb. cri. cn/27824/2011/08/13/782s3337259. htm。

③ Deirdre Tynan, "Central Asia: Russia Taking Steps to Reinforce Security Relationships," *Eurasianet. org*, February 2, 2012, http：//www. eurasianet. org/node/64946。

色彩心存忧虑，但面对安全威胁，集安组织的功能依然是中亚国家较为认可的。

2. 中亚国家对中国与俄罗斯的认知

中亚各国对上合组织的正面认知并不代表对中国的认可。尽管上合组织框架中有很多双边合作的内容，但这并没有使中亚各国对上合组织的认同转化到对中国的认同上。以哈萨克斯坦为例，2009年6月至2011年7月的一次调查显示，在1223名接受调查的哈萨克斯坦公民中，对中国持积极看法的受访者仅为311人，占样本数的25.4%，持负面看法的受访者为234人，占样本数的19%；而与此相对，对俄罗斯持积极看法的受访者为843人，占样本总数的68.9%，持负面看法的受访者仅为34人，占样本总数的2.8%。① 这在一定程度上反映了哈民众对中国认知的模糊，② 而且在一定程度上说明上合组织框架内的合作并没有带动成员国的民众对中国产生正面与积极的认知。相反，一些中亚国家甚至对中国持一种负面和威胁的认知。例如哈萨克斯坦国内有相当部分的民众认为，中国是哈萨克斯坦面临的"外部威胁"之一，这主要源于其对中国经济扩张的担忧。③ 具体来说，中亚国家对中国经济渗透到中亚地区心存忧虑，担心变成中国的经济附庸，而且对与中国失衡的经济关系感到不满。这主要体现在中国出口到中亚国家的产品多为高附加值的商品，而从中亚国家进口的多是原材料等。在这样的背景下，尽管中亚国家获得了一定的收益，但难以感受到中国的善意，相反易产生对中国的威胁认知。由此可见，与成员国对上合组织的认知形成对比，中亚国家对中国的认知并非全是正面积极的，有时甚至持

---

① Natalie Koch, "Kazakhstan's Changing Geopolitics: The Resource Economy and Popular Attitudes about China's Growing Regional Influence," *Eurasian Geography and Economics*, Vol. 54, No. 1, 2013, p. 119.

② 周明：《地缘政治想象与获益动机——哈萨克斯坦参与丝绸之路经济带构建评估》，《外交评论》2014年第3期，第150页。

③ 2009年的问卷调查中，受访者在被问及1994年哈萨克斯坦将首都阿拉木图迁往阿斯塔纳的原因时，防范外部入侵被提及65次，其中中国被提及52次。参见 Natalie Koch, "Kazakhstan's Changing Geopolitics: The Resource Economy and Popular Attitudes about China's Growing Regional Influence," pp. 119–120。

一种负面认知。

集安组织的供给机制决定了其作用的发挥与主导国俄罗斯之间紧密的联系。而单一的供给方在使成员国对区域组织产生积极认知的同时，往往会导致其对供给方积极认知的产生。反之，一旦成员国对区域组织的认知出现了抵触等消极态度，最终也可能产生对供给方的负面认知。基于此，可以认为，成员国在对集安组织产生依赖的同时，也可能对俄罗斯产生认同。事实确实如此。目前，中亚五国中哈、吉、塔都是集安组织成员国，三国对俄罗斯及其主导的集安组织大体持一种正面的认知。例如2014年5月，纳扎尔巴耶夫批准了哈俄有关创建一个导弹防御系统的政府间协定等。① 这些军事合作都是在集安组织框架下俄罗斯与成员国之间的双边合作，这在一定程度上促进了成员国对俄正面认知的形成。然而，与三国的正面认知不同，乌兹别克斯坦在2012年退出集安组织之后，虽然也表达了对阿富汗问题的担忧，但对俄罗斯及集安组织的认知则逐渐偏向负面，甚至存在一定程度的威胁认知。很多学者认为，这与集安组织集体安全力量的组成及协定有关，因为乌兹别克斯坦并不希望俄在中亚加强影响，甚至视俄罗斯为破坏中亚地区稳定的力量。但由于乌兹别克斯坦已经退出集安组织，故其对俄罗斯的负面认知并不会延伸到对集安组织的认知上，即乌兹别克斯坦对俄罗斯的负面认知并不会影响集安组织在中亚安全领域的发展。

3. 认知差异或一致可能带来的影响②

中亚国家对上合组织在经济、非传统安全领域的合作展现出了积极的态度，这是上合组织扩展在中亚安全领域影响的积极因素，但对中国

---

① Georgiy Voloshin, "US Downsizes Military Ties With Central Asia," *Eurasia Daily Monitor*, Vol. 11, No. 138, July 29, 2014, p. 4.

② 此处需做一点说明：上文着重分析的是中国对上合组织及俄罗斯对集安组织的影响，而未对俄罗斯对上合组织的影响进行讨论，这看似与供给机制部分的讨论有所矛盾，其实，二者之间并不矛盾，这正是中俄掣肘的体现。作为上合组织与集安组织共同的供给方，俄罗斯优先维护的往往是集安组织的利益，而不愿上合组织在相关的领域与集安组织形成竞争。这种讨论尽管存在一定的偏颇，但一定程度上可以反映相关问题。

的担忧又可能使其对参与上合组织框架下的安全合作心存担忧。毕竟上合组织是在中国主导并参与之下的合作机制,中亚国家可能会担忧中国利用上合组织继续扩大在中亚的影响。尽管中国试图打消中亚国家对中国介入中亚安全事务的疑虑,并积极开展了一些活动,如主办并参与了关于阿富汗问题的讨论等。[1] 但中亚国家对中国业已形成的负面认知在短时间内很难改变,而且不排除有蔓延至上合组织的可能。因此,面对国际安全援助部队撤军带来的中亚国家安全需求的变化,尽管上合组织致力于寻求和扩大在中亚局势上的影响,但综合中亚国家对中国与对上合组织的认知,中亚国家对上合组织能在中亚安全领域发挥更为重要的作用信心不足。

集安组织自身也存在一定的问题,但总体来看,这些问题是基于组织自身的性质及内部供给方的单一性而产生的,可能最终对成员国参与集安组织内的互动影响并不大,因为一方面集安组织其他成员国提供公共产品的能力相对较弱,另一方面俄罗斯在中亚的影响由来已久,其在安全领域的供给并不会引起成员国的反对。相反,就中亚国家的倾向性来看,哈、吉、塔三国一直以来对集安组织有所依赖,面对国际安全援助部队撤军带来的安全问题,三国可能更希望借助集安组织分担安全防务成本,以保障地区安全与稳定;而乌兹别克斯坦在退出集安组织之后,对集安组织在传统安全领域的行动有一定的抵触,但对参与非传统安全领域的合作仍持较为开放的态度,如俄罗斯联邦安全总局局长亚历山大·博尔特尼科夫称,乌兹别克斯坦决定退出集体安全条约组织,这不会影响双方在打击恐怖主义方面的合作。[2] 因此,相较于上合组织,中亚国家对集安组织在中亚安全领域的依赖与期待更多。

---

[1] 2014年7月阿富汗问题伊斯坦布尔进程高官会在北京召开。
[2] 《外媒:乌兹别克斯坦再次退出集安组织》,新华网,http://news.xinhuanet.com/world/2012-12/21/c_124128283.htm。

(四) 对上合组织与集安组织发展前景的观测比较

上文已经从供给机制、供给内容、供给效用三个方面对上合组织与集安组织的区域公共产品供给进行了大致评估,本部分将着重对二者在中亚安全领域的发展前景进行比较。比较的标准依据前文所设定的两个观测指标:其一,在预防可能的冲突时,区域国家会更倾向于依赖哪个地区性国际组织;其二,一旦危机发生,区域国家会优先向哪个地区性组织求助。

1. 冲突预防:中亚国家的选择

中亚国家靠自身的力量难以保证不受到阿富汗局势恶化的影响。在这种背景下,向地区性国际组织求助便成为弥补自身安全能力不足的重要途径之一。直接对中亚国家的求助倾向进行分析,是一个很难实际操作的问题,而对上合组织与集安组织在"冲突预防"能力上的比较,是影响中亚国家选择的重要因素之一。因此,可以将此问题转化为"上合组织与集安组织应对潜在危机的准备工作是否充分?"如此,当中亚国家面临严峻的安全危机时,哪个组织的相关准备措施越充分,越能更快地在相关国家发出请求之后付诸行动。

为了应对阿富汗局势的恶化,2013年集安组织便开始重点关注国际安全力量撤出阿富汗之后的局势,并且将其视为对自身及独联体国家的重大威胁。[1] 俄罗斯也相应地加强了集安组织在安全等方面的功能,如《国防》杂志主编伊戈尔·克罗琴科就指出,为确保集安组织成员国的安全,集安组织下一步采取措施的主要方向之一是加固其外围和内部边界。[2] 2014年12月22日,集安组织秘书长尼古拉·博尔久扎也表示:"各国防长批准了作战训练计划,根据计划,明年集安组织将举行一系列由集体快速反应部队、

---

[1] Scott Bohn,"Russia's Afghanistan Policy: An Irresolute Strategy for an Uncertain Future," *Comparative Strategy*, Vol. 33, No. 3, 2014, p. 214.

[2] 《俄专家:只有独联体集体安全组织才能遏制中亚极端势力》,中新网,http://www.chinanews.com/mil/2013/11-14/5503879.shtml。

中亚地区快速部署部队、集安组织维和部队以及集体快速反应部队特种部队参与的演习。"① 由此可见，集安组织至少在两个方面对阿富汗局势恶化给中亚国家可能带来的安全危机做出了准备：（1）对干预的武装力量和法律基础做了相应的部署，如 2009 年成立的快速反应部队与 2011 年增加的干预成员国的条款等；（2）对阿富汗局势的恶化已经有了一定的预估，并做出了相应的准备。例如 2012 年 1 月，吉尔吉斯斯坦国家安全委员会从俄罗斯接受了价值约为 1600 万美元的军事硬件，这些装备主要用来加强其边防安全等。② 与此相对，上合组织也对阿富汗撤军问题进行了关注。例如，2014 年杜尚别峰会就对阿富汗撤军问题进行了讨论，并指出将"在上合框架内继续采取积极措施打击恐怖主义、分裂主义、极端主义，非法贩运麻醉药品、精神药物及跨国有组织犯罪，保障国际信息安全"。③ 然而，上合组织并没有可以应对或直接干预成员国安全危机的武装力量，而且对阿富汗局势的预判也仅停留在协议层面，并没有相应的实践措施。综上所述，从中亚地区面临安全危机的准备情况看，上合组织对形势的预估并不充分、准备措施也仅停留在协议层面，而集安组织则在武装部队、对形势的评估等方面做了较为全面且细致的准备。

2. 危机管控：中亚国家的选择

"一旦危机发生，中亚国家会优先向哪个地区性组织求助？"这是一个很难准确预测的问题。尽管如此，基于对中亚国家之前面临危机时的反应及求助对象的历史回顾，可以对此问题做出一个大致预估。自中亚各国独立以来，中亚地区先后经历了 1992 年的塔吉克斯坦内战、2005 年吉尔吉斯斯坦的"郁金香革命"与乌兹别克斯坦的"安集延事件"、2010 年

---

① 《俄媒：集安组织计划 2015 年举行一系列部队演习》，凤凰网，http：//news.ifeng.com/a/20141223/42778569_0.shtml。

② Deirdre Tynan, "Central Asia: Russia Taking Steps to Reinforce Security Relationships," http：//www.eurasianet.org/node/64946.

③ 《上海合作组织成员国元首杜尚别宣言（全文）》，新华网，http：//news.xinhuanet.com/2014-09/13/c_126981562.htm。

吉尔吉斯斯坦的"人民革命"等几次重大事件。其中，2005 年吉尔吉斯斯坦的"郁金香革命"是一次相对和平的政权更迭，并未发生严重的安全危机；2005 年乌兹别克斯坦发生"安集延事件"时，主要依靠自身的军事力量进行了平息。下文主要对 1992 年塔吉克斯坦内战与 2010 年吉尔吉斯斯坦"人民革命"进行简要分析，以对中亚国家陷入危机时的求助倾向做出大致预估。

1992 年塔吉克斯坦内战爆发时，尽管上合组织与集安组织都尚未正式成立，但从相关方面的反应与行动可以看出其在遇到危机时的求助倾向。在内战过程中，应塔有关方面的求助请求，俄罗斯、哈萨克斯坦、乌兹别克斯坦、吉尔吉斯斯坦四国进行商议后，向塔派驻了维和部队。① 其中，俄罗斯的 201 摩托化步兵师作为维和部队的核心驻扎在杜尚别与塔边境地区，一定程度上为稳定其国内局势、切断与阿富汗境内武装势力的联系起到了重要作用。此后，驻塔吉克斯坦的俄罗斯部队及设施一直是塔保障国内稳定与安全的重要力量。而与此相对，中国并未在此问题上发挥作用。

除此之外，2010 年吉尔吉斯斯坦国内冲突中上合组织与集安组织的反应，也能证明中亚国家遇到危机时的求助倾向性。2010 年 4 月，吉尔吉斯斯坦国内发生骚乱，6 月，南部又发生了大规模的民族冲突。据统计，这次骚乱造成了至少上百人死亡、上千人受伤，冲突波及数十万人。面对严峻的国内安全危机，时任过渡总统的奥通巴耶娃多次向俄罗斯、集安组织、上合组织等发出求助请求。上合组织与集安组织对此的反应既有相同点也有差异。6 月，集安组织成员国在莫斯科召开了紧急会议，并表示：因为缺乏相应的法律基础，因此不会派出武装力量进行干预，但可以向其提供人道主义援助及军事装备②。梅德韦杰夫也回应说，吉尔吉斯斯

---

① Dov Lynch, *Russian Peacemaking Strategies in CIS——The Case of Moldova, Georgia and Tajikistan* (London: Macmillan Press LTD, 2000), pp. 156 – 157.

② Richard Weitz, "The Collective Security Treaty Organization: Past Struggles and Future Prospects," p. 4.

坦骚乱系国家内部事件，俄罗斯与集安组织都不能干预，只有当成员国的边界遭到外部袭击或者有外部夺取政权的企图时集安组织才可以行动。与此同时，正在塔什干参加峰会的上合组织领导人也做出了关于不对冲突进行干预的决议，他们认为这是吉国内部事务，但上合组织成员国可以向吉提供人道主义援助。从上合组织与集安组织对吉骚乱、冲突事件的反应来看：一方面，二者都拒绝了直接向吉派出维和部队的请求；另一方面，集安组织的后续工作做得似乎更为充实。2010年7月，吉尔吉斯斯坦外交部代理部长鲁斯兰·卡扎克巴耶夫透露，集安组织将向吉尔吉斯斯坦提供军事技术援助，以便保证其南部地区安全。[①] 2011年6月，集安组织秘书长尼古拉·博尔久扎表示："我们正在监视吉尔吉斯斯坦的局势，如果局势继续恶化，集安组织安全委员会将采取相应措施。"[②] 之后，为防止成员国发生类似于"阿拉伯之春"的动乱，集安组织增加了成员国之间的协调，甚至增加了对成员国进行干预的条款。[③] 但上合组织并未相应地对吉尔吉斯斯坦2010年的国内冲突进行深入反思。尽管面对成员国的援助请求，上合组织与集安组织都拒绝了，但从后续反应看，集安组织对再次遇到类似危机做出了行动评估，而上合组织没有相应的表态或行动。

基于对上述两个方面的分析，尽管不能对上合组织与集安组织在中亚安全领域的发展前景做出准确的预测，但可以对中亚国家"遇到严峻的危机时，倾向于向哪个组织求助"做出大致的估计：基于供给机制、供给内容、供给效用等方面的比较，及对危机状况的反思与措施的准备的分析，一旦遇到严峻的安全危机，中亚国家更有可能求助于集安组织，而非上合组织。

[①]《吉尔吉斯外交部：集安组织近期将提供军事援助》，中新网，http://www.chinanews.com/gj/2010/07-08/2390786.shtml。

[②]《如吉尔吉斯局势恶化，集安组织或将干涉》，中新网，http://www.chinanews.com/gj/2011/06-09/3101261.shtml。

[③] Younkyoo Kim and Fabio Indeo, "The New Great Game in Central Asia Post 2014: The US 'New Silk Road' Strategy and Sino-Russian Rivalry," p.277.

表 1　上合组织与集安组织在中亚安全领域的发展前景比较

比较基础	1. 中亚地区是上合组织与集安组织主要的活动区域 2. 中亚国家对上合组织与集安组织在该地区发挥的作用予以了一定程度的认可 3. 上合组织与集安组织都有直接或间接应对阿富汗变局的相关举措		
评估对象	上合组织	集安组织	评估结果
供给机制	1. 上合组织内存在中俄两个主要供给方 2. 上合组织奉行不对抗、不结盟的原则,是一个涵盖多个领域的综合性国际组织	1. 集安组织内只有俄罗斯一个主要供给方 2. 集安组织是一个联盟性质的组织,兼具进攻性与防御性,有一定排他性,但不针对第三方	相对于上合组织,集安组织在中亚安全领域的发展前景上受自身供给机制的限制更少,行动能力更强
供给内容	1. 上合组织的供给内容集中于非传统安全与经济领域 2. 面对阿富汗局势的变化,上合组织的准备不充分,对内容的调整也不明确	1. 集安组织的主要供给包括传统安全和非传统安全领域 2. 面对阿富汗问题的新变化,集安组织对供给内容的调整较为明确与有效	相较于上合组织,集安组织既在供给领域的供需契合度上有优势,又在供给内容的调整上更为及时、有效
供给效用	1. 中亚各国对上合组织的认知大体较为正面 2. 对中国的认知上则没有上合组织正面,甚至一些国家对中国经济的扩张存在担忧	1. 中亚国家对集安组织的性质及供给的单一性心存忧虑 2. 中亚国家与俄罗斯联系紧密,较易产生正面认知,尤其是集安组织成员国	从中亚国家对中国与俄罗斯、上合组织与集安组织的基本认知看,中亚国家对集安组织在安全领域的依赖和期待多于上合组织
前景观测	1. 对阿富汗局势的预估仍在协议阶段 2. 上合组织缺乏应对成员国国内危机的意愿与能力	1. 对阿富汗局势衍生的危机形势做了必要的准备 2. 集安组织已具备帮助成员国应对危机局势的手段	未来当中亚国家面临严峻的安全危机时,可能会优先求助于集安组织,而非上合组织
结论	总体来看,当中亚国家面临阿富汗局势外溢可能带来的安全问题时,相较于上合组织,集安组织在供给机制、供给内容、供给效用等方面的优势决定了"中亚国家可能更倾向于向集安组织求助"。基于此,本文认为,集安组织在中亚安全领域的发展前景优于上合组织		

四　结论与思考

从区域公共产品视角看,随着国际安全援助部队的撤离,中亚地区面临的"正安全外部性"逐渐消失，阿富汗局势的不确定增强，"负安全外部性"逐渐增多，中亚各国对安全威胁外溢的担忧增加。在缺乏单独应对安全威胁能力的背景下，作为中亚地区重要的区域性国际组织，上合组织与集安组织在中亚安全领域的发展前景值得探讨。本文以区域公共产品的"供给"为视角，提出了需对覆盖同一区域的不同组织进行大体评估，并构建了以供给机制、供给内容、供给效用为主的评估比较框架，以中亚安全领域为例，对上合组织与集安组织在中亚安全领域的发展前景进行了大致评估。从供给机制看，上合组织内存在中俄之间相互掣肘的可能，而集安组织则不存在这一问题，并且二者的性质与奉行原则的差异决定了其在中亚地区行动能力的不同。相较而言，集安组织的行动能力更强。从供给内容看，上合组织主要提供经济、非传统安全等公共产品，这与中亚国家在安全领域的需求有一定的错位，而且上合组织对公共产品的调整并不明确、及时；与此相对，集安组织提供的安全类公共产品与中亚对安全领域的公共产品需求契合度高，并且对供给内容的调整更加明确与有效。从供给效用看，基于历史、民族等原因，中亚国家对上合组织与对中国的认同并不一致，尤其对中国甚至存在一定的负面认知，这可能会对上合组织在中亚安全领域的发展前景产生一定的消极影响；而中亚国家对集安组织和俄罗斯的认知相对较为一致与正面，这可能有助于集安组织在中亚地区安全领域供给的进一步发展。综上所述，本文认为，在国际安全援助部队撤离的背景下，当中亚国家面临严峻的安全问题时，可能将更倾向于优先求助于集安组织，而非上合组织。

本文对上合组织与集安组织在中亚安全领域的发展前景进行了初步的考察，但考察还衍生出了一些其他可以进一步讨论的问题。例如在中亚安全领域的发展前景较为消极的基础上，上合组织在阿富汗问题上应扮演何种角色？在中亚事务上中国应如何更好地处理上合组织内的中俄关系？上合组织未来的发展方向问题等。

首先，阿富汗问题与上合组织。上合组织在中亚安全领域的发展前景并不明朗，但并不能就此回避阿富汗问题，而应以一种积极且严谨的态度对待阿富汗问题及其影响。第一，中俄两国对阿富汗问题的看法存在分歧是正常的，这可能会造成上合组织在为中亚国家提供安全领域公共产品方面的迟滞，但并不能成为其对阿富汗问题态度消极的理由。第二，上合组织应尊重中亚国家的选择意愿，不应把自身意愿强加于成员国，而应给予成员国自由选择求助不同组织维护自身安全的权利。第三，尽管与集安组织相比上合组织在中亚安全领域放任供给存在诸多不足，但上合组织应始终以一种积极、严谨的态度对阿富汗问题保持关注，并为中亚国家在相关领域提供力所能及的帮助与支持。

其次，上合组织内的中俄关系。上合组织内存在中俄两个主要的供给方，而且中俄对中亚诸多事务的看法并不一致，甚至存在分歧，这便凸显了正确处理上合组织内中俄关系的重要性。上合组织的核心活动区域是中亚地区，中国如何看待且处理与俄罗斯在中亚的关系是影响上合组织未来发展的重要方面。基于本文的考察，笔者认为中国应在中亚事务中与俄罗斯更多地进行协调，在尊重其意见的基础上，尽量达成对相关问题的协调，抑或在协调中把握俄方在此问题上的态度与看法。只有中俄两国在上合组织内进行了相互协调，才能发挥组织应有的作用，实现组织的进一步发展。即使上合组织扩员，仍需对此问题进行关注。

再次，上合组织应对自身优势有所认识。从本文的分析可以看出，上合组织在中亚经济类公共产品的提供上有一定优势。上合组织应在确认自身优势的基础上，与其他组织形成"分工合作"的格局，进一步增强其在具有比较优势领域的影响力。只有如此，才能在"俄白哈关税同盟"和"欧亚经济联盟"构想已经启动的背景下实现与相关国家的进一步合作。此外，上合组织还需注意不应盲目扩大自身在其他领域的影响。目前，美国、俄罗斯等大国仍在中亚地区有重要影响，上合组织不能苛求面面俱到。因此，专注于经济领域的"分工"对上合组织在中亚的长久存在、发展及扩大影响力大有裨益。

最后，借助中国"丝绸之路经济带"的实施，促进上合组织的发展。2013年9月，习近平主席在哈萨克斯坦访问期间提出了"丝绸之路经济带"倡议；2014年11月，习近平主席宣布中国出资400亿美元成立"丝路基金"，为沿线的基础设施、资源开发、产业合作等提供融资支持。"丝绸之路经济带"倡议的实施，将为上合组织在中亚的发展提供新的机遇，借此中国须逐渐缓解甚至消除中亚国家对中国的负面认知，进而促进上合组织的进一步发展。2015年是"丝绸之路经济带"倡议推进的重要一年，如何借此机遇推动上合组织的发展，可能是未来影响上合组织发展方向的一个值得深入研究与探讨的问题。

国际关系理论中的历史主义

王日华◎

【内容提要】 历史主义是人文社会科学领域的基本理论范式之一，对国际关系理论的形成和发展产生了深远的影响。20世纪中后期，学术界围绕"历史主义"和"非历史主义"国际关系理论及其研究进行了一场持久而激烈的学术论战。通过这场学术争论，历史主义国际关系理论的基本内核及其研究纲领得到了进一步的澄清和发展。在本体论上，历史主义认为历史发展是理解和解释当代或未来国际关系本质的基础；在认识论上，历史主义坚持发展和变化的观点，将国际关系实践纳入历史进程中来观察；在方法论上，历史主义强调历史研究法的重要性。中国有着数千年源远流长的历史实践，中华民族有着浩瀚的文化积淀，中国历史的发展对当代国际关系理论提出了多方面的挑战，结合历史实践、历史文化和历史方法的研究是中国学者最鲜明的理论特色。

【关键词】 历史主义 国际关系理论 理论特色

【作者简介】 王日华 中共广东省委党校教授。
电子信箱：wrihua@163.com

历史主义影响了整个自然科学和人文社会科学的研究，尤其是马克思主义、科学哲学、历史学、经济学、文学、心理学、建筑学和政治学等领域。历史主义是国际关系理论的重要范式之一。迈克尔·

---

* 感谢阎学通教授对本文所给的重要修改建议，感谢匿名评审专家的修改建议，感谢所有在本文写作过程中提供帮助的老师和同学。文中不当之处概由笔者负责。

唐兰（Michael Donelan）将国际关系理论分为五大类：现实主义、信仰主义、理性主义、历史主义—厚古主义和历史主义—进步主义。① 而大卫·布彻（David Boucher）则将国际关系理论分为三类：以修昔底德、马基雅维利和霍布斯等人为代表的经验现实主义；以西塞罗、托马斯·阿奎纳、康德、洛克等人为代表的全球道德秩序传统主义和以卢梭、伯克、黑格尔和马克思等人为代表的历史理性传统主义。② 尽管国际关系理论中的历史主义无处不在，但是国内外学术界始终没有对历史主义国际关系理论进行系统的梳理和建构。中国有着数千年源远流长的历史实践和文化积淀，历史主义是中国传统文化的典型特征，也是马克思主义中国化的本质要求。那么历史主义国际关系理论的基本主旨和结构是什么呢？本文试图梳理国际关系理论中历史主义的学术争论，并以此提出历史主义国际关系理论的基本结构和理论主旨。

一　历史主义对国际关系理论的影响

在英文中，历史主义原本有"historism"和"historicism"之分，分别代表了历史主义两个不同的发展阶段。卡·波普尔（Karl R. Popper）创造了"historicism"一词并经克罗齐（B. Croce）大力推广后逐渐成为英语世界的通用语。③ 近代以来，历史主义的影响横跨自然科学和人文社会科学研究，成为影响最为广泛和深远的理论范式之一，在20世纪前后它缔造了一个思想文化领域的"历史主义时代"。④ 限于篇幅，下面将重点梳理会影响国际关系理论的马克思主义、科学哲学领域和历史学领域的历史主义研究。

---

① Michael Donelan, *Elements of International Political Theory* (Oxford: Oxford University Press, 1990), pp. 3-7.
② David Boucher, *Political Theories of International Relations* (Oxford: Oxford University Press, 1998), p. 11.
③ Karl R. Popper, *The Poverty of Historicism* (London: Routledge, 1961).
④ Geoffrey Barraclough, *History in a Changing World* (Oxford: Blackwell, 1955), p. 2.

（一）历史主义、马克思主义与国际关系理论

在马克思主义的经典著作中，马克思和恩格斯对"伪历史主义"①和"非历史主义"②进行了批判，并在此基础上构建了马克思主义的历史主义。20世纪60年代，国内学术界围绕马克思主义历史主义展开了一场激烈的学术论战。③尽管学者们在历史主义与阶级观点、历史主义与辩证法、历史主义与历史唯物主义、历史主义与历史人物评价等问题上存在分歧，但是对历史主义在马克思主义中的基本内涵有着许多共识，主要有以下几个方面。（1）物质的观点，历史的发展是客观存在的，是不以人的意志为转移的，但是人可以在主观上认识或接近认识这种客观发展规律；（2）运动的观点，一切事物都是历史性的存在，都处在永恒的发展过程之中；（3）进步的观点，历史发展呈现一种上升的、前进的趋势，是一个否定之否定过程，是一个由低级阶段向高级阶段发展的过程；（4）联系的观点，历史发展是普遍联系和相互影响的；（5）时代的观点，任何事物都处在特定的历史发展阶段，都是特定的历史环境的产物，具有时代特性和个体性。④

---

① 《马克思恩格斯全集》（第四十一卷），北京，人民出版社，1982，第212页。
② 《马克思恩格斯全集》（第三卷），北京，人民出版社，1960，第606页。
③ 吕振羽：《关于历史主义和阶级观点问题的争论》，《吉林大学社会科学学报》1981年第2期，第1—10页；谢本书：《"历史主义"问题论争述评》，《贵州文史丛刊》1984年第3期，第5—16页；李振宏：《历史学的理论与方法》，开封，河南大学出版社，1989，第304—323页；王学典：《历史主义思潮的历史命运》，天津人民出版社，1994。
④ 宁可：《论历史主义和阶级观点》，《历史研究》1963年第4期，第1—26页；宁可：《论马克思主义的历史主义》，《历史研究》1964年第3期，第1—37页；关锋、林聿时：《在历史研究中运用阶级观点和历史主义的问题》，《历史研究》1963年第6期，第1—18页；朱永嘉等：《论马克思主义的历史主义及其运用——和宁可同志商榷》，《学术月刊》1963年第12期，第1—17、45页；牛致功：《关于马克思主义的历史主义和历史唯物主义与阶级观点的问题——与宁可同志商榷》，《文史哲》1965年第4期，第72—79页；许永璋：《试论有关历史主义的几个问题》，《郑州大学学报》（哲学社会科学版）1978年第4期，第1—12页；许永璋：《再论历史主义》，《郑州大学学报》（哲学社会科学版）1990年第5期，第30—37页；蒋大春：《关于历史主义的几个问题》，《安徽大学学报》（社会科学版）1979年第3期，第25—35页；奚介凡：《关于历史主义若干问题的商榷》，《学习与探索》1980年第2期，第115—121页；李振宏：《论历史主义问题》，《史学理论研究》1992年第3期，第62—74、79页；林甘泉：《林甘泉文集》，上海辞书出版社，2005。

我们对马克思主义研究领域的深入探讨有助于厘清历史主义的基本哲学内涵。毫无疑问，哲学从本体论和认识论上影响了历史主义国际关系理论。然而，马克思主义的哲学指引还不足以把历史主义与国际关系理论区分开。列宁指出，马克思"吸收并进一步发展19世纪初那些哲学家和历史学家的经济主义和历史主义（以及辩证法）"。① 因此，要想全面把握历史主义，就必须追溯历史学领域的研究成果。

（二）历史主义、历史哲学与国际关系理论

19世纪过后，历史主义在欧洲思想界批判和反思理性主义中逐步发展壮大，经过黑格尔（G. W. F. Hegel）等人的承接和发展，到了兰克（Leopold von Ranke）时期，历史主义盛极一时，几乎支配了整个西方史学界。弗里德里希·梅尼克（Friedrich Meinecke）研究了历史主义的起源，对莱布尼茨（Leibniz）、伏尔泰（Voltaire）、孟德斯鸠（Montesquieu）、休谟（Hume）、吉本（Gibbon）、赫尔德（Herder）、歌德（Goethe）等人的历史主义思想进行了系统的梳理。梅尼克认为："历史主义的核心是用个体化的观察来代替对历史——人类力量的普遍化的观察。"② 黄进兴研究了18世纪以来历史主义的起源、发展、危机和变迁，系统介绍了西方历史主义史学思想。③

在西方史学思想中，历史主义的基本内涵主要包括：（1）强调经验主义的作用，反对历史学的系统研究方法；（2）强调特殊性和个别性的重要性，反对寻找历史的规律性和共性；（3）强调历史的客观性和真相，注重第一手资料的运用；（4）强调研究过去的历史，致力于认识和理解过去的经历。

历史哲学领域的历史主义从认识论和方法论上对国际关系理论研究提

---

① 《列宁全集》（第二十五卷），北京，人民出版社，1988，第51页。
② 弗里德里希·梅尼克：《历史主义的兴起》，陆月宏译，南京，译林出版社，2009，前言第2页。
③ 黄进兴：《历史主义与历史理论》，西安，陕西师范大学出版社，2002，第1—82页。

出了严峻的挑战,这也成为科学行为主义和结构主义排斥历史主义的重要依据之一,即国际关系理论寻找普遍规律的努力与历史研究的特殊性之间的矛盾。

(三) 历史主义、科学哲学与国际关系理论

在科学哲学领域,库恩(Kuhn)首先倡导和建立了历史主义学派,之后,拉卡托斯(Lakatos)、费耶阿本德(Feyerabend)、夏皮尔(Shapere)、劳丹(Laudan)等人继承和发展了库恩的历史主义。

库恩将历史哲学领域的历史主义思想移植到科学史研究中来,将科学发现视为一种社会历史现象。首先,历史主义反对理性主义和实证主义用编年史的手法将科学发展描述为积累,而是强调进化与发展的整体进程。库恩将其划分为"前科学、常规科学、反常与危机、科学革命、新的常规科学"等阶段;[①] 而拉卡托斯提出了科学研究纲领"进化和退化"的发展阶段。[②] 其次,历史主义在对科学标准的界定上与波普尔的"反历史主义"展开了多次论战,在波普尔看来,历史主义是特指"一种社会科学的研究途径,它认为历史预言是它的主要目的,并认为通过揭示隐藏在历史演变之中的'节奏'、'类型'、'规律'和'趋势'就可以达到这一目的"。[③] 有鉴于此,中国学者在翻译波普尔的"历史主义"时,一般都直接将其翻译为"历史决定论"。最后,历史主义明确将科学发展与科学史包括外部历史、内部历史联系起来,强调科学发展与其他知识、社会现象之间的联系。

科学哲学领域的历史主义对国际关系理论的影响最为深远,尤其是科学行为主义和结构主义明确提出"非历史主义"。同时,历史主义的研究

---

① Thomas S. Kuhn, *The Structure of Scientific Revolutions* (Chicago: The University of Chicago Press, 1970).

② Imre Lakatos, *The Methodology of Scientific Research Programmes* (Cambridge: Cambridge University Press, 1978).

③ 卡·波普尔:《历史主义的贫困》,何林等译,北京,社会科学文献出版社,1987,第46—47页。

内核却更加深刻地嵌入了国际关系理论之中，这种矛盾再次提醒我们，在国际关系理论领域，任何片面地理解历史主义的做法都会带来无法解释的理论困惑，这就需要我们全面理解历史主义的内涵。

德怀特·李（Dwight E. Lee）和罗伯特·贝克（Robert N. Beck）回顾了历史主义的五种定义：（1）通过历史进行解释或评价；（2）生活的历史化；（3）哲学的历史化；（4）历史相关主义和历史相对主义；（5）历史预言。李和贝克认为，历史相关主义、历史相对主义和历史决定论都是对历史主义的片面认识或误解，历史主义的真正内涵主要包括两条：一方面，历史主义是一种信念，即任何东西的真实性、意义以及价值；另一方面，历史主义是一种反实证主义和反自然主义的观点，即历史知识是理解和评价人类当下政治的、社会的以及人类理智处境与问题的基本或唯一要求。① 李和贝克的界定已经基本上澄清了历史主义的轮廓，但是仍旧没能厘清历史主义的界限。卡尔文·兰德（Calvin G. Rand）进一步指出，历史主义的两大基本内涵就是作为世界观的历史主义和作为方法论的历史主义。② 黄进兴将历史主义区分为世界观和方法论两个极限，"即相信历史知识为人类活动最重要的指标，借助历史人类可以评价、了解生活的一切，因此社会与个人的经验皆可规范到历史领域来；也就是说，任何事物的性质可由其历史发展的过程来掌握，任何事物的价值可由本身的历史来判断"。③ 结合马克思主义的历史主义认识论，我们就可以从本体论、认识论和方法论三个层次上梳理历史主义国际关系理论。

二 历史主义国际关系理论的本体论、认识论和方法论

历史主义作为一种范式，它首先是综合的，包括一个科学群体所共有

---

① Dwight E. Lee and Robert N. Beck, "The Meaning of 'Historicism'," *The American Historical Review*, Vol. 59, No. 3, Apr., 1954, pp. 568–577.

② Calvin G. Rand, "Two Meanings of Historicism in the Writings of Dilthey, Troeltsch and Meinecke," *Journal of History of Ideas*, Vol. 25, No. 4, Oct./Dec., 1964, pp. 503–518.

③ 黄进兴：《历史主义与历史理论》，第7页。

的全部承诺；其次则是把其中特别重要的承诺抽出来，成为前者的一个子集。要想把握历史主义国际关系理论的具体内涵，只要把历史主义国际关系理论所公认的某些特别重要的承诺列举出来即可。范式本身也是一种哲学，是一组启迪智慧的问题及其回答，这些问题大致包括："宇宙是由什么样的基本实体构成的？这些基本实体是怎样彼此相互作用的？这些基本实体又是怎样与感官相互作用的？对这些实体提出什么样的问题才是合理的，以及在寻求问题解答中使用什么样的技术？"[1] 概括地说，我们可以从本体论、认识论和方法论三个层面来理解历史主义国际关系理论的基本内涵和结构。

（一）历史主义国际关系理论的本体论

在哲学中，本体论的基本问题是：世界的本原是什么？对此问题的不同回答形成了唯物主义、唯心主义和二元论。反映到历史主义中就有了历史唯物主义和历史唯心主义之分。历史唯物主义认为历史是客观存在的，历史有着自身的客观发展规律；历史唯心主义则认为历史是由人的观念创造并且由书写者记录下来的历史，某些历史人物和历史的书写者的观念塑造了历史。在历史唯心主义看来，历史就是一个任人打扮的小女孩。[2] 唯物主义和唯心主义的哲学本体论二分法反映到国际关系理论中，对应的就是物质主义（materialism）和理念主义（Idealism）。

物质主义强调国际关系及其基本特征的物质属性并以此作为理论的起点。现实主义将权力和利益作为解释源，权力和利益是可以量化计算出来的。例如，摩根索认为国家权力主要包括九个方面：地理位置、自然资源、工业生产能力、军事准备、人口、民族特性、国家士气、外交素质、政府素质。[3] 奥根斯基（A. F. K. Organski）认为尽管决定国家权力的要素很多，但是对国家权力构成决定性影响的要素主要有六个：地理要素、自

---

[1] 托马斯·库恩：《科学革命的结构》，金吾伦、胡新译，北京大学出版社，2003，第4页。
[2] 冯友兰：《中国哲学史新编》（上卷），北京，人民出版社，1998，第2页。
[3] Hans J. Morgenthau, *Politics Among Nations: The Struggle for Power and Peace*, pp. 127—169.

然资源、人口、经济发展、政治发展和国民士气。① 克莱因（Ray S. Cline）认为，决定国家权力的要素包括人口、领土面积、收入、能源、矿产、工业、粮食、贸易、军事、战略和意志等。② 中国学者黄硕风把综合国力分为政治力、经济力、科技力、国防力、文教力、外交力、资源力七个方面。③ 尽管这些权力要素中包含民族特性、社会素质、政体素质、外交素质、政府素质、国民士气、战略和意志等社会要素或观念要素，但是在物质主义者看来，这些社会和观念要素都可以物质化并进行量化测量。国家利益可以区分为政治利益、经济利益、军事利益、文化利益、安全利益等类别，也可以根据重要性不同而区分为核心利益、关键利益、重要利益和次要利益等。国家利益和权力一样，可以物质化并能够测量出最终的绝对收益或相对收益。新自由主义增加了国际机制的解释源，但是仍将国际机制建立在权力和利益的基础上，国际机制仍可以物质化为国家的制度性权力或软权力，从而在本质上也属于物质主义的范畴。

理念主义都将观念、知识或信念等视为国际关系的解释源，强调人和社会对观念的建构作用。解构主义（或者被称为后结构主义、后现代主义）是一种较为彻底的理念主义，它们对国际关系理论中的一些核心概念进行了解构，"国家""权力""无政府状态""利益""主权""霸权""国际机制"等概念在解构主义看来都需要进行再次阅读。④ 解构主义认为这些概念基本上是空洞化和泛化的观念，并不具有实质性意义，国家关系学需要研究的是国际的社会关系而不是国家与国家之间的关系。因此，

---

① A. F. K. Organski, *World Politics*, 2nd (New York: Alfred A. Knopf, 1968), pp. 124 – 189.

② Ray S. Cline, *World Power Assessment: A Calculus of Strategic Drift* (Boulder, Colo.: Westview Press, 1975); Ray S. Cline, *World Power Trends and U. S. Foreign Policy in 1980s* (Boulder, Colo.: Westview Press, 1980).

③ 黄硕风：《综合国力新论：兼论新中国综合国力》，北京，中国社会科学出版社，1999，第12—13页。

④ James Der Derian, *Antidiplomacy: Spies, Terror, Speed, and War* (Cambridge, Mass.: Blackwell, 1992); Richard K. Ashley, "Untying the Sovereign State: A Double Reading of the Anarchy Problematic," *Millenium: Journal of International Studies*, Vol. 12, No. 2, Jun., 1988, pp. 227 – 262.

解构主义认为国家间关系实质上应该是"文本间关系"。①

在国际关系领域，物质主义和理念主义之间的对立并非是绝对的。建构主义理论中部分流派接受结构主义的基本观点，而部分流派则坚持解构主义的基本立场。②被称为温和建构主义的亚历山大·温特（Alexander Wendt）将国际政治的最根本要素归结为国际体系中的"观念分配"（distribution of ideas），但是温特将自己划入"弱式物质主义"的阵营，理由是观念通过建构物质性的权力和利益而起作用。③温特希望自己能够在物质主义和理念主义之间架起一座桥梁，创造出不同于哲学二分论非此即彼的第三条道路或者说中间道路。但是，在马克思主义者看来，温特的辩护是没有意义的，因为物质第一性还是观念第一性正是唯物主义和唯心主义的哲学标准，除非人们在国际关系领域建立以二分论以外例如二元论为基础的理论。

在围绕结构主义的争论中，华尔兹坚持物质结构主义，"他从系统的排列原则、单元的特定功能和单元间的能力分配三个方面来界定结构概念。在国际关系中，国际政治结构也就是无政府状态、该领域的秩序原则以及国家间实力的分配状况"。④温特同样坚持结构主义和整体主义的立场，但是温特认为，根据观念分配原理，结构可以区分为三种不同的文化，即霍布斯文化、洛克文化和康德文化。新自由制度主义接受了华尔兹的结构概念，但是增加了国际制度要素，强调结构之外的进程，或者说非结构动机、交流和合作能力的变化。⑤罗伯特·考克斯综合了现实主义、新自由制度主义和建构主义的观点，提出了一个物质和理念合二为一的结

---

① James Der Derian and Michael J. Shapiro, eds. *International/Intertextual Relations: Postmodern Readings of World Politics* (Lexington, Mass.: Lexington Books, 1989).

② 郑深:《建构主义：从结构主义到后结构主义的演变》，《集美大学学报》2003年第1期，第36—40页。

③ Alexander Wendt, *Social Theory of International Politics* (Cambridge: Cambridge University Press, 1981), p. 95.

④ Kenneth N. Waltz, *Theory of International Politics*, pp. 79–101.

⑤ Robert O. Keohane, Joseph S. Nye, *Power and Interdependence*, 3rd (New York: Longman, 2001), p. 281.

构主义,或者说结构主义二元论:"一个结构中有三个相互作用的力量范畴(表现为潜在可能性):物质力量、观念和制度。"[1] 然而在后现代主义者福柯(Michel Foucault)看来,结构只是"一个纯粹和简单的描述",它使每个存在保留了严格的个体性,并且既不表述这一存在所属于的图表,也不表述围绕这一存在的邻近区域,也不表述这一存在所占据的位置。[2]

(二) 历史主义国际关系理论的认识论

在哲学中,认识论的基本问题是:人的思维能否认识世界以及如何认识世界的问题? 对第一个问题的不同回答就可以区分为可知论和怀疑论。在历史主义范式内部,也同样有可知论和怀疑论。历史可知论认为历史进程是可知的,人的主观认识可以无限接近历史发展的客观进程,这一历史进程包括过去、现在和未来,也就是说,未来是可以预测的;历史怀疑论则认为历史是不可知的,"我们在这上,不能知道某一件事的真确的状况,但可以知道某一件事在传说中的最早的状况"。[3] 对第二个问题的回答,在哲学上可以区分为反映论和先验论。历史主义是一种反映论者,接近经验主义,认为借助历史经验就可以认识世界。然而,在对历史发展进程的认识上,在历史主义范式内部,则出现了历史循环论、历史终结论和历史进化论等迥然不同的观点。历史主义国际关系理论的认识论也同样包含着两个基本的问题:其一是理论能否认识历史;其二是理论怎样认识历史,或者说在理论中历史是怎样的? 在这里,历史指的是包括过去、现在和将来的进程。

在国际关系理论中,绝大部分理论范式是可知论者,都认为理论能够理解或解释历史或历史进程,否则理论就没有存在的意义。理解和解释分

---

[1] Robert W. Cox, "Social Forces, States and World Orders: Beyond International Relations Theory," *Millennium-Journal of International Studies*, 1981, pp. 126–155.
[2] 福柯:《词与物:人文科学考古学》,莫伟民译,上海三联书店,2002,第183页。
[3] 顾颉刚编《古史辨》(第一册),上海古籍出版社,1982,第60页。

别对应规范理论和因果理论,但是一些解构主义者看来,文化文本本身是一种真实的幻觉或者文字游戏。拉康就把无省略法则和无系统化法则作为分析经验的两条基本原则。① 约瑟夫·奈表示:"另一个教训就是要意识到历史学家的选择性。没有人能够叙述一历史事件的全部内容。"② 在通往认识客体的道路上,实在论认为历史独立于主体之外,历史不依赖于主体的存在而存在,但是可以通过各种方式来建立对历史的理解或解释的理论。建构主义者批评了结构主义理论的抽象主义,认为其忽略了历史的过程、实践、权力产生的历史和社会基础以及政治历史。但是,建构主义者又认为社会科学的研究及其理论中无不夹杂着主体的价值观。"知识并非产生于主体对于客体的中立观察,而是反映了此前既已存在的社会目标和利益。"③ 温特一方面强调科学实在论的基本原则;另一方面坚持认为,权力、利益、无政府状态等概念只不过是社会建构的结果④。

对历史进程的认识,机械论者强调结构对施动者独立的决定性作用;而人本论者则认为施动者的主观活动影响甚至决定了结构。循环论者认为,国际体系及其结构甚至国家行为总是在某种模型范围内循环往复;进化论者则认为,历史是向前发展的,国际关系的本质处在不断的进化之中。

华尔兹和吉尔平均强调历史的恒定性。华尔兹表示:"尽管边界、社会、经济和政治形态、经济和军事行为等所有这些都发生了改变,但是国际政治的本质和模式却明显延续了下来。让我们更远一些看看例如在中国的战国时期或者印度的考提拉亚时期的各种类型政治实体间完全的自由竞争,其本质和模式特征都是一致的。"⑤ 吉尔平表示:"我们当前的研究采

---

① 拉康:《拉康选集》,褚孝泉译,上海三联书店,2001,第76页。
② Joseph S. Nye, Jr., *Understanding International Conflicts: An Introduction to Theory and History*, 3rd (New York: Longman, 2000), p. 18.
③ Andrew Linklater, "The Achievement of Critical Theory," in Steve Smith, Ken Booth and Marysia Zalewski, eds., *International Theory: Positivism and Beyond* (London: Cambridge University Press, 1996), p. 279.
④ Alexander Wendt, *Social Theory of International Politics*, p. 51.
⑤ Kennth N. Waltz, "Reflections on Theory of International Politics: A Response to My Critics," in Robert O. Keohane, ed., *Neorealism and Its Critics*, pp. 329 – 330.

取另一个非常不同的立场,即建立在数千年来国际关系的基本属性没有变化这一假设的基础上,国际关系始终延续着在无政府状态下独立实体间围绕财富和权力而反复斗争。"① 然而,华尔兹和吉尔平在历史主义上的区别是:前者的理论在于"揭示了政治结构是如何解释一些反复出现的国家行为特征和某种反复的和持久的模型"。② 而后者则通过行为体对"成本—收益"比的核算,国家改变国际体系的对外政策目标是提高国家的整体利益。③ 由此可见,将华尔兹列入"静止现实主义"的行列是有争议的。华尔兹和吉尔平都承认国际体系或结构的变化及由此带来的历史进程的变化,但是二者都将这种变化限定在某种静止的体系或结构之内。"华尔兹变革"实际上指的是可能存在的单极、两极或多极体系之间的转换;而"吉尔平变革"则是均衡—失衡—均衡之间的循环。因此,现实主义者在某种程度上被称为历史循环论者,也正是基于历史循环和国家行为反复性的假设,现实主义者认为可以根据历史来预测未来。也就是说,历史总是会在不同的时间或不同的地点以某种极其类似的方式重现。华尔兹表示:"只要行为体和组织机构是与武力和竞争相伴,而不是权威和法律,那么我们就能够预期去发现这些行为和结果。"④

作为进程理论的新自由制度主义和建构主义均强调进化。新自由制度主义认为经济进程、世界总体权力结构、各种问题领域内的权力结构和国际组织影响下的权力等四个方面都能解释国际机制的变迁,但是解释国际机制的变迁更需要综合运用这四种理论。⑤ 温特一方面承认文化的进化属性,认为国际体系沿着霍布斯文化—洛克文化—康德文化不断进化,大约在17世纪时期,欧洲率先从霍布斯文化进化到了洛克文化,而从20世纪

---

① Robert Gilpin, *War and Change in World Politics* (Cambridge: Cambridge University Press, 1981), p. 7.
② Kenneth N. Waltz, *Theory of International Politics*, pp. 116 – 117.
③ Robert Gilpin, *War and Change in World Politics*, p. 50.
④ Kenneth N. Waltz, *Theory of International Politics*, p. 117.
⑤ Robert O. Keohane, Joseph S. Nye, *Power and Interdependence*, pp. 18 – 30.

后期开始，国际体系已经开始向康德文化进化的历程。① 然而，康德没有进一步解释国际体系的进化是否始终停留在仅有的三种结构循环中，抑或是会发展出新的体系结构。当然，华尔兹也并非完全否认进化，在华尔兹看来，国际结构的进化是在无政府状态和等级制之间的进化，国际社会一旦进化到等级制，也就意味着国际关系的终结而超出了国际关系理论的接受范围。不过，在但丁、康德、康有为、福山等人看来，国际社会的进化最终会出现世界帝国、世界联邦或者是单一的大同社会、民主社会。马克思主义也认为阶级斗争的结果必然导致单一的无产阶级世界或者说社会主义世界的诞生。

值得一提的是，被认作是新自由制度主义代表人物的约瑟夫·奈则常常摇摆于历史恒定论和历史进化论之间。一方面，奈强调，自修昔底德迄今，国际政治中的某些方面仍然保持着同一性；另一方面，奈又承认，"国际政治的性质已经发生了变化。约瑟夫·奈提醒国际关系研究者要借鉴历史以理解延续性与变迁性，而不应为过去所束缚"。②

（三）历史主义国际关系的方法论

方法论的基本问题是主体是怎样认识和改造客体的。一般来说，历史主义方法是相对于科学行为主义方法而言的。科学行为主义认为科学的研究必须运用抽象概念作为分析工具，遵循某种科学的研究程序，最终形成一个具有普世性的永恒命题。科学行为主义倾向借鉴物理学、生物学和数学等自然科学或者说"硬科学"的研究方法，通过演绎和推理来建构理论。历史主义强调社会科学与自然科学的区别和差异，坚持以历史事实和历史经验为基础，倾向定性研究和归纳研究。然而，历史主义与科学行为主义、自然主义或实证主义在方法论上并不是截然对立的。历史主义方法是一个方法群，其本身包含的具体方法如下：

---

① Alexander Wendt, *Social Theory of International Politics*, p. 314.
② Joseph S. Nye, Jr., *Understanding International Conflicts: An Introduction to Theory and History*, p. 2.

（1）历史文献分析法。历史文献分析法强调尽可能多地掌握第一手历史资料，通过对这些历史资料的分析来重现历史的真实面目。

（2）历史案例研究法。历史案例研究法指的是学者通过对独特历史事件的研究，进而归纳或总结出某些历史规律，并将其上升到一般层次，作为普遍的历史规律或理论命题。

（3）历史比较法。历史比较法希望通过比较不同地区或不同时期的历史，或对长时段历史进行系统的比较研究，试图寻找出比较对象之间的异同点，进而将这些异同点发展为普遍性或特殊性的理论命题。

（4）历史哲学或历史社会学的方法，即研究"应该是什么"的问题，学者通过对过去和现在的批判性研究，提出对未来世界或理想世界的规范性建议。

（5）历史定量研究法。从总体上来说，历史主义更加倾向定性研究法和归纳法，但是历史主义方法并不排斥定量研究法和演绎法。历史定量研究法就是指通过对历史进行定量统计以及科学的统计分析来获得一般性的命题。

最后，需要指出的是，历史主义无论是在本体论、认识论还是方法论层面上，都是一个开放的空间，随着这三个层面上不断涌现的问题及其不同回答，历史主义在基本内涵上也会不断充实和丰富。上述解释并没有也不可能穷尽所有历史主义者的共有观念，但是已经为我们研究历史主义国际关系理论提供了有益的分析框架。

三 国际关系理论的历史主义与"非历史主义"论战

20世纪中期，随着结构主义和科学行为主义的发展，在国际关系理论的发展进程中，围绕"历史与理论"的关系出现了一场持久的学术论战。结构主义和科学行为主义者主张建立"去历史化"的国际关系理论；而历史主义者则强烈批评结构主义和科学行为主义者的"非历史"缺陷。分歧与争论的焦点主要集中在以下三个方面。

(一)"去历史化"与建立独立性国际关系学科的努力

在国际关系学科的形成和发展之初,国际关系学者为了寻求学科的"独立性",他们会特别强调国际关系学与历史学的差异,主张将国际关系理论研究与历史研究区别开来,要求在国际关系理论研究中"去历史化"。[①] 一般来说,历史学属于人文科学的范畴,而国际关系学则被归入社会科学的领域。历史学家专注历史考据和历史解释,而国际关系学者则更加重视当代研究,同时也在努力对未来进行预测。在处理历史实践的过程中,历史学家对国际关系学者随意摆弄历史材料的做法极其不满,他们认为任何不加考证地使用历史材料都不是一种严谨的学术行为。历史学家并非不需要理论,但是无法忍受国际关系学领域层出不穷的理论。在国际关系学研究中,历史实践是根据需要而选取的素材,除此之外,不需要考虑这些素材的来龙去脉和历史传承。杰克·列维(Jack S. Levy)详细列举了历史学家和政治理论学者之间的差异:历史学家常常抱怨国际关系理论家误用历史,而国际关系理论家则经常抱怨历史学家的非理论路径;历史学家和国际关系理论家受到不同类型的研究训练,侧重不同的方法论问题,对特定第一手资料赋予不同的价值,发表在不同的期刊上,对学者有不同的评价标准,大多面对着不同的学科兴趣;历史学家描述、说明和解释单个事件或一系列以时间为基础的事件,而政治科学则是将变量和结构之间的关系归纳为社会行为的规律性命题;历史学家描述和说明一系列事件之

[①] John Lewis Gaddis, "Expanding the Data Base: Historians, Political Scientists, and the Enrichment of Security Studies," *International Security*, Vol. 12, No. 1, Summer, 1987, pp. 3 – 21; Gordon Craig, "The Historian and the Study of International Relations," *American Historical Review*, Vol. 88, No. 1, February, 1983, pp. 1 – 11; Colin Elman and Miriam Fendius Elman, eds., *Bridges and Boundaries: Historians, Political Scientists, and the Study of International Relations* (Cambridge: The MIT Press, 2001); Ian S. Lustick, "History, Historiography, and Political Science: Multiple Historical Records and the Problem of Selection Bias," *American Political Science Review*, Vol. 90, No. 3 (Sept., 1996), pp. 605 – 618; Edward Ingram, "The Wonderland of the Political Scientist," *International Security*, Vol. 22, No. 1, Summer, 1997, pp. 53 – 63.

间的联系，而政治学家则建立或检验关于变量或一类事件之间关系的普遍性理论陈述。①

(二)"非历史主义"理论及其批评者

肯尼思·华尔兹（Kenneth Waltz）的结构现实主义是国际关系理论发展史上的一个里程碑，同时也标志着国际关系理论与"历史"的正式分离。华尔兹认为理论和历史不同，"尽管理论与它试图解释的世界相关，但理论却总是停留在世界之外。'现实'既不会与理论一致，也不会与理论所代表的模型一致"。② 历史本身也是一种"现实"，但是华尔兹认为从"历史现实"中只能产生历史法则，而不会衍生出理论。他表示："理论在于解释历史法则，而不是历史法则的堆砌。理论和历史法则有着本质区别，历史法则阐明恒定不变或可能存在的联系，而理论则展示为什么会存在这些联系。"③ 在结构主义看来，"理论可以定义为一种符号结构，是一系列相互联系的假设，其中包含了定义、法则、定理和公理等"。④ 菲利普斯·夏夫利（W. Phillips Shively）将是否接受假设前提作为区分现代科学与前科学的主要依据，"前者有一组普遍接受的假设前提，许多理论都是从这组假设前提推论出来的"。⑤

华尔兹的结构现实主义将"国际政治无政府状态"作为国际政治的本质和前提假定，并且认为这一假定是恒定不变的，贯穿于整个国际关系史的始终。在此基础上，华尔兹提出，国际关系的基本类型和行为规范就

---

① Jack S. Levy, "Too Important to Leave to the Other: History and Political Science in the Study of International Relations," *International Security*, Vol. 22, No. 1, Summer, 1997, pp. 22 – 33.

② Kenneth N. Waltz, *Theory of International Politics* (Reading, Mass.: Addison-Wesley, 1979), pp. 9 – 10.

③ Kenneth N. Waltz, *Theory of International Politics*, p. 5.

④ James E. Dougherty and Robert L. Pfaltzgraff, Jr., *Contending Theories of International Relations: A Comprehensive Survey*, 5th ed. (New York: Longman, 2001), p. 23.

⑤ W. 菲利普斯·夏夫利：《政治科学研究方法》，新知译，上海人民出版社，2006，第190页。

会出现高度的相似和循环,从而使得理论可以与"历史"脱离开来。华尔兹表示:"国际政治的结构保持着高度的连续性,模型重现,事件无止境地重复。国际政治永恒的无政府特征导致了数千年来国际生活本质的显著同一性。"①

结构现实主义的"非历史"倾向很快就遭到了学者的批评。理查德·阿什利(Richard K. Ashley)认为:"以新现实主义为代表的结构主义在进程、实践、权力和政治等四个历史的维度上沉默无语。"② 罗伯特·考克斯(Robert W. Cox)也表示:汉斯·摩根索(Hans Morgenthau)和肯尼思·华尔兹等人将现实主义改造成了某种形式的问题解决理论,他们本人饱读史书,但是倾向于运用表现问题解决理论特征的行动框架,采取了静止的、非历史的观点,尽管新现实主义使用的材料来源于历史,但是其思维模式却停留在历史之外。③

当代西方国际关系理论普遍将主权国家作为国际关系研究的基本单位。1648 年的《威斯特伐利亚和约》是"创造主权国家的最后因素"。④ 于是,1648 年就成了国际关系理论的逻辑起点。英国学者巴里·布赞(Barry Buzan)和理查德·利特尔(Richard Little)对西方理论的"非历史主义"提出了质疑,他们认为:"多数国际关系学理论都被无意识地锁定在相对狭窄的欧洲和西方历史的范围之内",从而无形中穿上了"威斯特伐利亚束身衣"。⑤

然而,华尔兹却对这些围绕现实主义"非历史观"的指责不以为然,华尔兹回应说:"将历史排除在问题解决理论之外并不妨碍政治

---

① Kenneth N. Waltz, *Theory of International Politics*, p. 66.
② Richard K. Ashley, "The Poverty of Neorealism," *International Organization*, Vol. 38, No. 2, Spring, 1984, p. 258.
③ Robert W. Cox, "Social Forces, States and World Orders: Beyond International Relations Theory," in *Millennium: Journal of International Studies*, Vol. 10, No. 2, Jun. 1981, p. 131.
④ 布鲁斯·拉西特、哈维·斯塔尔:《世界政治》(第五版),王玉珍等译,北京,华夏出版社,2001,第 50 页。
⑤ 巴里·布赞、理查德·利特尔:《世界历史中的国际体系》,刘德斌等译,北京,高等教育出版社,2004,中文版序言第 1 页。

学的历史研究,谁又能怎样将历史关联到我所创建的理论类型里面去呢?"①

(三) 科学行为主义与历史主义之争

科学行为主义和历史主义之争是国际关系理论发展史上有名的学术论战之一。历史主义坚持采用传统的历史方法来发展理论;而科学行为主义则强调应该借鉴自然科学领域的"科学方法"来构建国际关系理论。科学行为主义特别推崇物理学、生物学、心理学、统计学和数学等自然科学的研究方法。例如,理查德·斯奈德(Richard C. Snyder)等人利用心理学方法研究外交决策理论;② 卡尔·多伊奇(Karl W. Deutsch)借鉴数学和控制论研究方法提出了一体化理论;③ 莫顿·卡普兰(Morton A. Kaplan)借鉴生物学方法研究了国际体系的变迁;④ 托马斯·谢林(Thomas C. Schelling)借鉴数学和博弈论的方法研究了国际冲突和谈判战略;⑤ 辛格和斯莫尔(Melvin Small)等人则借鉴统计学方法展开了"战争相关性"(COW, The Correlates of War)项目的研究。⑥

---

① Kennth N. Waltz, "Reflections on Theory of International Politics: A Response to My Critics," in Robert O. Keohane, ed., *Neorealism and Its Critics* (New York: Columbia University Press, 1986), p. 339.

② Richard C. Snyder, et al., *Foreign Policy Decision-Making* (New York: Palgrave Macmillan, 2002).

③ Karl W. Deutsch, et al., *Political Community and the North Atlantic Area: International Organization in the Light of Historical Experience* (Princeton, N. J.: Princeton University Press, 1957).

④ Morton A. Kaplan, *System and Process in International Politics* (New York: John Wiley & Sons, 1957).

⑤ Thomas C. Schelling, *The Strategy of Conflict* (New York: Oxford University Press, 1963); Thomas C. Schelling, *Arms and Influence* (New Haven: Yale University Press, 1968).

⑥ J. David Singer, ed., *The Correlates of War, Vol.* I, II, *Research Origins and Rationale* (New York: Free Press, 1979); J. David Singer and Paul F. Diehl, ed., *Measuring the Correlates of War* (Ann Arbor: University of Michigan Press, 1990); J. David Singer and Melvin Small, *The Wages of War, 1816 - 1965: A Statistical Handbook* (New York: John Wiley & Sons, 1972); Melvin Small and J. David Singer, *Resort to Arms: International and Civil Wars*, 1816 - 1980 (Beverly Hills: Sage Publications, 1982); J. David Singer and Richard J. Stoll, ed., *Quantitative Indicators in World Politics: Timely Assurance and Early Warning* (New York: Preager, 1984).

科学行为主义力图根据自然科学的研究路径来解释研究的现象；而历史主义则希望从历史研究中寻找理解现象的意义。科学行为主义研究方法相对应的是解释性理论，解释性理论的基础是寻求把若干主题统一起来，寻求理解人类行为的原因，以及发现支配人们或集体（包括国家、联合体或同盟）在特定环境下的行为规律；历史主义研究方法相对应的是诠释性理论或者说理解性理论，理解意味着经验和诠释，例如重大事件的当事人是如何看待当时的情况的。[1] 布鲁斯·拉西特（Bruce Russett）等人表示，科学的研究方法就是把对国际关系或国际政治研究与国际历史研究区别开来。[2] 爱德华·卡尔（Edward Carr）对此不以为然，他认为"现实主义者的'科学假设'：现实是历史进化的整个进程。哲学家的任务就是调查和揭示这一进程的规律。历史进程之外不存在现实"。[3]

莫顿·卡普兰借鉴生物学和系统论的研究方法来研究国际关系理论，他认为历史是一个实验室，是检验国际关系理论的大熔炉，而国际关系理论的建立则需要从历史中抽象出来。卡普兰表示，要想建立国际关系理论，"就需要使用分析工具将国际行为的材料从传记或历史情境中系统地抽象出来，然后把它们组成一个由恒定命题构成的统一整体"。[4] 然而，在历史主义者看来，社会科学和自然科学有着本质的区别，自然科学的研究方法并不完全适用于负责的人类社会研究。

在卡尔的历史主义研究方法中，他特别强调历史归纳法的运用，卡尔表示：国际关系理论的建构，"首先需要收集数据，并对数据进行归类和分析，从而得出结论"。[5] 然而，在华尔兹看来，这种历史主义的归纳法和经验的逻辑无法建构理论，理论已越来越远离我们的直觉经验。因为统

---

[1] James E. Dougherty and Robert L. Pfaltzgraff, Jr., *Contending Theories of International Relations: A Comprehensive Survey*, p. 23.
[2] 布鲁斯·拉西特、哈维·斯塔尔：《世界政治》（第5版），第27页。
[3] 爱德华·卡尔：《20年危机（1919—1939）：国际关系研究导论》，秦亚青译，北京，世界知识出版社，2005，第65页。
[4] Morton A. Kaplan, *System and Process in International Politics*, p. 3.
[5] 爱德华·卡尔：《20年危机（1919—1939）：国际关系研究导论》，第5页。

计是无穷无尽的,归纳总是不完整的;而经验常常误导我们。"除了描述性内容外,理论还包含着理论观,理论不可能仅仅通过归纳来建构,因为理论观只能被发明而不能被发现。"①

历史主义与非历史主义之争不仅没有加深二者之间的分歧和裂痕,相反,通过这场学术论战,双方都开始正视对方,开始意识到相互倚重和开展综合性研究的必要性。于是,这场论战的结果促进了历史与理论的综合研究。

四 国际关系理论:走向历史与理论的综合

尽管历史与理论一度出现了分歧和裂痕,但是二者之间的界限并非不可逾越。首先,在学者身上,并非所有的学者都是明确的历史主义者或者非历史主义者。例如,汉斯·摩根索通常被认为是历史主义者,但是摩根索首先开创了国际关系理论的科学研究方法。摩根索强调在历史的进程中研究国际政治,并且明确表示:"我和马丁·怀特(Martin Wight)的理论轨迹都是历史的,而正是这种历史轨迹使得我们与当前国际关系理论中时髦的理论区别开来。"② 摩根索的传统现实主义理论一方面提出了国际政治的本质,或者说是国际现象的普遍性规律的现实主义六原则;另一方面,他又同时强调这种理论不是先验的和抽象的,而是经验的和切乎史记的。③

其次,科学行为主义强调定量研究,而历史主义者则多采用定性研究,但是定量研究和定性研究在科学行为主义与历史主义的研究中并不存在天然的界限。历史主义和科学行为主义理论都重视对历史案例的定量统

---

① Kenneth N. Waltz, *Theory of International Politics*, p. 5.
② Hans J. Morgenthau, *Truth and Power: Essays of a Decade, 1960 – 1970* (New York: Praeger Publishers, 1970), p. 252.
③ Hans J. Morgenthau, *Politics Among Nations: The Struggle for Power and Peace*, 6th (New York: Alfred A. Knopf, 1985), pp. 4 – 14.

计和分析。对此,达里奥·巴蒂斯特拉(Dario Battistella)进一步区分了定量分析法和形式分析法的不同,他认为定量分析法和定性分析法都属于经验主义科学范畴;而形式分析法则与数学或逻辑学一样,是一种非经验主义科学。① 而波普尔则明确指出,科学行为主义和历史主义根本就不存在对立,历史主义之中同时包含着科学行为主义和非科学行为主义两种方法,一种是承认物理学方法在社会科学中具有适用性的"亲自然主义的"或者说是"实证的"历史主义;反之则被称为"反自然主义的"或者是"否定的"历史主义。②

最后,我们可以清晰地看到,学术界更多的声音则是呼吁历史与理论的联姻,强调历史与理论的综合性研究。保罗·施罗德(Paul W. Schroeder)等人研究了历史与新现实主义理论的关系,他们发现,即便是宣称要"去历史化"以及被屡屡批判为"非历史主义"的新现实主义,也并没有完全摆脱历史的束缚。③ 1997年,美国的《国际安全》(夏季号)期刊专门邀请了一批知名的国际关系学者就历史与国际关系理论之间的关系进行主题研讨,尽管学者们都承认历史与国际关系理论之间存在差异,但是都主张不应该因为这种差异将二者完全隔离开来,而历史与理论的结合才是国际关系研究的发展方向。施罗德仔细区别了历史经验与国际关系理论之间的关系,认为只有那些"适用"的经验才能发展成为理论。④ 约翰·加迪斯(John L. Gaddis)详细分析了历史与国际关系理论的共同基础,⑤ 科林·埃尔曼

---

① 达里奥·巴蒂斯特拉:《国际关系理论》,潘革平译,北京,社会科学文献出版社,2010,第61页。

② 卡·波普尔:《历史主义的贫困》,第46页。

③ Paul W. Schroeder, "Historical Reality vs. Neo-realist Theory," *International Security*, Vol. 19, No. 1, Summer 1994, pp. 108 – 148; Colin Elman and Miriam Fendius Elman, "Correspondence: History vs. Neo-realism: A Second Look," *International Security*, Vol. 20, No. 1, Summer 1995, pp. 182 – 193.

④ Paul W. Schroeder, "History and International Relations Theory: Not Use or Abuse, but Fit or Misfit," *International Security*, Vol. 22, No. 1, Summer, 1997, pp. 64 – 74.

⑤ John Lewis Gaddis, "History, Theory, and Common Ground," *International Security*, Vol. 22, No. 1, Summer, 1997, pp. 75 – 85.

(Colin Elman)等人集中讨论了外交史和国际关系理论的基本特点及其异同,提出了二者相互借鉴的基本路径。① 此外,特别需要指出的是,冷战的和平结束使得几乎所有的国际关系理论都措手不及,而首先预测到冷战可能以和平方式结束的学者却是历史学家约翰·加迪斯。② 对此,加迪斯指出,历史学者和国际关系学者应该联起手来,综合运用国际关系理论指导冷战史的研究以及从中寻找新的国际关系理论。③

历史与理论之争最终使得历史与国家关系理论的综合性研究成为一种共识并非偶然,因为历史与国际关系理论之间有天然的内在联系,这种联系主要体现在以下四个方面。

第一,从学科发展史上看,历史学是国际关系学的渊源学科之一。国际关系学是一门新兴学科,每当我们追溯国际关系学的起源之时,都会不约而同地将目光投向历史学。斯坦利·霍夫曼(Stanley Hoffmann)表示:"确切地说,我们将我们的学科始祖溯源到修昔底德(Thucydides),就像政治学家们将他们的始祖追溯为亚里士多德(Aristotle)一样。但是,修昔底德是一个历史学家。"④ 王逸舟也表示,国际政治学的思想源泉"首推希腊历史学家修昔底德及其不朽作品《伯罗奔尼撒战争史》"。⑤ 爱德华·卡尔是一名地地道道的历史学家,专攻苏俄史,但是卡尔却被认为是国际关系学形成的标志性人物。卡尔的著作《二十年危机(1919—1939):国际关系研究导论》"很像一部教科书和历史作品"。⑥ 在肯尼

---

① Colin Elman, Miriam Fendius Elman, "Diplomatic History and International Relations Theory: Respecting Difference and Crossing Boundaries," *International Security*, Vol. 22, No. 1, Summer, 1997, pp. 5 - 21; Stephen H. Haber, David M. Kennedy and Stephen D. Krasner, "Brothers under the Skin: Diplomatic History and International Relations," *International Security*, Vol. 22, No. 1, Summer, 1997, pp. 34 - 43.
② John L. Gaddis, "How the Cold War Might End," *The Atlantic*, Vol. 260, Issue 5, Nov., 1987, p. 88 - 100.
③ John L. Gaddis, "International Relations Theory and the End of the Cold War," *International Security*, Vol. 17, No. 3, Winter, 1992 - 1993, pp. 5 - 58.
④ Stanley Hoffmann, "An American Social Science: International Relations," p. 41.
⑤ 王逸舟:《西方国际政治学:历史与理论》,北京,中国社会科学出版社,2007,第22页。
⑥ 王逸舟:《西方国际政治学:历史与理论》,第65页。

思·汤普森（Kenneth W. Thompson）列举的18位20世纪国际思想大师和主要理论家中，赫伯特·巴特菲尔德（Herbert Butterfield）、爱德华·卡尔、乔治·凯南（George Kennan）、小路易斯·哈利（Louis Halle, Jr.）、阿诺德·汤因比（Arnold Toynbee）等人首先是历史学家，其次才是国际关系理论学家。①

第二，从研究范围来看，历史实践尤其是国际关系史和外交史是国际关系学研究的主要对象之一。国际关系学是历史学、政治学、哲学、社会学等人文社会科学的交叉学科，跨学科研究是国际关系学的典型特征。② 历史学和国际关系学的交集就是国际关系史和外交史。宋新宁等人认为，"在中国，国际政治学作为一门新兴学科，广义地理解包含有国际关系理论、国际关系史和当代国际政治问题三个基本组成部分"。③ 国际关系学的研究对象是国家间的关系，而国家间的关系自古就有，因此，国家间关系和外交的历史实践就是国际关系学的研究对象之一，在怀特看来，历史是国际关系至少在相当长的一段时间的全部内容，这就形成了著名的"国际政治＝历史阐释"或者"国际政治＝历史哲学"的公式。④ 但是在大多数学者眼中，历史尤其是国际关系史是国际关系学研究的焦点之一。⑤ 国内学者时殷弘等人关注到了历史对国际关系的影响。⑥ 戴维·辛格（J. David Singer）提出将历史实践作为国际关系学研究的重要方向和路径。⑦ 然而，

---

① Kenneth W. Thompson, *Masters of International Thought: Major Twentieth-Century Theorists and the World Crisis* (Baton Rouge: Louisiana State University Press, 1980).
② Tim Dunne et al., eds., *International Relations Theories: Discipline and Diversity* (Oxford: Oxford University Press, 2007).
③ 宋新宁、陈岳：《国际政治学概论》，北京，中国人民大学出版社，2000，第2页。
④ Martin Wight, "Why is there no International Theory?" in James Der Derian, ed., *International Theory: Critical Investigations* (London: Macmillan, 1995), p.32.
⑤ 王逸舟：《西方国际政治学：历史与理论》，第12页。
⑥ 时殷弘：《关于国际关系的历史理解》，《世界经济与政治》2005年第10期，第20—25页；张文木：《历史逻辑与国际政治》，《世界经济与政治》2004年第1期，第27—28页；张鸿石：《论历史对国际政治的影响》，《世界经济与政治》2003年第11期，第47—51页。
⑦ J. David Singer, "The Historical Experiment as a Research Strategy in the Study of World Politics," *Social Science History*, Vol.2, No.1, Autumn, 1977, pp.1–22.

并非所有的国际关系史和外交史著作都可以纳入国际关系学领域,只有那些在史学研究中进行了国际关系或外交理论创新的著作才会得到国际关系学的认可。例如,马汉(A. T. Mahan)的《海权在历史上的影响(1660—1783)》通过对海战史的研究提出了海权论;[1] 保罗·肯尼迪(Paul Kennedy)的《大国兴衰》通过历史比较提出了大国兴衰的理论;[2] 格雷厄姆·艾利森(Graham T. Allison)等人的《决策的实质:解释古巴导弹危机》通过对古巴导弹危机期间外交史的研究提出了决策理论。[3] 杰克·列维(Jack S. Levy)强调在国际关系研究中要加强历史学和政治科学的综合性研究。[4] 亚历山大·乔治(Alexander L. George)强调在对外政策研究中要加强历史学和政治学之间的相互借鉴及其跨学科研究。[5] 雷蒙·阿隆(Raymond Aron)从社会学的角度研究国际关系,形成了国际关系历史社会学。[6] 斯蒂芬·霍布登(Stephen Hobden)等人在多个层面尝试将历史社会学引入国际关系学中,倡导构建新的国际社会学或历史世界社会学。[7] 尽管国际关系研究更加关注当代和未来,但是在张鸿石看来,历史的惯性、趋向性、渗透、整合和召唤作用对当代和未来的国际关系有着深刻的影响。[8]

---

[1] A. T. Mahan, *The Influence of Sea Power Upon History*, 1660-1783 (Boston: Little, Brown and Company, 1890).

[2] Paul Kennedy, *The Rise and Fall of the Great Powers: Economic Change and Military Conflict form 1500 to 2000* (New York: Random House, 1987).

[3] Graham T. Allison and Philip Zelikow, *Essence of Decision: Explaining the Cuban Missile Crisis* (New York: Longman, 1999).

[4] Jack S. Levy, "Too Important to Leave to the Other: History and Political Science in the Study of International Relations," *International Security*, Vol. 22, No. 1, Summer, 1997, pp. 22-33.

[5] Alexander L. George, "Knowledge for Statecraft: The Challenge for Political Science and History," *International Security*, Vol. 22, No. 1, Summer, 1997, pp. 44-52.

[6] Raymond Aron, *Peace and War: A Theory of International Relations*, Translated by Richard Howard and Annette Baker Fox (New York: Praeger Publishers, 1970).

[7] Stephen Hobden and John M. Hobson, *Historical Sociology of International Relations* (Cambridge: Cambridge University Press, 2002).

[8] 张鸿石:《论历史对国际政治的影响》,《世界经济与政治》2003年第11期,第47—51页。

第三，从研究方法上看，历史研究法是国际关系学的经典研究方法。国际关系学起源于历史学、哲学和政治学等学科，其最初的研究方法沿袭了历史学和哲学的研究方法。时殷弘表示："以关于国际关系的历史考察为基干，结合尤以广阔深邃的宏观思考为特征的哲理性思维，就有了所谓国际关系理论化的经典方法。"① 赫德利·布尔（Hedley Bull）对国际关系中的经典研究方法进行了深入的介绍。② 一般来说，国际关系研究中的"传统方法"或"经典方法"指的是"主要依靠判断、直觉和洞察力，依靠历史知识、甚至是个人的经历，依靠对事物的基本性质的'质'的一面的深刻感受"。③ 例如，兰克的《论列强》④、基辛格（Henry Kissinger）的《大外交》⑤、保罗·施罗德（Paul W. Schroeder）的《欧洲政治变迁（1763—1848）》等。⑥

卡尔被尊为现实主义的创始人，他的研究方法主要是历史文献分析法，"卡尔对历史文献分析方法的运用主要体现在两个方面，一是思想史和文献解析，二是历史实例列举"。⑦ 摩根索同时采取了经验和逻辑的两种方法，从历史实践中归纳出普遍规律。摩根索的历史主义方法与雷蒙·阿隆的历史社会学以及兰克的实证主义史学方法更为接近。基辛格继承摩根索的这一研究方法。当然，这种方法同样也可以追溯到被西方国际关系理论奉为始祖的修昔底德。科学行为主义代表人物戴维·辛格倡导将数学和统计学的研究方法应用到国际关系理论研究中，运用大量的数学公式和

---

① 时殷弘：《关于国际关系的历史理解》，《世界经济与政治》2005年第10期，第20—25页。
② Hedley Bull, "International Theory: The Case for a Classical Approach," in Klaus Knorr and James N. Rosenau, eds., *Contending Approaches to International Politics* (New Jersey: Princeton University Press, 1969), pp. 120 – 122.
③ 王逸舟：《西方国际政治学：历史与理论》，第65页。
④ 利奥波德·冯·兰克：《论列强（1833）》，吴征宇译，载高全喜编著《大观》（第1卷），北京，法律出版社，2010，第307—338页。
⑤ Henry Kissinger, *Diplomacy* (New York: Simon & Schuster, 1994).
⑥ Paul W. Schroeder, *The Transformation of European Politics, 1763—1848* (New York: Oxford University Press, 1994).
⑦ 胡宗山：《国际关系理论方法论研究》，北京，世界知识出版社，2007，第83页。

图表来描述了他的"影响理论"。① 这就使得"其著作和文章中大量运用数学公式和图表,玄妙得很,艰涩难懂。在借用数学、计算机科学、统计学、模型学等手段和方法研究国际关系时,故弄玄虚,越搞越数理化,这恐怕也是科学行为主义的一个共同特点"。② 然而,辛格等人很快就发现,如果没有历史的支持,数学、统计学和计算机程序将会变成无源之水、无本之木;于是,许多科学行为主义者开始转向历史,通过对历史事实的统计来寻找科学方法的原料,其中最典型的就是"战争相关性研究"。

第四,从理论的建构来看,历史经验为国际关系理论提供了重要的启示和借鉴。历史经验是国际关系理论的重要来源,历史经验本身就是一个又一个的理论假设,这些理论假设一旦被证实就可以被称为理论。石斌从思想史的视角提出,思想本身就是广义的理论;思想也是历史和理论的中介。③ 在均势理论和国际体系理论研究中,学者们更是对历史青睐有加。④ 吉尔(B. K. Gills)提出了从世界史出发构建国际关系理论的三种方法。⑤ 怀特表示:"政治学研究的知识经典是政治哲学家;但国际关系研究中唯一得到承认的经典却是修昔底德和他的一部历史著作。历史著作更多地收录和揭示了国际政治的本质以及对外交的重点关注,而不是国际关系理论或政治理论作品。"⑥

---

① J. David Singer, "Inter-Nation Influence: A Formal Model," *The American Political Science Review*, Vol. 57, No. 2, Jun., 1963, pp. 420–430.

② 倪世雄:《当代西方国际关系理论》,上海,复旦大学出版社,2001,第100页。

③ 石斌:《思想史视野与国际关系的历史和理论》,《史学月刊》2005年第6期,第11—14页。

④ Barry Buzan and Richard Little, *International Systems in World History: Remaking the Study of International Relations* (Oxford: Oxford University Press, 2000); Barry Buzan and Richard Little, "The Idea of 'International System': Theory Meets History," *International Political Science Review*, Vol. 15, No. 3, Jul., 1994, pp. 231–255; Paul W. Schroeder, "Quantitative Studies in the Balance of Power: An Historian's Reaction," *Journal of Conflict Resolution*, Vol. 21, No. 1, March 1977, pp. 3–22; Paul W. Schroeder, "The Nineteenth Century System: Balance of Power or Political Equilibrium," *Review of International Studies*, Vol. 15, No. 2, April 1989, pp. 135–153.

⑤ B. K. Gills, "International Relations Theory and the Processes of World History: Three Approaches," in Hugh C. Dyer, ed., *The Study of International Relations: The State of Art* (New York: St. Martin Äs Press, 1989).

⑥ Martin Wight, "Why is There No International Theory," in James Der Derian, ed., *International Theory: Critical Investigations*, p. 31.

总的来说，国际关系学科发展指出，国际关系理论开始从历史哲学中独立出来，从理性主义的所谓"规范化研究"向现实主义的"历史—经验研究"过渡。① 经过了20世纪六七十年代的传统主义与科学主义之争，历史主义开始成为国际关系理论的研究方向，"在受'社会科学'支配的漫长而黑暗的冬天期间，寻求传统的历史和哲学思考的温暖"。②

综合来看，历史主义在国际关系理论中的重要性已经取得了广泛的共识，但是对于历史主义国际关系理论始终没有得到系统的研究和阐述。存在的主要问题有三个：首先是没有严格区分历史经验、历史实践和历史方法等，从而混淆了历史与国际关系理论的联系，使得学者之间的争论出现了"聋子的对话"，因为他们所定义的历史内涵与范畴不同；其次是没有从学科发展源流上区分历史学、历史哲学和历史社会学对于国际关系理论研究的差异，尤其是历史社会学融合了历史学、政治学和社会学三个学科，呈现出更加多元化的研究方向；最后是没有从本体论、认识论和方法论上区分历史主义，或者是简单地将历史主义视为其中一个单一的组成部分，例如，很多学者会将历史主义简单地等同于历史研究方法甚至是历史决定论。

五 中国学者与历史主义国际关系理论研究

中国是一个有着数千年悠久历史的文明古国，早在春秋战国时期，中国体系内的各个诸侯国、王国和藩属国之间就存在着复杂而频繁的国家间互动，这些国家间的互动为我们提供了丰富的研究素材，而同时代的先哲们也早就对国家间关系进行了深入的论述。历史主义赋予了中国学者鲜明的理论特色，主要体现在三个方面。

第一，历史实践是构建国际关系理论的起点和基石。数千年来，在中

---

① 王逸舟：《西方国际政治学：历史与理论》，第45页。
② Hedley Bull, "The Theory of International Politics," in James Der Derian, ed., *International Theory: Critical Investigations*, p. 201.

国区域曾经出现了多个大大小小的独立政治实体,这些政治实体之间的互动构成了中国体系内的国家间关系与外交实践,总结这些历史实践不仅可以为我们提供新的理论假设,同时也可以对当代国际关系理论进行实践和事实检验。秦亚青认为,"儒家文化的天下观和朝贡体系的实践"是中国学派国际关系理论的思想和实践渊源之一。① 时殷弘表示:"国际关系研究基于历史理解。这一原理寓于国际关系考察和思索的悠久历史,或曰国际关系考察和思索的悠久传统。"②

第二,历史文化是构建国际关系理论的思想来源。自有文字记载以来,中国的先哲们就在思考"天下"范围内的政治治理,这些着眼于"天下"的思考无疑对我们今天探索世界性问题有着巨大的借鉴意义。詹姆斯·多尔蒂(James Dougherty)和小罗伯特·普法尔茨格拉夫(Robert Pfaltzgraff, Jr.)表示,墨子、孟子、孔子和商鞅的著述都在尝试着从理论上阐述国家间关系的本质,③ "从和平主义到和平理论,到好战学说或战争理论,古代中国提出了大量的理论学说"。④ 费正清(John Fairbank)等人则认为,中国古代甚至还出现了"国际政治学的初级学科"。⑤

第三,历史方法是中国学者较为熟悉的传统研究方法,同时也是读者最容易接受的研究方法。近年来,国内学者纷纷转而关注历史与国际关系理论的综合性研究。阎学通等人基于中国传统道义思想提出了道义现实主义理论。秦亚青教授指出:"可以把实证主义、理解学派结合起来。如何结合呢?有一种办法,可以称之为'融合术',从历史的大时段中研究国际体系的发展和变革。但是解释历史是什么,就要解释人,人是推动历史

---

① 秦亚青:《国际关系理论中国学派生成的可能和必然》,第5—9页。
② 时殷弘:《关于国际关系的历史理解》,《世界经济与政治》2005年第10期,第20—25页。
③ James E. Dougherty and Robert L. Pfaltzgraff, Jr., *Contending Theories of International Relations: A Comprehensive Survey*, p. 8.
④ James E. Dougherty and Robert L. Pfaltzgraff, Jr., *Contending Theories of International Relations: A Comprehensive Survey*, pp. 195–196.
⑤ John K. Fairbank ed., *World Order: China's Foreign Relations* (Cambridge, Massachusetts: Harvard University Press, 1968), pp. 278–279.

发展的，把人融合到国际关系研究中去，这显然是一种方法。像华尔兹的'非历史'研究，现在看来局限性确实很大。"① 王正毅教授则明确指出："国际关系理论的创造，说到底其实是理解、解释国际关系历史以及现实的'话语'世界的创造。"② 唐世平也表示："国际政治理论是基于对人类社会发展的理解提炼而来的，因此，这种理论的产生脱离不了对历史的理解、抽象归纳、形成假说，然后经过历史的印证和未来的检验最终成为一个理论体系。也就是说，国际政治理论一定是'历史的'。"③ 在历史学界，也有学者对历史与国际关系理论分离的现象进行了批评。李世安发现："在历史编撰和史学理论研究过程中，不重视对国际关系的研究，较少收集国际关系的研究成果，很少研究国际关系方面的理论。"④

从中国的传统文化和历史实践出发是构建国际关系理论的重要方向或者突破口，这就需要我们遵循历史主义范式，将中国历史与国际关系理论研究结合起来。中国的历史实践和传统思想在诸多方面对当代国际关系理论提出了挑战，这也成为我们构建国际关系理论的重要来源。

近年来，国内学者越来越多地将目光转向中国古代历史和思想传统，试图从中发掘国际关系思想的当代价值，开启了中国的历史主义国际关系研究。当前，国内的历史主义国际关系研究路径主要有三类。

一是"政治哲学路径"，即从政治哲学层面研究中国古代国际关系思想、制度和体系。赵汀阳从制度哲学出发，深入研究了天下理念的理论价值和天下体系的制度内涵。"从理论上看，天下理念创造了一个容量最大的政治分析框架，一种容量最大的政治知识论，它提供了政治的世界尺度和世界性眼光，同时提供了一套容量最大的政治分析单位。所有的政治问题，无论是世界政治、国际政治还是国家政治，都可以在天下理论的框架

---

① 秦亚青：《第三种文化：国际关系研究中科学与人文的契合》，《世界经济与政治》2004年第1期，第20页。
② 王正毅：《国际关系理论创造的三个难题》，《世界经济与政治》2003年第4期，第71页。
③ 唐世平：《国际关系理论的时代性》，《中国社会科学》2003年第3期，第144页。
④ 李世安：《历史学与国际关系学——略论国际关系研究中的几个重要问题》，《河南师范大学学报》（哲学社会科学版）2004年第1期，第102页。

内统一地被分析。"① 赵汀阳将天下体系视为最理想的世界制度,以此来弥补西方哲学缺乏世界分析单位的缺陷,并将天下体系的基本观念、原则和现代社会的世界治理、国际政治逻辑联系起来。"从理论上说,天下理论改造了政治学/政治哲学的理论结构,超越了西方政治哲学的分析框架。天下理论增加了'世界理论/国际理论/本国理论',并且改变了对政治问题的解释方式,其中,世界理论是基础理论,它支配着国际理论和本国理论的解释。"② 天下体系作为世界政治制度的概念和命题引起了西方国际关系学术界的关注和讨论。③ 支持者认为天下体系是未来世界稳定秩序的希望,反对者则表示这是中国世界帝国梦想的复苏。无论持何种观点,很多西方学者开始将天下体系作为当代国际关系理论知识谱系的一部分。

二是"外交史路径",即从中国古代国家间外交史的层面研究中国古代国际关系的思想、观念、规则和演变发展史,这一研究路径主要以北京大学叶自成教授及其影响下的青年学者为主,我们可以称之为中国国际关系思想研究中的"北大路径"或"北大学派"。叶自成教授是试图从中国传统文化中探寻国际关系理论的先行者。早在1994年叶自成就对国内国际关系学界研究和推崇西方理论提出质疑:"当有些学者在得出地缘政治的理论发源于西方的结论时,我不知道他们是否认真地思考过这样一些问题:中国古代有没有过地缘政治?远交近攻、连横破纵是否可以称为地缘战略?"④ 在这期间,中国古代国际关系思想研究基本上还是他"一个人的精彩",因为国内质疑中国古代国际关系思想存在的观点是主流。叶自成等人一方面通过比较中国古代国际关系思想与当代国际关系理论,试图寻找二者的异同点;另一方面还运用当代国际关系理论的基本框架来解释

---

① 赵汀阳:《坏世界研究:作为第一哲学的政治哲学》,北京,中国人民大学出版社,2009,第120页。
② 赵汀阳:《天下体系:世界制度哲学导论》,南京,江苏教育出版社,2005,第32页。
③ 柯岚安:《中国视野下的世界秩序:天下、帝国和世界》,徐进译,《世界经济与政治》2008年第10期,第49—56页;A.乐比雄:《在时间与历史中寻找跨文化秩序——对赵汀阳"天下体系"的一些评论》,陆丁译,《世界哲学》2008年第6期,第98—109页。
④ 叶自成主编《地缘政治与中国外交》,北京出版社,1998,第6页。

中国古代国家间关系及其外交史。①

三是"思想史路径",即从中国古代思想史层面研究其中的国际关系思想及其当代理论价值,这一研究路径以清华大学阎学通教授及其影响下的青年学者为主,我们可以称之为中国国际关系思想研究中的"清华路径"或"清华学派"(The Tsinghua Approach)。阎学通等人希望通过研究先秦国际政治思想创建新的国际关系理论。他们的研究可以分为三个阶段。第一个阶段,可以说是先秦国际政治思想研究的初级阶段,就是通过选读先秦文献提炼相关的国际关系理论感想。他们选取了《管子》《老子》《墨子》《荀子》《韩非子》《尚书》《左传》《国语》《四书》《战国策》《吕氏春秋》《武经七书》和《大戴礼记》等先秦典籍进行选译并撰写了国际关系思想导读,提炼了国际关系理论的相关警句。② 第二个阶段是中级阶段,即通过精读先秦文献提炼相关的国际关系思想并将之与西方国际关系理论进行比较。他们研究了管子的霸业思想、老子的小国寡民思想、孔子的仁德取天下思想、墨子的集体理性和非攻思想、墨子的仁政治天下思想、荀子的等级秩序思想、韩非子的实力至上思想、《左传》中的国家间干涉思想、《礼记》中的和谐世界思想、《战国策》中的霸权思想、《吕氏春秋》中的战争杂学思想等。③ 第三个阶段

---

① 叶自成:《春秋战国时期的中国外交思想》,香港社会科学出版社有限公司,2003;叶自成等:《华夏主义:华夏体系500年的大智慧》,北京,人民出版社,2013;叶自成、庞珣:《中国春秋战国时期的外交思想流派及其与西方的比较》,《世界经济与政治》2001年第12期,第24—29页;叶自成、王日华:《春秋战国时期外交思想流派》,《国际政治科学》2006年第2期,第113—132页;王日华:《历史主义与国际关系理论:先秦中国体系研究》,广东人民出版社,2013;胡波:《古代东亚国际关系体系的肇始》,《外交评论(外交学院学报)》2008年第1期,第50—59页;孙力舟:《西汉时期东亚国际体系的两极格局分析——基于汉朝与匈奴两大政治行为体的考察》,《世界经济与政治》2007年第8期,第17—25页;王日华:《中国传统的国家间信任思想及其启示》,《世界经济与政治》2011年第3期,第100—121页;王日华:《国际体系与中国古代国家间关系研究》,《世界经济与政治》2009年第12期,第58—68页;王日华:《先秦国家利益论及其对当代中国外交的影响》,《世界经济与政治》2012年第11期,第136—154页;王日华:《古代中国体系的基本单位、结构及其特征》,《国际政治研究》2009年第2期,第44—57页;王日华:《孔子主义国际关系理论与中国外交》,《现代国际关系》2011年第5期,第47—54页;王日华、漆海霞:《春秋战国时期国家间战争相关性统计分析》,《国际政治研究》2013年第1期,第103—120页。
② 阎学通、徐进编《中国先秦国家间政治思想选读》,上海,复旦大学出版社,2008。
③ 阎学通、徐进等:《王霸天下思想及启迪》,北京,世界知识出版社,2009。

是高级阶段，也是理论创新阶段。阎学通比较了先秦国家间政治思想流派的异同，开始提炼出与西方国际关系理论不同的因果论述，可以说他已经迈出了创建新理论的第一步。①

当然，政治哲学、思想史和外交史三种研究路径的区分是相对的，很多学者在三者之间游动，综合运用多种研究途径。② 在历史学领域，也有一些从民族关系史、邦交史、制度史和思想史层面的研究成果，但是大都没有结合国际关系理论框架。③ 相对而言，一些国外学者在研究中国古代国际关系史的过程中能够将国际关系理论与中国古代史较好地结合。④

---

① 阎学通：《先秦国家间政治思想的异同及其启示》，《中国社会科学》2009年第3期；阎学通：《道义现实主义的国际关系理论》，《国际问题研究》2014年第5期；周方银：《朝贡体制的均衡分析》，《国际政治科学》2011年第1期；Zhang Feng, "The Tsinghua Approach and the Inception of Chinese Theories of International Relations," *The Chinese Journal of International Politics*, Vol. 5, No. 1, Spr., 2012, pp. 95 – 96。

② 时殷弘：《帝国的病变、中兴和衰毁——〈汉书〉政治/战略解读》，《世界经济与政治》2014年第1期，第142—155页；时殷弘：《周族的崛起、创新和奋斗——民族特性/政治文化塑造和"改换天下"大战略进程》，《国际展望》2013年第6期，第1—12页；时殷弘：《武装的中国：千年战略传统及其外交意蕴》，《世界经济与政治》2011年第6期，第4—32页；时殷弘：《从"朝贡和平"到决战决胜：汉初80年的帝国对外历程》，《文化纵横》2011年第3期，第120—123页；董承婷：《盛唐对外关系及其国际政治思想研究》，华中师范大学硕士学位论文，2008年；宁雷明：《外交政策分析理论和中国古代外交实践》，外交学院硕士学位论文，2004年。

③ 何茂春等：《中国历代外交家》，北京，中国经济出版社，1993；裴默农：《春秋战国外交群星》，重庆出版社，1994；黎虎：《汉唐外交制度史》，兰州大学出版社，1998；徐杰令：《春秋邦交思想述论》，《求是学刊》2003年第1期；张云筝：《宋代外交思想研究》，河南大学博士学位论文，2010年。

④ Richard L. Walker, *The Multi-State System of Ancient China* (Hamden: The Shoe String Press, 1953); Chi Lu Chiang, *The Scale of War in the Warring States Period*, Ph. D. dissertation, Columbia University, 2005; Shui-Lung Tsang, *War and Peace in Northern Sung China Violence and Strategy in Flux*, 960 – 1104 A. D., Ph. D. dissertation, The University of Arizona, 1997; Claudio Cioffi-Revilla and David Lai, "War and Politics in Ancient China, 2700 B. C. to 722 B. C.: Measurement and Comparative Analysis," *The Journal of Conflict Resolution*, Vol. 39, No. 3, Sept., 1995, pp. 467 – 494; Claudio Cioffi-Revilla and David Lai, "War and Politics in Ancient China, 2700 B. C. to 722 B. C.: Measurement and Comparative Analysis," *The Journal of Conflict Resolution*, Vol. 39, No. 3, Sep., 1995, pp. 467 – 494; Gerald Chan, "The Origin of the Interstate System: The Warring States in Ancient China," *Issues and Studies*, Vol. 35, No. 1, February, 1999, pp. 147 – 166; Cho-Yun Hsu, *War and Peace in Ancient China: The History of Chinese Interstate/International Relations*, The Woodrow Wilson Center Asia Program Occasional Paper, Number 75, October 3, 1997.

总之，当代国际关系理论具有鲜明的时代特征和地域特征，如果说科学主义是美国学派的理论特色，社会建构是英国学派的理论特色，那么历史主义就是中国学派的理论特色。毛泽东曾明确表示："学习我们的历史遗产，用马克思主义的方法给以批判的总结，是我们学习的另一任务。我们这个民族有数千年的历史，有它的特点，有它的许多珍贵品。对于这些，我们还是小学生。今天的中国是历史的中国的一个发展；我们是马克思主义的历史主义者，我们不应当割断历史。从孔夫子到孙中山，我们应当给以总结，承继这一份珍贵的遗产。这对于指导当前的伟大运动，是有重要帮助的。"① 中国学者应扛起历史主义大旗，坚持理论自信和理论自觉，担负起建构历史主义国际关系理论的重任。

六 结论：探寻国际关系理论谱系中的历史主义

历史主义作为一种基本的范式在国际关系理论谱系中并没有得到很好的顺理和研究，大多学者尽管都会用到历史主义的研究方法，甚至以历史主义作为主要研究路径，但是很少有学者明确将自己或研究成果纳入历史主义流派中去。

如果我们从国际关系学科发展的母体划分出政治学传统、历史学传统和哲学传统三种主要方法论来源，根据国际关系理论本体论和认识论来比较不同的国际关系理论范式，大致可以描述如下。

从图1中我们可以看出，哲学、历史学和政治学作为三大国际关系学的母体，分别带来了国际关系理论的三大基本研究范式。马克思主义包括新马克思主义、建构主义、后现代主义以及中国学者提出的天下主义，都遵循了哲学传统，从哲学层面探讨国际关系理论。现实主义包括以摩根索为代表的传统现实主义和以米尔斯海默为代表的进

---

① 《毛泽东选集》（第二卷），北京，人民出版社，1991，第534页。

攻性现实主义、历史主义、世界体系论和地缘政治论等都是以历史视角作为建构理论的起点。以沃尔兹（又译作华尔兹）为代表的新现实主义、以基欧汉为代表的新自由主义、理想主义和民主和平论等流派，则遵循了政治学研究的基本方法和原则。英国学派的理论和学术观点总体而言偏向历史学传统，但是同时融合了历史社会学、哲学和政治学的因素。

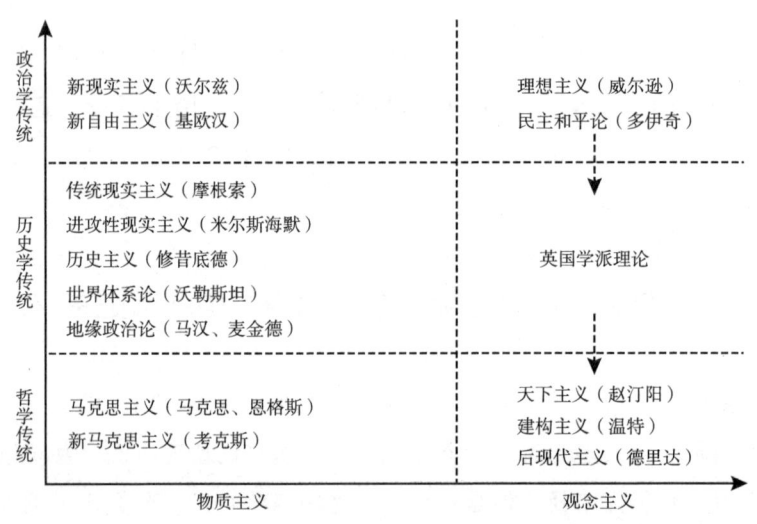

图1 国际关系理论本体论和方法论分类

从本体论和认识论的角度看，马克思主义、现实主义、新自由主义、历史主义、世界体系论和地缘政治论等流派都强调物质重要性。马克思主义将物质视为第一性，将所有的分析对象都纳入物质的范畴。其他的理论流派都承认物质的重要性，但是对不同物质要素的偏好和重视程度大不相同。理想主义、建构主义、后现代主义、天下主义和英国学派的理论均坚持观念影响的不可忽视性，认为正是不同的观念塑造了不同的行为及其后果，从而导致了国际关系的现状并决定或影响了国际社会未来发展的趋势。

最后，需要指出的是，将任何一位学者或研究成果贴上理论流派的标签都是不恰当的，但是知识谱系的梳理和发展的确赋予了他们不同的特征，也正是这些不同的特征在很大程度上丰富和发展了国际关系理论体系。我们将历史主义放入国际关系知识谱系中进行分析，仅仅是开展历史主义国际关系理论研究的第一步，我们期待着更多的学者自觉运用历史主义发展和建构新的理论。

美国视角下的霸权衰退[*]

——基于对 1999—2015 年《外交》刊文的研究

赵 华 杨夏鸣◎

【内容提要】 大国兴衰是国际关系研究的核心议题之一,关于美国霸权的讨论则是贯穿战后国际关系史的重要线索。冷战结束特别是美国卷入全球反恐战争和金融危机以来,美国国内再次出现新一波关于霸权问题的争论。对于该问题美国国内分歧很大。本文试图以美国 1999—2015 年《外交》杂志作为研究对象,从相关刊文出发,讨论美国精英如何看待美国的霸权衰退,笔者根据文章作者的身份和议题对文章进行分类,考察产生不同观点背后的原因,重点对不同观点的逻辑进行梳理和总结。通过研究发现,美国精英讨论的结果可分为"肯定衰退说""否定衰退说"和"相对衰退说"三种观点,而且作者的身份与其观点有内在联系,此外,不同作者还就具体议题进行了激烈的辩论。总体看,多数美国学者和政要持否定美国霸权已经衰退的观点。

【关键词】 美国精英 霸权衰退争论 观点梳理

【作者简介】 赵 华 江苏省行政学院世界经济与政治教研部 2013 级硕士研究生。
电子信箱:zhaohua57@163.com
杨夏鸣 江苏省行政学院世界经济与政治教研部教授。
电子信箱:xmyang1208@aliyun.com

---

* 笔者感谢《国际政治科学》编辑部专家们的评审以及对本文的诸多指导与宝贵意见。除有特别说明外,文中图表均为笔者根据统计数据制作。

美国视角下的霸权衰退

冷战结束和两极格局崩溃，造就了美国霸权①的"单极时刻"（Unipolar Moment）和所谓"历史终结"（The End of History），美国成为国际体系的唯一超级大国。然而，随着全球化、信息革命和多极化的发展，美国逐渐从冷战末的霸权巅峰衰退下来。进入21世纪以来，"9·11"恐怖袭击似乎印证了亨廷顿对美国的悲观预言，自发动全球反恐战争以来，美国将反恐作为外交战略重心，不仅深陷阿富汗、伊拉克战场，而且引发了全球的反美主义情绪，损害了其国家形象和软实力。随后，2008年的金融危机又对美国经济造成一定程度的打击，同时，以金砖国家为代表的新兴经济体亦随之崛起，这些促使"衰退论"历史循环再次浮现。关于美国的霸权问题，美国精英之间有很大分歧，与之有关的美国债务危机走向、政治僵局和极化发展等问题，都在美国引发了激烈讨论。本文试图以美国《外交》（Foreign Affairs）杂志近17年来的相关刊文为研究对象，讨论美国精英如何看待霸权衰退，并围绕相关讨论进行梳理和研究，以期把握美国主流政策精英对霸权的评述和倾向，对今后该问题的深入研究有所裨益。

一 研究思路

《外交》杂志是隶属于美国"对外关系委员会"（Council on Foreign

---

① 我国关于美国霸权的研究可谓汗牛充栋，难以穷尽。参见徐步《美战略界有关"美国衰落论"的辩论及其影响》，《现代国际关系》2014年第8期；刘世强《变革调适与美国霸权修复的深层挑战》，《国际观察》2014年第4期；李晓、李俊久《美国的霸权地位评估与新兴大国的应对》，《世界经济与政治》2014年第1期；潘亚玲《应对霸权衰落：美国中长期战略前瞻》，《美国研究》2013年第2期；王瑞平、庞中英《否认"美国衰落"：约瑟夫·奈"软实力"理论的新发展》，《当代世界与社会主义》（双月刊）2012年第3期；刘世强《霸权依赖与领导国家权力衰落的逻辑》，《世界经济与政治》2012年第5期；孔祥永、梅仁毅《如何看待美国的软实力》，《美国研究》2012年第2期；李承红《重温20世纪80年代美国学界有关"美国衰落论"的争论——兼及当下的"美国衰落论"》，《当代亚太》2011年第1期；秦亚青《权势霸权、制度霸权与美国的地位》，《现代国际关系》2004年第3期。

Relations，CFR）的刊物。对外关系委员会①是美国久负盛名的智库之一，它不仅为美国政府制定外交战略和出台外交政策提供思想和方案，还在一定程度上影响政府高层的战略决策，其主办的《外交》杂志亦是美国外交走向的指示器与风向标，扮演着"告知"（Inform）美国主流精英观点的角色。诚然，《外交》不能完全代表美国所有的国际关系期刊，选择它主要因为其在美国国际关系研究领域的学术代表地位和重要的影响力。②

本文试图对美国自卷入全球反恐战争以来的霸权衰退讨论进行梳理研究，笔者以文章主题涉及"美国权力"为标准，对20世纪末和21世纪初以来的《外交》刊文进行逐一筛选，最终确定研究样本67篇（详见附表），③从1999年第2期至2015年第3期，跨时17年。

关于美国的权力，早在两极格局结束后不久，"一超多强"的格局观即渐成共识。实际上，霸权国的含义并非我们日常所说的"以强欺弱"的"帝国主义"概念。从某种意义上讲，"一超多强"类似一种霸权体

---

① 美国对外关系委员会在1921年成立于纽约，在美苏冷战期间发挥过重要作用。其成员涵盖现任和前任官员、学者、企业家、记者或编辑和非政府组织领导人。它是对美国政府最有影响力、无明显党派倾向的智库之一。其主要职能有：通过分析、判断国际局势，确定美国的长远外交政策理念和具体外交措施；此外，培养和选拔外交人才也是其重要职能；通过会议、网站、出版物等平台讨论国际问题和美国外交政策走向，该委员会对美国外交施加着巨大的影响。《外交》杂志正是该委员会用来发挥影响力的重要手段。

② 《外交》在世界上具有极为广泛的影响。大英百科全书称其为"全世界此类杂志中最有声望的杂志之一"；"它在全世界都被看作是反映美国外交政策的非官方喉舌，几乎没有哪项美国重大政策创意，不是首先在这本刊物的文章中勾画出轮廓的"。在美国，无论左翼或右翼都承认，若想了解美国下一年的外交走向，只需读当年的《外交》，因为"无论是组稿方式，还是编审制度上，都反映出《外交》杂志鲜明的政策指向性"。《外交》的文章作者一般是著名的学者、企业家、记者、编辑、前政要和现任高官以及非政府组织领导人。而来自英国、德国、澳大利亚、日本、新加坡和中国大陆的学者也曾在其上发表过文章，体现出《外交》在讨论国际问题时融入世界眼光的趋势。在《外交》杂志上"发表的观点，如果受到业内人士的好评，往往会作为美国政府的政策或是立法再次出现，（而那些）未能通过这一'测试'的政策建议常常就被人遗忘了"。事实上，早在二战和冷战期间，众多著名学者（如罗伯特·奥本海默、罗伯特·斯卡拉皮诺、塞缪尔·亨廷顿）、政界人士（如乔治·凯南、尼克松、基辛格、布热津斯基、切斯特·鲍尔斯、康多莉扎·赖斯）都在《外交》上发表了大量文章。

③ 附表是笔者根据所研究问题，按照筛选出来的文章主题涉及美国权力的67篇刊文样本而制作，跨时17年（1999—2015），主要涉及两任四届政府。

系，美国近似霸权国。大致来说，霸权体系可分为两种：一种是权力霸权，另一种是制度霸权（国际秩序），两者的区分标准则是霸权维持机制：①前者指霸权体系和霸权秩序的维持主要依靠霸权国实力；另外，与权力霸权相对应，制度霸权指霸权体系和秩序的护持主要靠体系中的制度，制度可由一国凭借其强大的权力建立起来，但一旦建立起来，就会具有体系性特征，下文提到的约翰·伊肯伯里的自由主义国际秩序和安妮-玛丽·斯劳特的"网络世纪"就属于制度霸权。实际上，这两种霸权无法截然分开，在许多时候相辅相成，以美国为霸权国的霸权体系经历了从权力霸权向制度霸权演变的过程。

然而，如何准确衡量一国实力的大小及其变化，研究人员特别是国外学者较早提出了比较全面客观的指标，最为知名的当属以美国学者雷伊·克莱因（Ray S. Cline）命名的方程，即"克莱因方程"：$Pp = (C + E + M) \cdot (S + W)$，$Pp$ 是国力；C 为基本实体，包括国土和人口；E 为经济能力，包括 GNP、能源、非燃料物质矿物、工业生产能力、食品生产能力和对外贸易；M 为军事能力，包括核能力和常规军事能力；S 为国家战略意图；W 代表贯彻国家战略的意志。② 简言之，国家实力等于物质实力（$C + E + M$）与精神实力（$S + W$）的乘积。

但是，随着时代的进步，上述认识仅停留在对美国权力资源的简单罗列上，缺乏结构性思考。因此其后果是，某种权力资源优势的衰减或暂时下降，经常被误读为美国霸权衰退的迹象，忽视了其他权力资源优势的强化及各权力资源间的相互支持和相互转化。而且，既有认识存在着混淆权力运用和权力资源的现象，忽视了权力资源作为权力的基础与权力运用作为权力转化过程的本质区别。最后，现有认识存在着划分权力资源归属的混乱局面。基于上述分析，下面对部分美国精英关于美国霸权衰退与否的判定会参照以下权力衡量标准：国内生产总值（GDP）及占世界比重、

---

① 秦亚青：《权势霸权、制度霸权与美国的地位》，《现代国际关系》2004 年第 3 期，第 6 页。

② 王玲：《关于综合国力的测度》，《世界经济与政治》2006 年第 6 期，第 48 页。

金融实力（美元和贸易等）、科技、军事、教育、政治体制、人口结构、创新能力和外交。

二 样本分析

（一）基本情况和变化趋势

从附表可看出，文章主要涵盖共和党小布什总统两个任期（2001—2004年、2005—2008年）和民主党奥巴马总统两个任期（2009—2012年、2013—2015年），其中有的年份（如2000年和2003年）没有相关文章；有的年份虽然有，但数量极少，如2005年仅有2篇，而且这2篇专门围绕赤字和外债进行辩论；2015年仅有1篇。这说明美国人在这些年份认为霸权问题无须讨论。有的年份的相关讨论文章则相对集中，如2014年有16篇，这使我们联想到2014年国际社会发生的诸多事件。此外，有关政治议题的文章大都出现在2008年之后，这也说明金融危机对美国政治和社会体系带来了巨大影响，如贫富差距扩大、中产阶级塌陷、"茶党"和"占领华尔街"运动引发政治极化加剧等。

另外，从附表还可以看出，文章作者是围绕不同的议题讨论美国霸权是否衰退这一议题的，如2008年之前关于经济议题的文章以否认美国霸权衰退的看法居多，之后以承认美国霸权衰退的看法居多。不同身份作者的观点似乎也不相同。此外，同一作者会多次发表文章，其态度也在不断地发生变化，如前财政部副部长罗杰·奥尔特曼共发表了3篇文章（2009年、2010年和2013年），其态度由最初否认美国霸权衰退转为承认美国霸权衰退。约翰·伊肯伯里亦有3篇文章（2008年、2011年和2014年）。然而，从附表仍较难以获得对研究样本的直观认识，因此笔者根据附表绘制图1。

图1可使我们对文章的基本情况和变化趋势有更加直观的认识，在1999—2015年的17年间，与美国霸权有关的文章数量总体呈上升趋势。

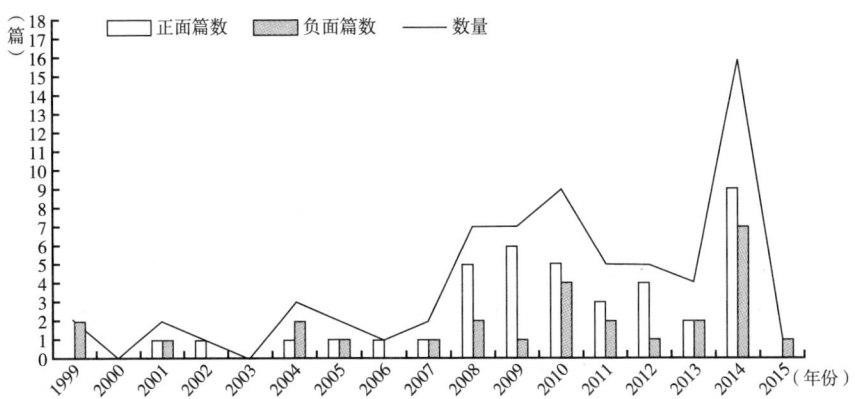

图 1　1999—2015 年《外交》发表文章显示美国权力变化的趋势

2000 年前后和 2008 年以后相关文章较多；2014 年后有所减少，2015 年仅有 1 篇，这或许反映出美国精英认为霸权问题已无须再讨论，其中，2004 年、2008 年、2010 年和 2014 年是 4 个较重要的拐点：2004 年之前和 2004—2008 年的文章数仅有 2 篇，2004 年增加到 3 篇；2008 年之后文章数量急剧增加，从 2008 年的 7 篇增加到 2010 年的 9 篇；2010—2013 年文章的数量虽呈减少趋势，但仍有 5 篇，相对较多。值得注意的是，2014 年文章的数量突然增加到 16 篇，其中连续出现 4 篇关于页岩气革命的文章。

通过上述 4 个关键时间点，可推测这些文章分别应与伊拉克战争、阿富汗战争、金融危机、新兴国家崛起以及美国经济复苏有较为密切的联系。历史地看，在以往由于经济危机引发的霸权衰退的讨论中，相对其他国家，美国总能率先摆脱危机，继续前行，主要因为它每次都能找到新的经济增长点。据此，目前包括页岩气技术突破在内的新能源开发，很可能成为美国克服此次金融危机的新的经济增长点，而能否出现新的经济增长点，亦是判断美国霸权兴衰的重要指标之一。

（二）作者身份及其对霸权兴衰的看法

从附表可得出的另一重要信息是，作者的身份与其对美国霸权兴衰的看法有联系。总的来看，除了1999年、2004年和2015年及无相关文章的年份（2000年和2003年），否认美国霸权衰退的观点总是多于或等于承认美国霸权衰退的观点。换言之，美国的精英阶层总体上是否定美国霸权衰退的。为深入挖掘作者身份和其观点的联系，考察他们产生不同观点的具体原因，笔者又根据附表内容制作了表1的数据。

表1 1999—2015年《外交》杂志作者身份*及其对美国霸权兴衰的看法及所占比例

	否认美国霸权衰退的文章篇数	占否认美国霸权衰退文章篇数的总数比(%)	承认美国霸权衰退的文章篇数	占承认美国霸权衰退文章的总数比(%)	占所发表的相关文章的总数比(%)
学者	19	47.5	15	55.56	50.75
曾任官员的学者	8	20	4	14.81	17.91
政要	4	10	0	0	5.97
作家或编辑	3	7.5	5	18.52	11.94
企业家或CEO	3	7.5	0	0	4.48
曾任官员的CEO	2	5	2	7.41	5.97
非营利组织成员	1	2.5	1	3.70	2.99
总数(67篇)	40	100	27	100	100

注：对于合著文章（两人和两人以上）以第一作者的身份为准。
资料来源：1999—2015年《外交》杂志。

从表1可以看出，学者发表的这类文章的数量远多于其他身份的作者，约占50.75%。除单纯学者外，曾任官员的学者发表此类文章的比重也较高（17.91%），其次才是作家或编辑（11.94%）。从另一角度看，进行统计的文章总共67篇，其中否认美国霸权衰退的文章40篇，占59.70%；其中47.5%的作者身份是单纯的学者，其次是曾任官员的学者（20%），若将这两者相加，得出否认美国霸权衰退的作者中40.3%是学者；同理，承认美国霸权衰退的学者占作者总数的28.36%，这不仅说明学者发表的相关文章数量多，且多数是否定美国霸权衰退的，代表了美国学界的主流观点。此外，政要、企业家和CEO身份的作者也都明确否定美国霸权的衰退。在曾任官员的 CEO 和具有非营利组织成员身份的作者的意见中,承认和否认美国霸权衰退的观点基本持平。这说明美国战略界亦认为美国霸权没有衰退。唯一例外的是,具有作家或编辑身份的作者认为美国霸权衰退的超过否认的。

(三) 涉及美国霸权兴衰的议题

在分析了作者的身份与其观点的联系后,为了进一步研究美国精英是从哪些方面或议题上进行讨论的,笔者根据附表文章中的外交、权力、经济、政治、科技、军事、战略、教育和人口等 9 个议题,制作了表 2。

表2 1999—2015 年《外交》杂志文章议题的分类考察和对美国霸权兴衰的看法

单位:篇

	权力	外交	经济	政治	科技	战略	军事	教育	人口
否认美国霸权衰退的文章篇数	11	10	9	1	4	2	1	1	1
承认美国霸权衰退的文章篇数	11	6	5	5	0	0	0	0	0
总计	22	16	14	6	4	2	1	1	1
占比(%)		32.84	23.88	20.90	8.96	5.97	2.99	1.49	1.49

资料来源:1999—2015 年《外交》杂志。

从表 2 可以非常直观地看出,美国精英主要是从权力、外交和经济 3 个议题对美国的霸权问题进行讨论的,它们分别占比 33%、24% 和 21%;其次是政治、科技和战略议题,分别有 6 篇、4 篇和 2 篇;此外,军事、教育和人口议题的各占 1 篇,且都是否认美国霸权衰退的观点,其中,后 2 篇专门从教育和人口角度对美国的霸权问题进行深入讨论。虽然其他文章也会提到军事、教育和人口问题,但大都只是一带而过,点到为止。

从表 2 还可看出,在 22 篇讨论美国权力衰退的文章中,持否定和肯定观点的篇数相当,各占一半;在外交议题文章中,持否定态度的有 10 篇,持肯定态度的有 6 篇,这表明美国精英总体上是否认由外交问题引发了美国霸权的衰退的;在 14 篇涉及经济议题的文章中,9 篇持肯定立场,

5篇持否定立场，透露出作者总体认为美国霸权的经济基础并未动摇。然而，值得注意的是，在关于美国政治的6篇文章中，持否定美国霸权衰退观点的仅1篇，其余5篇的观点都是承认美国霸权衰退的，这或许反映出美国精英的一个共识，即美国的民主政治制度的确存在问题。最后，4篇有关科技和2篇有关战略议题的文章也都持否定美国霸权衰退的观点。

以上是基于《外交》杂志发表文章和数据的基本情况进行的直观和趋势性分析研究。下文将深入文章的内容，考察作者的具体观点及其背后的逻辑，以期能够较精准地把握美国主流舆论对霸权问题的认识。限于篇幅，有些逻辑分类仅撷取其中最具代表性的看法或观点。

三　美国精英关于霸权衰退与否的争论

哈佛大学肯尼迪政府学院的约瑟夫·奈教授在2010年发表于《外交》杂志的《美国霸权的未来：透视美国权力及其衰退》一文中指出，"衰退"（Decline）一词混淆了两个不同维度："绝对衰退"（Absolute Decline）和"相对衰退"（Relative Decline），前者指自身衰败，后者指他国权力资源的增长或者更加有效地利用。据此，下文把那些在争论中认为是由具体问题引发了霸权衰退的作者统称为"肯定衰退派"，并归入"绝对衰退"的含义之中。

（一）"肯定衰退派"的观点

通过梳理分析发现，"肯定衰退派"中的精英认为是以下6个问题引发了美国霸权的衰退。

1. 多极化和权力分散

世纪之交，亨廷顿和普法夫指出是"单极时刻"的结束和国际格局的多极化引发了美国霸权的衰退。他们一致认为，正在出现的国际秩序是一种"单极主导的多元体系"或"单极—多极体系"（Uni-Multipolar System），由于非国家行为体数量和影响力的提升，以及其他国家实力的提高，美国已从冷战末期的唯一超级大国沦为多极世界中的主要国家之一，美国应逐渐适应日益多极的世界。

威廉·普法夫指出，虽然美国仍是21世纪初期的军事、经济超级大国，但国际权力多极化最终会出现。①哈佛大学政治学家亨廷顿（Samuel P. Huntington）在其《孤单的超级大国》一文中指出，由于缺乏创造单极世界的国内政治基础，美国不再拥有冷战末的支配地位。正在出现的国际格局既非单极亦非多极，而是以单极为主的多元体系。② 换言之，亨廷顿认为，冷战后的国际权力结构是两种格局并存，即所谓的"单极—多极体系"。伴随着多极化的发展，美国解决全球关键问题需要其他主要国家的配合。

2. 经济问题引发内部衰败

持这一观点的主要有保罗·肯尼迪、布拉德·塞特瑟、努里尔·鲁比尼和尼尔·弗格森。"帝国过度扩张"（Imperial Overstretch）观点的提出者——耶鲁大学历史学教授保罗·肯尼迪（Paul M. Kennedy）从分析经济关系与军事关系入手，指出美国国家实力已经远远不能同时捍卫其所有的全球利益和承担所有责任，因为"美国的义务过分延长，霸权的目标和手段不匹配，战略目标超出能力范围"。帝国为维持统治将资源用于军事扩张而非财富创造，经济增长出现波动和下滑，进而导致赋税加重，军事开支无以为继，最终导致帝国崩溃。霸权维持需要经济优势和军事优势，而这两者是一对矛盾。2008年金融危机后，肯尼迪重提《大国的兴衰》（*The Rise and Fall of the Great Powers*）一书的观点并告诫人们，长期的财政赤字和过度的军事扩张，这对孪生祸根最终在美国导致了严重后果。③多位美国精英对肯尼迪的这一理论进行过分析，可见其重要地位。

塞特瑟和鲁比尼则具体指出了赤字和外债如何引发霸权衰退。联邦赤

---

① William Pfaff, "The Question of Hegemony," *Foreign Affairs*, Vol. 80, No. 1, Jan./Feb. 2001, pp. 221 – 232.

② Samuel P Huntington, "The Lonely Superpower," *Foreign Affairs*, Vol. 78, No. 2, Mar./Apr. 1999, pp. 35 – 49.

③ 转引自 Josef Joffe, "The Default Power: The False Prophecy of America's Decline," *Foreign Affairs*, Vol. 88, No. 5, Sep./Oct. 2009, pp. 21 – 36。

字和巨额外债的经济失衡导致美国内部衰败,削弱其经济模式的吸引力和软实力,其关键论点是,经常项目赤字占 GDP 的 7%,外债超过 GDP 的 25%。值得一提的是,对于在这些问题上持乐观态度的戴维·利维和斯图尔特·布朗的论据,塞特瑟和鲁比尼两人逐条进行了反驳。他们认为,首先,经常项目赤字和随之而来的对外资依赖所造成的经济危机和金融危机并未被夸大,它们只是受到较少关注罢了。这是因为:其一,外国央行很可能停止对美国的巨额赤字进行融资;其二,私人投资者也可能停止投资。展望未来,债务问题将更加恶化,外债将会增加,债息也会随之攀高。即使贸易赤字趋于稳定,经常项目赤字亦会紧随债息升高,这也同时能够解释为何持续的贸易赤字会引发特定的能导致金融危机的债务危机。①

哈佛大学商学院的尼尔·弗格森教授也赞同塞特瑟和鲁比尼的上述观点,但弗格森又借鉴肯尼迪的"过度扩张论"并指出,与帝国对外扩张(伊拉克战争)导致衰落并行的是,当前的经济挑战(赤字和外债)对美国霸权是一项长期威胁。弗格森将美国霸权比作"帝国生命周期":霸权国和帝国是由一系列不对称的、相互作用的部件组合而成的复杂体系,对该体系来说,一个微小的触发因素就会引发它从良性平衡到危机的剧烈转变。其一,衰退通常是突然和出乎意料的;其二,绝大部分衰退与财政危机有关。②

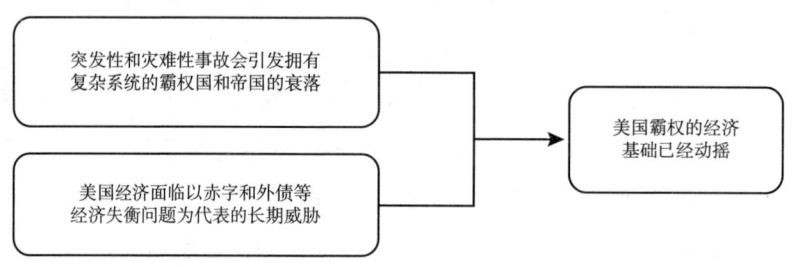

图 2　尼尔·弗格森的逻辑

---

① Brad Setser and Nouriel Roubini, "How Scary Is the Deficit," *Foreign Affairs*, Vol. 84, No. 4, Jul./Aug. 2005, pp. 194–200.

② Niall Ferguson, "Complexity and Collapse," *Foreign Affairs*, Vol. 89, No. 2, Mar./Apr. 2010, pp. 18–33.

3. 政治瘫痪引发霸权衰败

持该意见的美国精英认为，美国的政治体系未能适应21世纪全球化和信息革命的挑战，并丧失了为应对挑战而进行自我变革的能力，内部改革乏力。他们认为这是霸权衰败的深层原因。2012年福山在《历史的未来：自由民主能否在中产阶级塌陷中幸存》一文中指出，资本主义全球化和信息技术革命正在侵蚀美国自由民主制度的根基——中产阶级，同时，科技创新又加剧了美国社会的不平等，其自由民主制度堪忧。福山认为，2009年的"茶党"右翼民粹主义运动和2011年的"占领华尔街"左翼群众运动两种极端社会思潮的交织出现，就是对资本主义放松金融管制模式导致金融危机发生的一种回应和不满。①

《纽约客》的专栏作家乔治·帕克与福山的观点非常相似，然而，其最大的不同之处在于，帕克指出，如果伊拉克战争对美国的政治体系是一次检测的话，那么，包括立法、行政和司法在内的美国主要系统和机构都不合格，其表现有：财政悬崖、贫富差距、意识形态争执、现实冷漠、政治短视和国家利益党争化。特别是政治僵局使移民、教育和基础建设改革举步维艰，据此，帕克认为支撑美国健康民主社会的深层结构和机制陷入衰败。②

关于政治僵局，乔纳森·奥尔特则具体指出奥巴马的医改是个失败，奥巴马试图绕过共和党在国会使用拖延战术，却遭到共和党的激烈反对。特别是奥巴马未能给医改及其政府班子配置一流的技术专家以及在医保领域富有经验的官员和经理：第一，医改更像是一个商业项目而非政府项目；第二，未经白宫检查，奥巴马便将该项目交给官僚机构（联邦医保和医助服务总局，The Centers for Medicare and Medicaid Services）；第三，公众支持率在衰减。奥尔特指出，围绕医改问题的两

---

① Francis Fukuyama, "The Future of History: Can Liberal Democracy Survive the Decline of the Middle Class?" *Foreign Affairs*, Vol. 91, No. 1, Jan./Feb. 2012, pp. 53 – 61.

② George Packer, "The Broken Contract: Inequality and American Decline," *Foreign Affairs*, Vol. 90, No. 6, Nov./Dec. 2011, pp. 20 – 31.

党斗争实质是自由主义和保守主义的斗争,自由主义主张大政府和对医疗保健制度进行改革;保守主义则主张个人自由选择的权利,反对医改法案。①

随着"政治极化"愈演愈烈,普林斯顿大学历史学教授杰里米·阿德尔曼指出,金融危机、政治瘫痪、"阿拉伯之春"梦想破灭,以及来自中国等非民主国家的外部挑战,表明美国主导的全球治理体系遇到新危机,既有制度体系已无法继续维护美国的竞争优势。美国的问题并非来自外部,而是来自其社会内部。最后,西方干涉能力明显下降,西方曾一度是"他者"(The Rest)的楷模,现在却遭受质疑,命运堪忧。②

4. 地缘政治危机引发霸权衰退

米德和米尔斯海默认为,近年随着地缘政治的回归,美国主导的自由主义国际秩序正受到修正主义强国的挑战。对外关系委员会高级研究员、《美国利益》杂志特约编辑沃尔特·拉塞尔·米德指出,虽然冷战后美国外交最重要的目标是将国际关系从零和范式转向共赢范式,但纷乱的2014年表明,传统大国的地缘政治博弈并未消失,安全困境不断加剧。中国、俄罗斯和伊朗等"非天然盟友"视美国霸权为其实现目标的障碍,积极实施扩张,都认为现状应该被打破,试图推翻后冷战政治安排。事实上,米德认为这些修正主义国家已经改变了权力平衡和国际政治的动力根源,在欧亚地区,这些国家决心建立势力范围,俄罗斯吞并克里米亚造成乌克兰危机,使美俄较量难解难分;中国在海洋权益上的主张日益强硬;伊朗通过与叙利亚和黎巴嫩真主党联合,试图主导中东事务。这些都威胁到美国全球领导地位的基础。③

---

① Jonathan Alter, "Failure to Launch: How Obama Fumbled Health Care. gov. ," *Foreign Affairs*, Vol. 93, No. 2, Mar./Apr. 2014, pp. 39 – 50.

② Jeremy Adelman, "What Caused Capitalism? Assessing the Roles of the West and the Rest," *Foreign Affairs*, Vol. 94, No. 3, May./Jun. 2015, pp. 136 – 144.

③ Walter Russell Mead, "The Return of Geopolitics: The Revenge of the Revisionist Powers," *Foreign Affairs*, Vol. 93, No. 3, May./Jun. 2014, pp. 69 – 79.

芝加哥大学政治学教授约翰·米尔斯海默则指出，乌克兰危机是美国战略收缩和全球支配地位下降的明证，也是美国犯的重大错误。美国坚持"后民族国家"的自由主义理念，而俄罗斯则坚持现实主义理念，因此后者是维护国家利益的防御性行为，美欧应为危机负主要责任，因为北约和欧盟双东扩，再加上以"颜色革命"为代表的民主输出行为威胁到了俄罗斯的核心利益。据此，米尔斯海默建议美国决策者应理解俄罗斯的安全关切，维持乌克兰作为北约和俄罗斯缓冲国的地位。①

与米尔斯海默类似，罗伯特·莱格沃尔德在《经营新冷战：华盛顿和莫斯科从最近一次能学到什么》中也强调，乌克兰危机将美俄关系推向悬崖，两国现在是敌手。②

5. 权力转移引发霸权衰退

持这一观点的主要有霍格、裴敏欣和雷纳德。詹姆斯·霍格认为，从西向东的权力转移正在加速进行。亚洲正在崛起，其上升的经济实力转化成为政治权力和军事权力，这增加了冲突的潜在威胁。当前中国是最显著的崛起力量。为应对权力转移，美国改进最初的政策立场，在反恐和朝核谈判上寻求中国的合作，这从一个侧面反映了美国霸权的式微。③

美国国际问题研究学者裴敏欣教授认为，权力转移引发中美冲突将不可避免，这是因为中美缺乏共有的安全利益和政治价值观念，其关于世界秩序的构想是根本冲突的，中国倾向于一个"后美国"的多极化世界（A Post-American, Multipolar World），而美国在权力相对衰退后仍试图维持自由主义国际秩序。同时，台海紧张和中日纠纷会导致中美两国利益的直

---

① John J. Mearsheimer, "Why the Ukraine Crisis Is the West's Fault: The Liberal Delusions That Provoked Putin," *Foreign Affairs*, Vol. 93, No. 5, Sep./Oct. 2014, pp. 77 – 89.

② Robert Legvold, "Managing the New Cold War: What Moscow and Washington Can Learn from the Last One," *Foreign Affairs*, Vol. 93, No. 4, Jul./Aug. 2014, pp. 74 – 84.

③ James F. Hoge, Jr, "A Global Power Shift in the Making," *Foreign Affairs*, Vol. 83, No. 4, Jul./Aug. 2004, pp. 2 – 7.

接冲突。中国权力显著扩张和全球金融危机爆发,突出了西方衰落和他者崛起的意象。中美的权力差距正日益缩小。自2010年以来,中国的外交更加自信/武断(Assertive)。随着中国权力的继续增长,美国通过制衡与接触两边下注(A Two-Pronged Approach of Hedging and Engagement)的对冲平衡战略,将更加难以为继。①

马克·雷纳德也认为中美冲突不可避免,但其不同点在于,他认为差异性促使合作,趋同性导致冲突,正是美中不断增加的相似性导致竞争,两国将更加对抗而非合作。此外,雷纳德还指出中美竞争的新特点是:第一,随着维持军力成本的上升,竞争主要是地缘经济而非地缘政治;第二,由于双方经济联系紧密,竞争还具有高度相互依赖性;第三,竞争更多指向国际地位而非意识形态;第四,一些国家在加强与美国安全联系的同时,又拓展与中国的经济贸易联系。②此外,关于权力转移中的中美经济竞争,苏布兰马尼安(Arvind Subramanian)也悲观地指出,相对于中国的经济增长,美国的经济影响力正在下降,这导致美国运用经济力量影响东北亚局势的效用被大幅削弱。凭借净债权国地位和超过美国50%的经济贸易增速,中国在2030年甚至会取代美国的全球支配地位。③

6. 外交失策引发霸权衰退

通过具体分析美国的经济外交政策,莱斯利·盖尔布指出,金融危机后,美国面临的最严重问题是如何修复国民经济。当大多数国家已经调整外交政策聚焦经济安全问题时,美国却仍以传统军事思维来思考安全问题,以军事手段应对威胁和挑战,未能平衡经济发展和国家安全的关系,且美国将经济实力转化为世界影响力的能力越来越差。他建议美国决策者

---

① Minxin Pei, "How China and America See Each Other: And Why They Are on a Collision Course," *Foreign Affairs*, Vol. 93, No. 2, Mar. /Apr. 2014, pp. 143 – 147.

② Mark Leonard, "Why Convergence Breeds Conflict: Growing More Similar will Push China and the United States Apart," *Foreign Affairs*, Vol. 92, No. 5, Sep. /Oct. 2013, pp. 125 – 135.

③ Derek Scissors and Arvind Subramanian, "The Great China Debate: Will Beijing Rule the World?" *Foreign Affairs*, Vol. 91, No. 1, Jan. /Feb. 2012, pp. 173 – 177.

须适应一个以经济为中心的世界。①

美国国防学院副院长迈克尔·马扎尔认为,在相互依赖时代,"失败国家"或"失败中的国家"(Weak or Failing States)滋生的恐怖主义、区域混乱、犯罪、疾病和环境灾难对美国国家利益构成潜在威胁。从20世纪90年代中期到2010年约15年间,美国以"失败国家"为中心的外交更多的是一种狂热和非理性战略。美国盲目地对这些国家的国内政治实施改造,"冲动"地开展干预主义"国家建设",并错误地将军事力量作为完成该任务的主要方式。马扎尔的关键论点是:第一,财政紧缩使美国无法进行长期、艰难和代价高昂的"失败国家"建设;第二,"失败国家"界定的模糊性也导致美国难以采取有意义的行动;第三,美国以错位的信心评估该战略的现实可能性;第四,该战略歪曲了美国对其首要国际政治目标和角色的判断。②

在马扎尔论断的基础上,吉舍尔·马布巴尼深入分析指出,美国未能妥善解决中东问题、核不扩散、自由贸易和气候变化等全球性问题,西方发达国家自认为是这些问题的解决能手和国际体系的指导者,殊不知,西方亦是造成这些问题的一个主要来源,是麻烦的制造者和问题的一部分。据此,马布巴尼断定西方(美国)领导下的国际秩序出现了体系性问题,因此,西方应学会在全球治理上与其他国家分享权力和责任。③

以上是部分美国精英认为引发霸权衰退的6个问题。然而,对于这些观点,其他精英或者进行反驳,或者从新的视角否定霸权衰退。下文把明确否定霸权衰退的精英简称为"否定衰退派"。

---

① Leslie Gelb, "GDP Now Matters More Than Force: A U. S. Foreign Policy for the Age of Economic Power," *Foreign Affairs*, Vol. 89, No. 6, Nov./Dec. 2010, pp. 35 – 44.

② Michael J Mazarr, "The Rise and Fall of the Failed-State Paradigm: Requiem for a Decade of Distraction," *Foreign Affairs*, Vol. 93, No. 1, Jan./Feb. 2014, pp. 113 – 121.

③ Kishore Mahbubani, "The Case Against the West: America and Europe in the Asian Century," *Foreign Affairs*, Vol. 87, No. 3, May./Jun. 2008, pp. 111 – 124.

(二)"否定衰退派"的观点

1. 否定经济问题引发霸权衰退

针对衰退派认为是贸易赤字、利率攀升、美元下跌和经济增长前景黯淡引发霸权衰退的论调,坤兰、钱德勒、戴维、布朗和艾肯格林分别予以反驳。

约瑟夫·坤兰和马克·钱德勒通过分析赤字问题指出,贸易平衡不再是美国全球销售和竞争力的有效衡量标准,这是因为美国企业通过海外直接投资(FDI)在世界市场进行竞争且远超贸易出口。因此,衰退论者将贸易赤字作为霸权虚弱的象征是错误的,相反,美国受贸易赤字困扰恰恰掩盖了一个事实,即美国企业从未在比现在更好的位置上进行全球市场的竞争。①

穆迪公司的戴维·利维和经济学者斯图尔特·布朗明确否认是巨额赤字和过度依赖外资引发霸权衰退。他们认为,经常项目赤字反映了美国经济依然强劲的基本事实,而非致命的结构性缺陷,此外,巨额外债对金融稳定造成的危险亦被夸大,换言之,虽然美国是世界上最大的债务国,但这丝毫不影响美国在国际金融结构中的权力地位。利维和布朗对赤字和外债持乐观态度的理由是:其一,外国央行会继续对美国赤字进行融资;其二,即使外国央行撤出,私人投资者会进入;其三,美元将维持在全球贸易、支付和金融中的支配地位,美元下跌和利率攀升不会损害美国全球规则制定者的地位,即使美元崩溃,也只会对欧洲和日本造成更大损害;其四,巨额外债没有削弱美国经济模式的吸引力和软实力;其五,世界对美元资产的需求增强美国全球支配地位。最为重要的是,由于美国霸权建立在持续引领创新前沿和运用新科技的经济基础之上,除非支撑美国经济的科技动力、贸易开放和灵活性走到终结,否则其霸权基础依然稳固。②

---

① Joseph Quinlan and Marc Chandler, "The U. S. Trade Deficit: A Dangerous Obsession," *Foreign Affairs*, Vol. 80, No. 3, May. /Jun. 2001, pp. 87-97.

② David H. Levey and Stuart S. Brown, "The Overstretch Myth," *Foreign Affairs*, Vol. 84, No. 2, Mar. /Apr. 2005, p. 2.

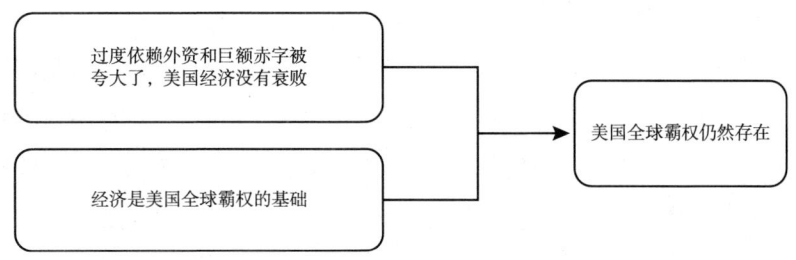

图 3 戴维·利维和斯图尔特·布朗的逻辑

巴里·艾肯格林则通过分析美元和霸权的关系否认霸权衰退,首先他认为,以美元为中心的国际货币和金融体系对美国霸权至关重要,美元霸权是美国霸权结构的重要支柱,因此,维护美元地位是其国家核心利益。虽然汇率波动,但美元对世界的重要性并未减弱,更不会崩溃。其次,在金融危机后的外汇市场上,美元地位实际得到加强。美国之所以在储蓄与消费严重失衡的情况下仍保持总体经济稳定,主要因为基于美元的全球货币和金融体系,美国可依靠别国储蓄来进行消费和发展。最后,欧元和人民币无法挑战美元作为世界储备和结算货币的地位。由于美国国债的安全性和金融市场的流动性,世界对美元储备的额外需求依然稳定,相对于世界经济美国经济依然强大。①

美国彼得森国际经济研究所(Peter G. Perterson Institute for International Economics)创始人弗雷德·伯格斯坦从美元和赤字的关系以及中国经济崛起两个维度发表意见:从国际层面看,金融危机后的中国经济崛起被夸大了,美国仍是世界最大的经济体和最大的市场、全球储备货币的发行者和外资最重要的来源和接受国。他认为,若想使中国承担更多国际责任,须让中国成为真正的共同领导者,他还建议将中美战略经济对话(SED)升级为"领导世界经济格局的'G2'",即"中美共治",共享全球经济领导权。②

---

① Barry Eichengreen, "The Dollar Dilemma: The World's Top Currency Faces Competition," *Foreign Affairs*, Vol. 88, No. 5, Sep./Oct. 2009, pp. 53 – 69.

② C. Fred Bergsten, "A Partnership of Equals: How Washington Should Respond to China's Economic Challenge," *Foreign Affairs*, Vol. 87, No. 4, Jul./Aug. 2008, pp. 57 – 70.

从国内层面看,伯格斯坦指出,虽然美国问题的根源在国内,但美国经济不平衡问题已急剧削减,经常项目赤字在2009年减少近50%,这是因为美元的全球储备货币地位有助于美国对贸易和经常项目赤字进行融资,而且,美国政治稳定和法治的历史传统也增加了美元的吸引力。美国只需采取一个负责任的财政政策,降低利率和防止美元升值,适应一个较少以美元为中心的国际货币体系,而平衡预算是唯一能避免赤字和外债的可靠政策。①

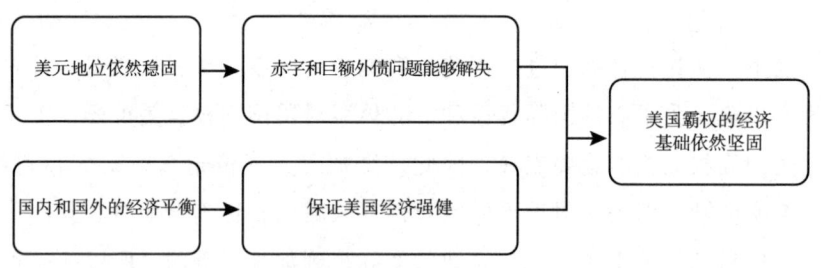

图4 弗雷德·伯格斯坦的逻辑

关于精英们热议的中国经济崛起会挑战美国的问题,美国前财长保尔森否认美国霸权衰退,但他认为中国作为全球大国的崛起仍是美国需面临和回应的首要问题。与伯格斯坦类似,保尔森也建议升级美中战略经济对话,指出接触才是通往成功的唯一途径。②

与上述精英分析赤字、外债和美元的视角不同,前财长奥尔特曼是从美国经济复苏发展着手研究。2013年奥尔特曼在《西方兴衰:为何金融危机后美欧更强大》一文中指出,金融危机后房地产市场复苏、非传统能源革命、银行系统重组和制造业效率提高四个因素将带来美国经济增长的高潮。美国经济因金融危机而得到调整并变得更加强健。③

---

① C. Fred Bergsten, "The Dollar and the Deficits," *Foreign Affairs*, Vol. 88, No. 6, Nov./Dec. 2009, pp. 20 – 39.
② Henry M Paulson, Jr. "A Strategic Economic Engagement: Strengthening U.S. – Chinese Ties," *Foreign Affairs*, Vol. 87, No. 5, Sep./Oct. 2008, pp. 59 – 78.
③ Roger C. Altman, "The Fall and Rise of the West: Why America and Europe will Emerge Stronger from the Financial Crisis," *Foreign Affairs*, Vol. 92, No. 1, Jan./Feb. 2013, pp. 8 – 13.

虽然奥尔特曼明确否认霸权衰退,然而,在2009年《全球化的退却》一文中,他曾对霸权衰退持肯定的看法,并认为金融危机结束了资本主义自由市场和放松管制的时代,导致美国经济模式的吸引力衰落:其一,全球化正在退却,金融和贸易保护主义在扩张;其二,危机可能会增加地缘政治的不稳定性;其三,中国经济模式的影响力在上升。① 虽然如此,奥尔特曼最后又强调,随着他国崛起,尽管美国的领导能力减弱,但没有一个国家能代替美国的地位。

更有甚者,随着美国2009财年赤字达到有史以来的最高值14万亿美元(约占GDP的12%),以及2010财年的13万亿美元(约占GDP的9%),奥尔特曼和哈斯在《挥霍与权力:财政不负责任的后果》一文中指出,联邦政府正以空前的速度负债,债务增长会带来利率攀升。如果决策者不作为,财政、经济和政治瘫痪会引发严重后果,威胁美国经济霸权和掌控国际事务的能力。② 由此观之,奥尔特曼观点的发展变化,从一个侧面反映出美国精英对待霸权的看法也是随着美国经济状况抑或其他因素的变化而不断发生变化的。

与奥尔特曼不同,下列美国精英从美国新经济增长点的角度否定霸权衰退。2014年《外交》杂志连续刊登了4篇关于页岩气革命的文章,以罗伯特·布莱克威尔、梅根·沙利文、罗伯特·海夫纳、爱德华·莫尔斯和弗雷德·克鲁伯为代表,他们认为页岩气革命增强了美国的能源实力和能源技术优势,强化了美国在国际能源领域的主导地位。以页岩油气为代表的非传统能源革命成为美国经济新的增长点,伴随成本下降和效率提升,此次革命带动制造业等相关产业振兴。同时,能源革命还有地缘政治影响,它转化为美国的竞争优势,巩固了美国的全球领导力和影响力。

布莱克威尔和沙利文认为,能源革命带来的地缘政治优势有力地回击

---

① Roger C. Altman, "Globalization in Retreat," *Foreign Affairs*, Vol. 88, No. 4, Jul./Aug. 2009, pp. 2-7.
② Roger C. Altman and Richard N. Haass, "American Profligacy and American Power: The Consequences of Fiscal Irresponsibility," *Foreign Affairs*, Vol. 89, No. 6, Nov./Dec. 2010, pp. 9-25.

了衰落派的论调。页岩气革命不仅提高了美国在"跨大西洋贸易和投资伙伴"(TTIP)和"跨太平洋伙伴关系协议"(TPP)中的谈判地位,巩固了联盟体系,还拓展了美国在中东问题、美欧合作与美俄关系领域的政策和战略空间。此外,能源革命增强了美国在全球气候问题上的领导力,为美国发挥全球影响力创造更加有利的条件。[①]

海夫纳则探究了此次能源革命的深层国内原因。他认为,美国独具的保护土地私有权及其资源的法律体系,以及开放的资本市场与科学合理的管理体系,使美国企业竞争激烈,因此,能源革命只能发生在美国,他国无法复制美国此项成就。[②]

对于海夫纳的部分观点,莫尔斯则有不同意见,他认为多数国家还是能够模仿美国此项成就的,这是因为,新科技的运用以及页岩气和致密轻原油(Tight Oil)生产全球化,降低了生产成本并提高了效率,美国经济会接近能源独立。因此,怀疑论者提出的诸如环境管制、产量衰减和钻井经济学等问题,对美国来说并非灾难。[③]

对于美国人较为关注的环保问题,环保协会主席弗雷德·克鲁伯指出,在水平钻井(Horizontal Drilling)和水力压裂(Hydraulic Fracturing or Fracking)的技术条件下,虽然天然气泄漏会造成空气污染、水污染、噪声和粉尘等环境威胁,但是环保组织和油气企业通过创建强健与合理的标准能够减弱这些威胁,最终确保经济发展成果惠及环境。[④]

诚然,正如布莱克威尔和沙利文先前指出的,虽然能源革命不能解决美国面临的所有挑战,如战争创伤、财政挥霍、政治极化、"棱镜门"和

[①] Robert D. Blackwill and Meghan L O'Sullivan, "America's Energy Edge: The Geopolitical Consequences of the Shale Revolution," *Foreign Affairs*, Vol. 93, No. 2, Mar/Apr 2014, pp. 102-114.

[②] Robert A. Hefner Ⅲ, "The United States of Gas: Why the Shale Revolution Could Have Happened Only in America," *Foreign Affairs*, Vol. 93, No. 3, May/Jun 2014, pp. 9-14, 204.

[③] Edward L. Morse, "Welcome to the Revolution: Why Shale Is the Next Shale," *Foreign Affairs*, Vol. 93, No. 3, May/Jun 2014, pp. 3-7.

[④] Fred Krupp, "Don't Just Drill, Baby-Drill Carefully: How to Make Fracking Safer for the Environment," *Foreign Affairs*, Vol. 93, No. 3, May/Jun 2014, pp. 15-20.

中国崛起等，但能源革命与美国军事实力、经济实力和文化实力的结合会增强美国的全球领导力。无论怎样衡量，美国仍是世界最强大的国家。①

上述精英几乎从美国经济的各个方面对衰退论进行了驳斥，这也说明经济实力和美国霸权兴衰有密切的联系，可以认为美国的衰落主要是经济因素所致。

2. 否认军力下降引发霸权衰退

伊肯伯里、多德尼、利伯和普赖斯都提到过美国军事优势，特别是核优势。依尔·利伯和达尔·普赖斯在《美国核优势的上升》中指出："相互确保摧毁"（Mutual Assured Destruction，MAD）已经结束，50多年来，美国首次站在绝对核优势的边缘。核武器不仅大大消除了世界战争的可能性，而且，苏联解体、俄罗斯核武库骤然下降以及中国核力量的陈旧带来核均势的转变，使得俄中核武力无法与美国相抗衡。② 事实上，早在世纪之交的2001年，威廉·普法夫就已指出，美国毫无疑问将是21世纪初的军事经济超级大国。

斯蒂芬·布鲁克斯和威廉·沃尔沃斯认为，美国在世纪之交所享有的优势地位是自民族国家出现以来世界历史上前所未有的。如果当前美国的全球支配地位不构成单极，那么将永远不会有类似情况出现。在可预见的未来，没有国家能抗衡美国权力。美国实力来自其强大的军事、经济和技术力，由于实力来源多样且持久，因此，其外交政策选择拥有更多自由度。③ 理查德·哈斯具体指出，美国年军费开支超过5000亿美元，若包括在阿富汗和伊拉克的军事行动，则超过7000亿美元，美国还拥有世界最具实力的陆、海、空军事力量。

约瑟夫·奈则以"复杂三维棋局"（A Complex Three-Dimensional

---

① Robert D. Blackwill and Meghan L. O'Sullivan, "America's Energy Edge: The Geopolitical Consequences of the Shale Revolution," *Foreign Affairs*, Vol. 93, No. 2, Mar/Apr 2014, pp. 102–114.

② Keir A. Lieber and Daryl G. Press, "The Rise of U. S. Nuclear Primacy," *Foreign Affairs*, Vol. 85, No. 2, Mar./Apr. 2006, pp. 42–54.

③ Stephen G. Brooks and William C. Wohlforth, "American Primacy in Perspective," *Foreign Affairs*, Vol. 81, No. 4, Jul./Aug. 2002, pp. 20–33.

Chess Game）模型比拟当前国际权力的分配格局，在棋局顶端是美国凭借绝对军事优势长期主导的单极格局；棋局中间是美欧日中和其他新兴经济体维系的经济权力多极格局；棋局底部是包括非国家行为体、电子转账的银行家、核恐怖主义、网络黑客活动以及传染病和气候变化在内的跨国关系领域，权力在该领域广泛分散，无所谓单极、多极或霸权。①

法里德·扎卡里亚则深入分析了美国强大军事优势背后的原因，他指出，美国的军事实力并非其强大的原因，而是其强大的结果。这是因为支撑美国强大军事实力的经济和科技基础是极其坚固的。

3. 否认战略安全问题引发霸权衰退

美国原国家安全顾问布热津斯基从大战略视角否认霸权衰退。他认为，美国国家安全未来数十年的核心目标是复兴国力，通过促进和提升一个强大的西方联盟，同时在东方支撑一个复杂平衡，美国霸权不仅能够得到修复，还能应对中国崛起带来的挑战。② 他认定"美国是第一个也是最后一个全球性的超级强权"，这意味着"美国不允许任何势力挑战美国的这一世界支配地位（Global Domination）"。

在战略问题上，米卡·增科和迈克尔·科恩也明确表示，美国是世界最强大的国家，无可匹敌且安全。③

4. 强调美国科技、教育和创新绝对优势

从国际关系结构性权力视角看，科技亦是权力资源的重要构成要素，科技进步能够加强国家行使权力的能力，改善国家在国际关系中的权力地位。

亚当·西格尔认为美国拥有绝对的科技优势和创新优势，他指出：第

---

① Joseph S. Nye, Jr. "The Future of American Power: Dominance and Decline in Perspective," *Foreign Affairs*, Vol. 89, No. 6, Nov. /Dec. 2010, pp. 9 – 11.

② Zbigniew Brzezinski, "Balancing the East, Upgrading the West: U. S. Grand Strategy in an Age of Upheaval," *Foreign Affairs*, Vol. 91, No. 1, Jan. /Feb. 2012, pp. 97 – 104.

③ Micah Zenko and Michael A. Cohen, "Clear and Present Safety: The United States Is More Secure Than Washington Thinks," *Foreign Affairs*, Vol. 91, No. 2, Mar. /Apr. 2012, pp. 79 – 93.

一，美国发展新科技和产业的创新速度无与伦比；第二，科技创新和企业家精神确保美国经济繁荣和军事实力；第三，充分利用多元思想和体系是美国最重要的相对优势之一。因此，美国更应增强国内创新氛围。① 虽然其他精英也提到美国的科技优势，但西格尔的观点最具代表性。

埃里克·施密特和杰瑞德·科恩从联系性方面强调美国的科技优势。在《数据分裂：联系性和权力分散》一文中，他们指出，传统媒体被称为"第四权力"（The Fourth Estate），当前发生的可被称为"关联产业"（Interconnected Estate）。诸如手机和因特网等通信科技，不仅为美国的增长和发展创造了新的机会，也赋予美国传播价值理念和维护国家利益的能力，这种由现代通信科技带来的不断增加的联系性，促使包括美国在内的民主国家与全球民众和企业结成联盟推动全球信息自由流动，其中，美国是最主要和最具联系性的强国。②

此外，《经济学人》杂志编辑肯尼斯·库克耶和维克托·迈尔-舒博格指出，美国在"大数据"领域占据优势。大数据是指超过典型数据库软件的采集、储存、管理和分析能力的数据集，其突出特点是数据量呈几何指数式增长。大数据不仅能够改变政府职能和政治的本质、促进经济增长、提供公共服务和发动战争，还能帮助政府增加民主治理的透明性。美国正在引领大数据科技领域的前沿。③ 此外，爱德华·莫尔斯指出，由于掌握水平钻井和水力压裂关键技术，美国成为全球唯一有能力以较低成本大规模开采页岩气的国家。④

当然，除科技外的教育优势也是否定衰退派探讨的重要议题。

---

① Adam Segal, "Is America Losing Its Edge?" *Foreign Affairs*, Vol. 83, No. 6, Nov./Dec. 2004, p. 2.

② Eric Schmidt and Jared Cohen, "The Digital Disruption: Connectivity and the Diffusion of Power," *Foreign Affairs*, Vol. 89, No. 6, Nov./Dec. 2010, pp. 64–75.

③ Kenneth Cukier and Viktor Mayer-Schoenberger, "The Rise of Big Data: How It's Changing the Way We Think about the World," *Foreign Affairs*, Vol. 92, No. 3, May/Jun 2013, pp. 28–40.

④ Edward L. Morse, "Welcome to the Revolution: Why Shale Is the Next Shale," *Foreign Affairs*, Vol. 93, No. 3, May./Jun. 2014, pp. 3–7.

前教育部部长阿恩·邓肯和约瑟夫·奈都提到美国无与伦比的教育优势。2010年邓肯专门撰文《返回学校：提高美国教育和竞争力》，他指出，在知识经济时代，美国应变得更加具有经济竞争力与合作性，重新审视教育和国际竞争力的关系。国际竞争力不是"零和博弈"（Zero-Sum Game），美国应更加强调合作的"双赢博弈"（Win-Win Game）。邓肯认为，扩大全球教育接触率和国内外经济活力，才是做大全球经济蛋糕的最佳方式。第一，在知识经济时代，教育是不受国界限制的公共物品，美国经济增长得益于吸收外国商品和吸纳受过良好教育的移民；第二，由于全球经济相互依赖，国外民众更高的受教育程度意味着对美国商品的更多需求；第三，美国高等教育在许多方面领先于世界。①

5. 否认权力转移引发霸权衰退

针对霍格、裴敏欣和雷纳德等衰退派认为权力转移引发霸权衰退的悲观看法，查尔斯·格拉泽指出，国际体系结构不会导致中国等崛起国走向战争，中国崛起不像现实主义者通常认为的那样，具有竞争和危险性。在当前的国际条件下，美中双方能够在对彼此不构成重大威胁的前提下确保各自的核心利益，并维持高水平的安全。冲突并非预定，双方可对其进行管控。最后，格拉泽告诫，诸如台海紧张等次级危机易升级为战争。②

关于裴敏欣指出的自2010年以来中国外交更加"自信/武断"（Assertive）的说法，托马斯·克里斯滕森有不同意见，他认为，中国采取的扩张性对外政策应更好地被理解成反应性和保守性，而非所谓的自信和革新性。况且，金融危机后中国公众、基层政府官员和媒体中的民族主义评论员过高地估计了中国崛起的速度和美国衰落的程度。③

---

① Arne Duncan, "Back to School: Enhancing U.S. Education and Competitiveness," *Foreign Affairs*, Vol. 89, No. 6, Nov./Dec. 2010, pp. 54–65.
② Charles Glaser, "Will China's Rise Lead to War? Why Realism Does Not Mean Pessimism," *Foreign Affairs*, Vol. 90, No. 2, Mar./Apr. 2011, pp. 80–91.
③ Thomas Christensen, "The Advantages of an Assertive China: Responding to Beijing's Abrasive Diplomacy," *Foreign Affairs*, Vol. 90, No. 2, Mar./Apr. 2011, pp. 54–67.

6. 以人口结构优势否认霸权衰退

2010年尼古拉斯·伯施塔特在《人口的未来：人口增长和下降对世界经济意味着什么》中指出，21世纪，所有发达经济体和一些新兴经济体会面临人口下降和老龄化的问题，导致适龄工作人口下降，然而，由于较高的出生率和移民持续涌入，美国将避免人口停滞和下降，其人口占全球的比重也不会下降。[1]

与伯施塔特类似，扎卡里亚也特别提到美国人口优势，认为出生率下降和老龄化是世界难题，而美国却是发达经济体中唯一未出现人口下降的国家，由于移民不断增加，美国比其任何竞争者的人口都更年轻。

7. 从权力衡量标准角度否认美国的霸权衰退

布鲁克斯和沃尔沃斯认为，美国国家实力来自强大的军事、经济和技术力。其核心论断有三条：第一，以权力的所有标准成分衡量——军事、经济、文化、科技等——当前美国拥有的绝对优势；第二，出现能够平衡美国霸权的联盟的可能性很小；第三，美国处在利用全球化的最佳位置，实力来源多样且持久。在可预见的未来不会出现威胁美国霸权的全球挑战。

此外，约菲还补充道，一方面，教育和科研投入决定美国的未来；另一方面，美国是21世纪不可或缺的国家，仍具有掌控世界事务的能力，能以较低成本运作国际体系。因此，在21世纪，美国将比任何竞争者都更年轻和有活力。[2]

8. 否认外交失策导致美国掌控世界事务能力下降

迈克尔·曼德尔鲍姆指出，美国"民主输出"（Democracy Promotion）的挫折并不意味着民主制度自身的失败。相反，在20世纪最后25年中，民主国家的数量显著增加，从最初局限于为数不多的富裕国家，很快成为

---

[1] Nicholas Eberstadt, "The Demographic Future: What Population Growth-and-Decline-Means for the Global Economy," *Foreign Affairs*, Vol. 89, No. 6, Nov./Dec. 2010, pp. 43 – 54.

[2] Josef Joffe, "The Default Power: The False Prophecy of America's Decline," *Foreign Affairs*, Vol. 88, No. 5, Sep./Oct. 2009, pp. 21 – 36.

世界最普遍的政治体系。①

美国前国务卿希拉里认为，全球治理需要国际合作，而且，离开美国，这些问题根本无法解决。在信息时代美国应开展新的公共外交战略，增强对民间力量的利用。② 通过与军事力量协同合作，民间力量能够制止冲突和维持稳定。此外，平衡好军事和民间力量，美国还能促进其利益和价值观，领导和支持其他国家解决全球性问题。

与希拉里类似，新墨西哥前州长理查德森认为，诸如核扩散、犯罪网络、恐怖主义、宗教极端主义、种族屠杀、金融危机、亚洲经济和军事力量崛起、俄罗斯复兴以及全球环境和健康问题的解决，只有唯一超级大国美国能够提供政治领导。如果美国欲再次领导世界，只需重建过度扩张的军事、复苏联盟，加强公共外交，通过电视、广播、教育和交流项目修复其作为遵守国际法、人权和公民自由的国家形象。最重要的是，美国应在阿富汗、中东和非洲区域的国家建设中发挥领导作用。因此，美国需采取一个新的现实主义外交政策，开展多边合作，既非从全球参与中退却的孤立主义幻想，亦非通过单边主义军事力量改造他国。③

正如理查德森指出的，帮助"失败国家"进行国家建设是美国一项重要的外交战略。针对马扎尔认为美国以"失败国家"为中心的外交失败，詹姆斯·史依尔进行了反驳。首先，冷战后美国帮助"失败国家"进行国家建设的战略并非为证明美国霸权延续的正当性，事实上，美国将这些问题交给了联合国并取得了一些成就。美国在海地、巴尔干地区、阿富汗和伊拉克扮演了更加重要的角色。其次，美国依靠法、英和非洲关键伙伴结束了西非的政治动荡。再次，帮助"失败国家"外交战略并未扰乱美国的地缘战略布局。最后，他认为马扎尔高估了"失败国家"战略

---

① Michael Mandelbaum, "Democracy without America: The Spontaneous Spread of Freedom," *Foreign Affairs*, Vol. 86, No. 5, Sep./Oct. 2007, pp. 119–130.

② Hillary Clinton, "Leading Through Civilian Power: Redefining American Diplomacy and Development," *Foreign Affairs*, Vol. 89, No. 6, Nov./Dec. 2010, pp. 13–22.

③ Bill Richardson, "A New Realism," *Foreign Affairs*, Vol. 87, No. 1, Jan/Feb 2008, p. 9.

对美国外交政策的影响力。①

关于美国外交的优先目标，库尔特·坎贝尔和伊利·帕特纳认为，美国的外交政策应该聚焦亚洲，在参与亚洲多边论坛时，华盛顿应通过利用国际法和仲裁中国南海的主权纠纷来支持基于法制的地区秩序的发展。②对于坎贝尔和帕特纳的观点，对外关系委员会高级研究员、国家安全研究副主任肯尼斯·波拉克和雷·塔克有不同意见。他们指出，亚洲虽然是美国外交政策的核心，但这并不能削弱中东的重要性。美国可以在亚洲投入更多（他们认为奥巴马政府的"亚太再平衡"战略对亚太地区发展投入了过多的精力和资源），但不能以牺牲中东为代价。③

9. 否认政治衰败引发霸权衰退

关于美国的民主政治制度，南希·博德塞奥和福山虽然承认美国现有制度未能适应全球化和信息科技革命，分权制衡反倒成为改革的阻碍，"政治极化"亦似乎难以解决这些问题，但他们并未否定该制度的优越性。博德塞奥指出，虽然一些历史学家认为金融危机导致美国经济在全球事务中支配地位的结束，降低了资本主义体系自身的合法性，但是现在谈通向多极世界的趋势还为时尚早。"他者崛起"不仅与经济权力和政治权力有关，也与思想和模式的全球竞争有关。西方，特别是美国虽然已不再被看作是关于社会政策创新思维的唯一中心，但是，西方自由民主模式并未结束。④

关于政治衰败，在2013年的《美国能自我修复吗？民主新危机》一文中，扎卡里亚认为当前美国正面临冷战后最为严重的政治僵局，虽

---

① James A. Schear, "Washington's Weak-State Agenda: A Decade of Distraction？/Mazarr Replies," *Foreign Affairs*, Vol. 93, No. 3, May/Jun 2014, pp. 172 – 175.

② Kurt M. Campbell and Ely Ratner, "Far Eastern Promises: Why Washington Should Focus on Asia," *Foreign Affairs*, Vol. 93, No. 3, May/Jun 2014, pp. 106 – 116.

③ Kenneth M. Pollack and Ray Takeyh, "Near Eastern Promises: Why Washington Should Focus on the Middle East," *Foreign Affairs*, Vol. 93, No. 3, May/Jun 2014, pp. 92 – 105.

④ Nancy Birdsall and Francis Fukuyama, "The Post-Washington Consensus: Development After the Crisis," *Foreign Affairs*, Vol. 90, No. 2, Mar./Apr. 2011, pp. 45 – 53.

然美国的经济非常强健,但民主政治似乎丧失了为应对全球化和信息科技革命的挑战而进行变革的能力。虽然美国须在财政预算、公民权利、基础建设、移民政策和教育领域进行政策调整,然而,政治瘫痪和低效将这些问题的解决推向未来,且变得更加困难和代价高昂。尽管如此,扎卡里亚仍对美国的政治体系充满信心,认为西方民主面临的威胁并非毁灭而是僵化,财政悬崖、政治瘫痪和人口压力只会减缓增长而非导致崩溃。总之,"资本主义自由民主制度是当代世界唯一具备灵活性与合理性的体系"。①

与上文中属于肯定衰退派且倾向保守主义的乔纳森·奥尔特不同,自由主义论的莱恩·肯沃西通过对医改问题进行具体考察,指出社会民主是美国未来的希望。自2010年奥巴马医改法案签署以来,该法案不仅成为美国政治的中心,更成为争论的焦点。然而,由于民众需求的整合、技术官僚的供应和国民财富的逐渐增加,社会民主是美国的未来。② 肯沃西认为,现代社会的民主意味着可通过政府政策的适度干预来促进经济发展,从而扩大机会和确保所有人生活水平的提高,同时,它又能保持经济的自由灵活性和市场的动力性。

10. 从新的权力衡量标准论证霸权延续

与上述精英从不同议题入手否定衰退不同,美国外交政策与国际事务学者、新美国基金会现任主席及执行总裁安妮-玛丽·斯劳特从新的衡量权力的视角展望未来的美国霸权。她指出,当前的国际秩序保证了21世纪仍是美国的世纪。虽然斯劳特与伊肯伯里同属"新自由国际主义"阵营,但她与伊肯伯里的自由主义国际秩序的理论框架的最大不同在于,她认为21世纪是网络时代,网络化取代了等级权力体系。在以网络为轴心的全球治理体系中,网络化是国际政治的现实:战争、外交、商业、媒

---

① Fareed Zakaria, "Can America be Fixed? The New Crisis of Democracy," *Foreign Affairs*, Vol. 92, No. 1, Jan./Feb. 2013, pp. 22–33.

② Lane Kenworthy, "America's Social Democratic Future: The Arc of Policy is Long but Bends toward Justice," *Foreign Affairs*, Vol. 93, No. 1, Jan./Feb. 2014, pp. 86–90, 92–100.

体、社会和宗教等通过"节点"联系在一起,组成一个复杂的网络。只有最具"联系度"(Connections)的国家才能设置全球议程,实现创新和持续增长,成为核心玩家。只有把握复杂的网络关系,占据关键"节点"位置,才能保证自身的领导地位。斯劳特强调,一国权力的衡量标准正是将这种联系度转化为创新和增长的能力,得益于人口、地缘政治与开放和创新的文化,美国拥有将网络时代变成美国世纪的潜力。①

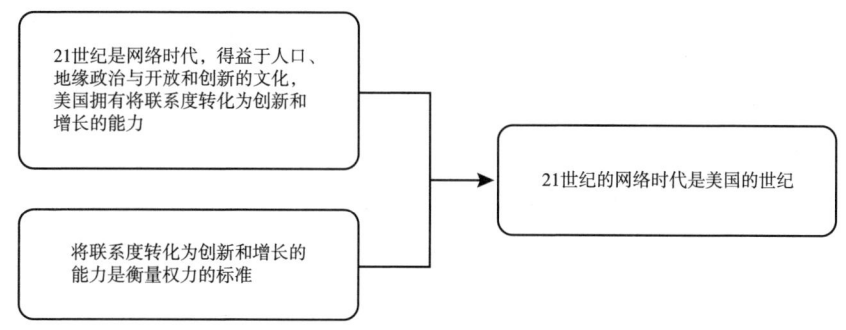

图 5　安妮 - 玛丽·斯劳特的逻辑

上述精英从 10 个方面否定了霸权衰退,并表达了各自意见。然而,还有部分精英主张"霸权相对衰退说"。

(三) 霸权相对衰退说

第一,关于霸权相对衰退,正如奈先前指出的:相对衰退,是指他国权力资源的增长抑或更加有效地利用。② 换言之,即他国力量的增长以及对资源更加有效地利用造成本国(美国)相对退步的一种现象。他还援引历史事实:"美国权力已不像过去,但二战刚结束时美国权力也绝非真正如人们认为的那般强大……以资源衡量的权力很少等同于以人们期望的

---

① Anne-Marie Slaughter, "America's Edge: Power in the Networked Century," *Foreign Affairs*, Vol. 88, No. 1, Jan./Feb. 2009, p. 94.

② Joseph S. Nye, Jr. "The Future of American Power: Dominance and Decline in Perspective," *Foreign Affairs*, Vol. 89, No. 6, Nov./Dec. 2010, pp. 9 - 11.

结果所衡量的权力,而以资源来思考权力时,权力转化是基本问题。衰退论的周期循环更多反映的是心理预期而非真正的权力资源转移。"[1] 奈还认为,从绝对衰退看,美国着实在债务、低水平中学教育和"政治极化"领域面临一系列严重问题,但这仅是整体的一个局部。而且,这些主要问题是能够被解决的。虽然当前"政治极化"加剧,但历史上的政治僵局比现在更严重。当然,美国还有移民带来的人口优势和教育优势。因此,把这些根本无法解决的问题同那些原则上能被解决的问题区分开来是非常重要的。

另外,从相对衰退看,纵然"世界其他地方的崛起"意味着美国支配力量不如从前,也并不代表中国一定会取代美国成为世界霸主。"中国要同美国的权力资源相匹敌尚有很长的路要走。"[2] 依据多层面的态势,在可预见的未来,中国的挑战相当有限。中国目前尚未做好担任全球领袖的准备。

第二,与奈主要从美国国内问题入手探讨霸权问题不同,基欧汉和伊肯伯里等自由制度主义者则侧重国际体系和国际秩序层面的分析。在他们看来,权力并非仅指经济、军事等"硬"物质力量的加总,还包括制度性因素等"软"的方面。他们认为,霸权衰退后的美国仍可利用其主导下的国际秩序维持自身领导地位,其主导的秩序不会崩塌。正如伊肯伯里一再强调的,通过维护开放的、基于规则的自由主义国际秩序(Liberal Internationalist),在美国实力相对衰退的情况下继续吸纳新兴力量,规范中国等"潜在挑战者",从而延续美国在21世纪的国际领导地位。

伊肯伯里还认为,美国主导建立的基于联合国、国际货币基金组织(IMF)、北约和世界银行的自由主义国际秩序经过调整后依然可以延续。尽管美国从冷战末的"单极时刻"的霸权顶峰衰退下来,并在经济增长、

---

[1] Joseph S. Nye, Jr. "The Future of American Power: Dominance and Decline in Perspective," *Foreign Affairs*, Vol. 89, No. 6, Nov./Dec. 2010, pp. 9–11.

[2] Joseph S. Nye, Jr. "The Future of American Power: Dominance and Decline in Perspective," *Foreign Affairs*, Vol. 89, No. 6, Nov./Dec. 2010, pp. 9–11.

社会平等和政治稳定等方面面临挑战,但其权力仍无可匹敌。① 正在发生的并非美国衰落,而是他国赶上并密切联系起来的一个动态过程,②即使美国实力相对衰退,自由主义国际秩序还将继续存在,西方体系将最终胜利。③这是因为:其一,该秩序是基于制度的、开放的和包容的体系,能够整合崛起国家;其二,该秩序基于美国广泛的联盟体系的领导;其三,核武器"相互确保摧毁"降低了崛起国以武力挑战主导国的可能性,限制了其推翻现存秩序的能力;其四,美国还有得天独厚的地缘政治优势;其五,美国不仅通过运用权力,还通过全球治理和规则制定来维系其全球领导地位。

伊肯伯里还对米德认为美国已陷入地缘政治困局,以及米尔斯海默认为美中冲突不可避免的观点进行了批判:虽然一些修正主义国家在欧亚区域扩张势力范围威胁到了美国的全球领导地位和当前的国际秩序,但是当前自由主义国际秩序比米德和米尔斯海默所认为的要更稳固和广阔,能够应对上述挑战。而且,只要美国及其盟友继续为国际社会提供安全和繁荣的公共产品,该秩序就能存续。夏普兰和兰尼也持类似意见。他们认为,中国崛起导致美国在东北亚的霸权相对衰退:"在美国居支配地位60多年后,东北亚的权力平衡正在转变,中国上升,日韩处于变动中。"④史剑道(Derek Scissors)等也认为,衰退派的苏布兰马尼安高估了金融危机后中国净债权国的国际地位。事实上,"中国不可能取代美国的地位,美国霸权只是相对衰退"。⑤

---

① G. John Ikenberry, "The Illusion of Geopolitics: The Enduring Power of the Liberal Order," *Foreign Affairs*, Vol. 93, No. 3, May./Jun. 2014, pp. 80 – 90.

② G. John Ikenberry, "The Future of the Liberal World Order: Internationalism After America," *Foreign Affairs*, Vol. 90, No. 3, May./Jun. 2011, pp. 56 – 68.

③ G. John Ikenberry, "The Rise of China and the Future of the West: Can the Liberal System Survive?," *Foreign Affairs*, Vol. 87, No. 1, Jan./Feb. 2008, pp. 23 – 37.

④ Jason T. Shaplen and James Laney, "Washington's Eastern Sunset: The Decline of U. S. Power in Northeast Asia," *Foreign Affairs*, Vol. 86, No. 6, Nov./Dec. 2007, p. 82.

⑤ Derek Scissors and Arvind Subramanian, "The Great China Debate: Will Beijing Rule the World?," *Foreign Affairs*, Vol. 91, No. 1, Jan./Feb. 2013, pp. 173 – 177.

虽然基欧汉在《霸权之后：关于衰退争论的已知和未知因素》一文中指出，关于美国霸权的未来，不做预测才是对的。事实上，基欧汉明确否认霸权绝对衰退。①

多德尼的观点与伊肯伯里的观点非常相似，但他的视角却在威权国家内部。在2009年多德尼和伊肯伯里合著的《专制复兴的迷思：为何自由民主会占优势》中指出：第一，金融危机后，尽管威权国家通过新的发展模式走向繁荣，但它们一些根深蒂固的问题，如腐败、不平等、弱问责制和信息流通不充分会限制其长远发展；第二，当前这些国家的成就依靠的是融入当前国际秩序并将继续依赖。总之，联盟、伙伴、多边主义和自由民主是美国全球领导力的有力工具，它们正在帮助美国赢得21世纪地缘政治和国际秩序的斗争。②斯图亚特·帕特里克也意识到该问题，不过他进一步指出，崛起国往往会反对当前秩序的政治和经济的基本规则，为加强该秩序，美国应接受多边合作。③

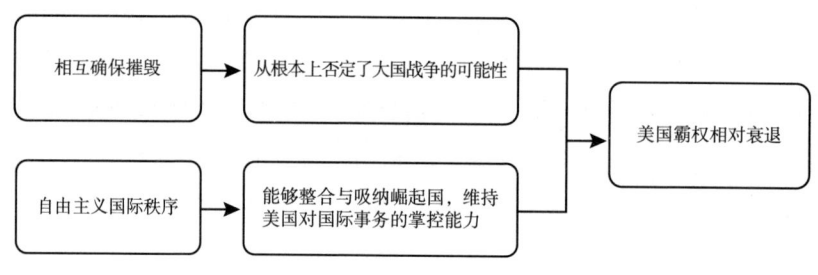

图6 约翰·伊肯伯里的逻辑

第三，与伊肯伯里类似，美国《新闻周刊》国际版主编、著名政治评论家法里德·扎卡里亚对于相对衰退的关键论点是，在"后美国时代"

---

① Robert O. Keohane, "Hegemony and After: Knowns and Unknowns in the Debate Over Decline," *Foreign Affairs*, Vol. 91, No. 4, Jul./Aug. 2012, pp. 114–118.

② Daniel Deudney and G. John Ikenberry, "The Myth of the Autocratic Revival: Why Liberal Democracy Will Prevail," *Foreign Affairs*, Vol. 88, No. 1, Jan./Feb. 2009, pp. 77–94.

③ Stewart Patrick, "Irresponsible Stakeholders? The Difficulty of Integrating Rising Powers," *Foreign Affairs*, Vol. 89, No. 6, Nov./Dec. 2010, pp. 33–44.

美国视角下的霸权衰退

(Post-American World),由于"他者崛起"(The Rise of the Rest),即新兴经济体的群体性崛起降低了美国的全球主导能力,因此,美国(霸权)即使不是绝对衰退,也肯定面临相对衰退。

扎卡里亚在综合分析军事、经济、教育、人口和移民、政治制度和国际秩序之后认为,虽然美国有塑造世界的能力和动力,但前提是须克服政治僵局和调整政策,以应对"他者崛起"。在这点上扎卡里亚又与奈有相似之处。他认为,首先,美国的政治体系具有灵活性、机敏性和迅速恢复性,能够纠错和转移注意;其次,美国的军事实力并非其强大的原因,而是其强大的结果,它建立在强健的经济实力和科技实力基础之上;再次,虽然美国占全球 GDP 的比重下降,储蓄率为零,并面临经常项目赤字、贸易赤字、财政赤字、巨额外债和贫富差距问题,但这些只是整体问题的局部,美国将引领下一次科技和产业革命,经济仍将充满活力;[①] 又次,美国还有高等教育、移民政策和人口结构优势;最后,虽然金融危机后美国政治体系似乎丧失了革新能力,但从本质来看,"政治极化"或政治瘫痪是由美国三权分立、职能交叉和"制约与平衡"(Checks and Balances)的民主政治制度造成的,这也是美国开国先哲在效率与制衡间选择后者的结果。最后,扎卡里亚指出,通过让渡部分权力和利益,接受一个具有多元声音和观点的世界,美国就能整合崛起国,稳定世界秩序。

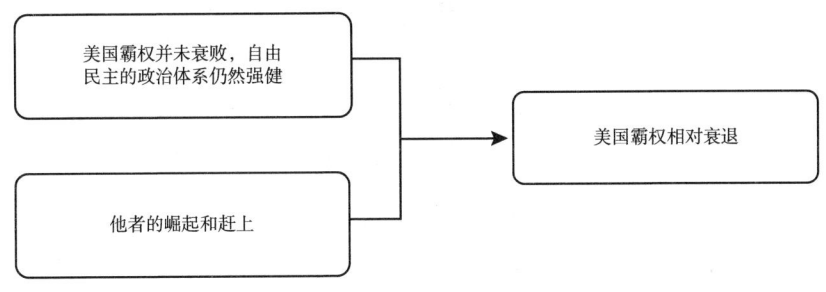

图 7 法里德·扎卡里亚的逻辑

---

① Fareed Zakaria, "The Future of American Power: How America Can Survive the Rise of the Rest," *Foreign Affairs*, Vol. 88, No. 3, May/Jun. 2008, pp. 18 – 43.

第四,与扎卡里亚类似,对外关系委员会主席理查德·哈斯也认为,美国实力的现实不应掩盖其国际地位的相对衰退以及影响力和独立性的绝对衰退。[①] 美国现在是而且仍将是"无极世界"(Nonpolar World)唯一和最大的权力中心,年军费开支超过5000亿美元,拥有能力最强的陆、海、空力量,其14万亿美元的GDP经济总量为世界最大,同时还是文化(电影和电视)、信息和创新的主要来源。此外,针对"肯定衰退派"的代表肯尼迪的"过度扩张论",哈斯认为该理论仅适用于苏联解体,得益于纠错的机制(Corrective Mechanisms)和动力,美国不受该理论影响。尽管如此,哈斯仍指出美国的优势地位不会持续下去。由于全球化、非国家行为体数量和影响的提升及其他国家力量的提高,美国相对地位会受到削弱,任何试图维护或扩张美国霸权的行为都会遭到失败,[②] 美国对其偏好的国际社会的建立和维持首先将受到其他大国,和中小国家的反对。因此,人类正在进入"后美国时代"。

上述精英特别是伊肯伯里的观点:"正在发生的并非美国衰落,而是他国赶上并密切联系起来的一个动态过程,即使美国实力相对衰退,自由主义国际秩序会继续存在,西方体系将最终胜利。",这应该说在很大程度上反映了美国主流政策舆论精英对美国霸权是否衰退问题的评述和倾向。

结 语

大国兴衰是国际关系研究的核心议题之一,关于美国霸权的讨论则是贯穿战后国际关系史的一条重要线索。对于自美国卷入全球反恐战争和金融危机以来,美国精英关于霸权衰退的争论,通过本文基于1999—2015年近17年美国《外交》杂志相关刊文的文本和数据分析,根据作者的身

[①] Richard N. Haass, "The Age of Nonpolarity: What will Follow U.S. Dominance," *Foreign Affairs*, Vol. 87, No. 3, May/Jun. 2008, pp. 44–56.

[②] Richard N. Haass, "What to do with American Primacy," *Foreign Affairs*, Vol. 78, No. 5, Sep./Oct. 1999, pp. 37–49.

份和议题对文章进行分类,考察产生不同观点背后的原因,并重点对不同意见的逻辑进行梳理和总结,研究发现美国精英讨论的结果不仅可分为"肯定衰退说""否定衰退说"和"相对衰退说"三种意见,作者的身份与其关于美国霸权的观点有着内在联系,而且,我们至少还可以得出以下一些结论。

首先,美国精英围绕霸权地位的战略辩论本身反映了霸权问题对于美国的重要性,因为这关乎美国国家的核心利益。同时,这一问题不仅蕴涵着美国人对于自身的国家安全、经济繁荣和战略稳定以及对国际秩序的关切,而且体现出一种深刻的忧患意识和自我批判精神。亨廷顿曾指出,对于一个国家来说,担忧衰落是非常重要的,唯有如此,这个国家才能够做出必要的变革以避免那些令人沮丧的预言转化为现实。如果不是对苏联先于美国发射人造卫星的震惊(Sputnik Shock),美国就不会改进其教育和科研体系,资助美国国家航空航天局(NASA)并迅速登上月球。[①] 此外,这些辩论与近十几年美国面临的战略环境密切相关,对于我们理解美国国内的学术、政策和战略争论具有一定的价值。

其次,文章中的大多数美国精英在霸权是否衰退的讨论中持正面意见。总体看,包括多数学者和政要在内的美国精英明确否定了所谓"美国霸权衰落"的命题。其中,即使一些作者在某一方面或某几个方面表达了一些负面意见,但实际上这些作者未必真正认同美国霸权已经衰退。而且,受客观因素影响,文章作者对霸权的观点也会随时间的变化而改变。事实上,若以自身作为参照系,美国现在处于相对衰退之中;但另一方面,与世界其他国家相比,作为唯一超级大国的美国仍然具有无可匹敌的实力(包括硬实力和软实力),它在军事、经济、金融、政治、外交、科技、创新、教育、人口、意识形态和文化诸多领域,都具有他国无法相比的权力和国际影响力。换言之,通过维护开放的、基于规则的

---

① Fareed Zakaria, "Can America Be Fixed? The New Crisis of Democracy," *Foreign Affairs*, Vol. 92, No. 1, Jan./Feb. 2013, pp. 22 – 33.

自由主义国际秩序，在美国实力相对衰退情况下继续吸纳和整合新兴力量，规范中国等"潜在挑战者"，美国仍具有掌控世界事务的能力，从而延续美国在21世纪的国际领导地位。因此，很难说美国霸权已经衰退。

再次，值得注意的是，美国精英对"权力"（Power）这一概念本身的理解亦在不断深化发展。如约瑟夫·奈将信息时代的软、硬权力资源结合起来，提出"巧实力"（Smart Power）的概念。奈还指出：以资源来衡量的权力很少等同于以人们期望的结果所衡量的权力，而以资源来思考权力时，权力转化是基本问题。因此，美国霸权衰退论的周期循环更多的是一种心理预期，而非真正的权力资源转移。"美国的权力已不像过去，但是，美国也从未真正地像人们所认为的那般强大"；[①] 相较于奈对于权力的理解，斯劳特则提出崭新的衡量指标，她独具匠心地将"联系度"（Connections）转化为创新和增长的能力作为21世纪网络时代衡量国家权力的标准：只有最具"联系度"的国家才能设置全球议程，实现创新和持续增长，成为核心玩家。只有把握复杂的网络关系，占据关键"节点"位置，才能保证自身领导地位；类似的，施密特和科恩则认为诸如手机和互联网等联系性技术工具的权力会创造21世纪的奇迹。这些新媒介不仅使信息跨越传统边界的发展和分散成为可能，降低了登陆障碍，而且改变了商业运行方式、政府职能和公众的生活方式。作为世界最有权力的"国度"，联系性权力的崛起为经济增长和发展带来新的机遇。那些引领技术潮流的国家将处于最佳位置来扩展影响力，并把其他国家纳入其战略轨道。[②]

最后，美国精英在讨论和审视自身霸权是否衰退时的"内向型视角"亦值得深思、借鉴，如包括伯格斯坦、奥尔特曼、哈斯、基辛格和阿德尔曼等一致认为，美国的问题并非来自外部，而是来自其社会内部，是国内的财政赤字、经济问题和政治衰败正在威胁美国能够和应该发挥全球影响

---

① Joseph Nye, "The Future of American Power: Dominance and Decline in Perspective," *Foreign Affairs*, Vol. 89, No. 6, Nov./Dec. 2010, pp. 9 – 11.

② Eric Schmidt and Jared Cohen, "The Digital Disruption: Connectivity and the Diffusion of Power," *Foreign Affairs*, Vol. 89, No. 6, Nov./Dec. 2010, pp. 64 – 75.

力的能力。换言之，并不是美国在国际社会中的轻率行为危及美国的偿债能力，而是美国国内的肆意挥霍威胁其权力和安全，是美国民众及其民意代表的拖延使债务问题到了危险的境地，[①] 是陈旧的基础设施建设、对科技研发重视不足再加上政府运行的机能失调，造成了美国自身竞争地位衰退的结果。[②] 基于此，这些美国精英在不同程度上为美国政策制定者提出一系列的忠告、批评和建议。总之，正如基辛格所言："美国应该以灵活性和坚定性来应对这些（国内）问题，而非一概将其归咎于一个推定的敌手。"[③] 笔者认为，探讨这些争论对美国政策调整和转变的影响是值得进一步研究的问题。

附表 1999—2015 年《外交》杂志刊文样本统计[④]

时间	题目	作者	作者身份	对美国霸权衰退的看法	主要观点	议题
1999年第2期	《孤单的超级大国》(The Lonely Superpower)	塞缪尔·亨廷顿 (Samuel P. Huntington)	学者	肯定	"单极瞬间"已经让位于以"单极为主的多元体系"，并向多极发展。美国不再拥有冷战末期的支配地位，是主要大国而非超级大国。美国须学会妥协	权势
1999年第5期	《如何处理美国优势》(What to do with American Primacy)	理查德·哈斯 (Richard N. Haass)	学者、前官员	肯定	地缘政治多极化趋势不可避免，美国不会永远处于世界顶端。美国应接受和塑造新的多极化，而非仅仅进行权力平衡。这意味着美国须推动国际合作，为干预国际事务设置一系列国际准则	权势

---

① Roger C. Altman and Richard N. Haass, "American Profligacy and American Power: The Consequences of Fiscal Irresponsibility," *Foreign Affairs*, Vol. 89, No. 6, Nov./Dec. 2010, pp. 9–25.
② Henry A. Kissinger, "The Future of U.S.–Chinese Relations: Conflict is a Choice, Not a Necessity," *Foreign Affairs*, Vol. 91, No. 2, Mar./Apr. 2012, pp. 44–55.
③ Henry A. Kissinger, "The Future of U.S.–Chinese Relations: Conflict is a Choice, Not a Necessity," *Foreign Affairs*, Vol. 91, No. 2, Mar./Apr. 2012, pp. 44–55.
④ 本文择取样本的标准是美国的各界人士，故澳大利亚前总理陆克文（Kevin Rudd）的文章未被收录。

续表

时间	题目	作者	作者身份	对美国霸权衰退的看法	主要观点	议题
2001年第1期	《霸权的疑问》(The Question of Hegemony)	威廉·普法夫(William Pfaff)	作家	肯定	虽然美国仍是21世纪初期的军事经济超级大国,但是反对美国霸权的力量不可避免。无论美国意愿如何,多极化趋势不可阻挡	权势
2001年第3期	《美国贸易赤字:危险的困扰》(The U.S. Trade Deficit: A Dangerous Obsession)	约瑟夫·坤兰(Joseph P. Quinlan);马克·钱德勒(Marc Chandler)	学者	否定	虽然美国正被不断增长的贸易赤字所困扰,然而贸易已不再是全球竞争力的有效衡量标准。当前美国通过海外子公司而非贸易出口在世界市场竞争,美国无须过分担心贸易赤字	经济
2002年第4期	《透视美国优势》(American Primacy in Perspective)	斯蒂芬·布鲁克斯(Stephen G. Brooks);威廉·沃尔沃斯(William C. Wohlforth)	学者	否定	在军事、经济、技术等所有主要功能领域,以国力的每一项标准成分衡量,当前美国拥有先前几个世纪里世界从未见过的真正全面的压倒性优势;美国的优势地位或单极状态能在可预见的未来永远持续下去	权势
2004年第3期	《美国软实力衰退》(The Decline of America's Soft Power)	约瑟夫·奈(Joseph S. Nye Jr.)	学者、前官员	肯定	近年反美主义浪潮增加,美国通过政治体制、外交政策合法性、规则制度和价值观念吸引他人的软实力在降低	权势
2004年第4期	《未完成的全球权势转移》(A Global Power Shift in the Making)	詹姆斯·霍格(James F. Hoge Jr.)	编辑	肯定	权势转移正在加速进行,虽然西方已意识到亚洲权势的增长,却未将该意识转化为对策	权势
2004年第6期	《美国正在丧失优势?》(Is America Losing Its Edge?)	亚当·西格尔(Adam Segal)	学者	否定	科技创新和企业家精神保证了美国的经济繁荣和军事实力。全球化既推动美国科技创新也带来挑战。充分利用多元思想和体系是美国最重要的相对优势之一	科技

续表

时间	题目	作者	作者身份	对美国霸权衰退的看法	主要观点	议题
2005年第2期	《过度扩张的神话》(The Overstretch Myth)	大卫·利维(David H.Levey);斯图尔特·布朗(Stuart S. Brown)	企业家、学者	否定	虽然过度依赖外资和巨额外债威胁到美国霸权地位,但得益于经济持续引领创新前沿,美国霸权基础依然稳固	经济
2005年第4期	《赤字多么可怕?》(How Scary Is the Deficit?)	布拉德·塞特瑟(Brad Setser);努里尔·鲁比尼(Nouriel Roubini)	学者	肯定	经常项目赤字所导致的经济、金融危机和严重依赖外债等问题没有被夸大,而是受到的关注太少,在未来几年还将继续增长。美国财政赤字是其面临的现实威胁	经济
2006年第2期	《美国核优势的上升》(The Rise of U.S. Nuclear Primacy)	依尔·利伯(Keir A. Lieber);达尔·普赖斯(Daryl G. Press)	学者	否定	相互确保摧毁时代即将结束。50多年来,美国首次占据绝对核优势地位	军事
2007年第5期	《没有美国的民主:自由主义的传播》(Democracy Without America; The Spontaneous Spread of Freedom)	迈克尔·曼德尔鲍姆(Michael Mandelbaum)	学者	否定	美国推广民主制度和价值观的挫折并不意味着民主制度自身的失败。当前,民主国家数量急剧上升,现已成为全球最普遍的政治制度	外交
2007年第6期	《华盛顿的东方日落:美国霸权在东北亚的衰退》(Washington's Eastern Sunset; The Decline of U.S. Power in Northeast Asia)	杰森·夏普兰(Jason T. Shaplen);詹姆斯·兰尼(James Laney)	非营利组织成员	肯定	美国在东北亚的权势地位相对衰退:中国崛起,日韩处于变动中,东北亚区域均势已被打破	权势

续表

时间	题目	作者	作者身份	对美国霸权衰退的看法	主要观点	议题
2008年第1期	《中国崛起与西方未来：自由主义国际秩序能幸存吗？》(The Rise of China and the Future of the West: Can the Liberal System Survive?)	约翰·伊肯伯里(G. John Ikenberry)	学者	否定	虽然中国崛起不可避免地带来美国单极瞬间的结束，但这并非意味着暴力权势斗争或西方体系的垮台。通过增强自由主义国际秩序，该体系仍能维持支配地位，整合一个更强大的中国	权势
2008年第1期	《一个新现实主义》(A New Realism: A Realistic and Principled Foreign Policy)	比尔·理查德森(Bill Richardson)	政要	否定	美国需要一个基于现实和美式价值观的外交政策，表明它仍是领导者而非单边主义者。撤军伊拉克和修复国家形象是美国新的全球参与和领导战略的第一步	外交
2008年第3期	《反对西方：亚洲世纪中的美国和欧洲》(The Case Against the West: America and Europe in the Asian Century)	吉舍尔·马布巴尼(Kishore Mahbubani)	学者	肯定	美国未能解决中东问题、核扩散、贸易自由化停滞和全球气候变暖。美国自身就是问题的一部分。美国主导的国际秩序出现了体系性问题	外交
2008年第3期	《美国霸权的未来：如何在他国崛起中幸存》(The Future of American Power: How America Can Survive the Rise of the Rest)	法里德·扎卡里亚(Fareed Zakaria)	编辑、作家、媒体人	否定	美国的军事实力不是其强大的原因，而是其强大的结果，其仍有塑造世界的实力和动力，但前提是美国能克服政治僵局和重新调整外交政策以应对他国崛起	外交

续表

时间	题目	作者	作者身份	对美国霸权衰退的看法	主要观点	议题
2008年第3期	《无极时代:美国霸权之后》(The Age of Nonpolarity: What Will Follow U.S. Dominance)	理查德·哈斯(Richard N. Haass)	学者、前官员	肯定	"单极瞬间"结束,21世纪国际关系的特点是无极性。国际权力将扩散而非集中,民族国家影响力式微,非国家行为体上升。然而这对美国并非都是消极的;华盛顿仍能管控该转变,使全球更加安全	权势
2008年第4期	《平等的伙伴关系:华盛顿应如何应对中国的经济挑战》(A Partnership of Equals: How Washington Should Respond to China's Economic Challenge)	弗雷德·伯格斯坦(C. Fred Bergsten)	学者、前官员	否定	美国仍是全球最大经济体、世界储备货币发行者、最大的外资来源国和接受国。随着中国经济的增长,华盛顿应寻求同北京发展伙伴关系,共享全球经济领导权	经济
2008年第5期	《战略经济接触:增强美中联系》(A Strategic Economic Engagement: Strengthening U.S.-Chinese Ties)	亨利·保尔森(Henry M. Paulson Jr.)	政要	否定	奥巴马面临的首要挑战之一,将是如何应对中国作为全球大国崭露头角。接触是通往成功的唯一路径	外交
2009年第1期	《美国优势:网络时代的权力》(America's Edge: Power in the Networked Century)	安妮·玛丽·斯劳特(Anne-Marie Slaughter)	学者、前官员	否定	在21世纪网络时代中,衡量国家权势的标准是将联系度转化为创新和增长的能力。得益于人口、地理和文化,美国具有将网络时代变为美国世纪的潜力	权势
2009年第1期	《专制复兴的迷思:为何自由民主会占优势》(The Myth of the Autocratic Revival: Why Liberal Democracy Will Prevail)	丹尼尔·多德尼(Daniel Deudney);约翰·伊肯伯里(G. John Ikenberry)	学者	否定	虽然"专制国家"通过新模式取得了繁荣发展,但自由民主制度依然强势。美国应将这些国家纳入自由主义国际秩序,而不是隔离	外交

续表

时间	题目	作者	作者身份	对美国霸权衰退的看法	主要观点	议题
2009年第4期	《变得灵巧》(Get Smart)	约瑟夫·奈 (Joseph S. Nye Jr.)	学者、前官员	否定	未来数十年,美国仍将比其他任何国家都强大。通过运用"巧实力",美国能更好地促进民主、维护人权和发展公民社会	外交
2009年第4期	《全球化的退却》(Globalization in Retreat)	罗杰·奥尔特曼 (Roger C. Altman)	CEO、前官员	肯定	自由市场资本主义和放松监管的时代已经结束。随着美国经济模式吸引力的下降,中国影响力在上升	经济
2009年第5期	《默认的权势:美国衰落的错误预言》(The Default Power: The False Prophecy of America's Decline)	约瑟夫·约菲 (Josef Joffe)	编辑	否定	美国在任何重要的权势领域都维持第一。21世纪美国比任何竞争者都更年轻和有活力。美国能以更少的成本运作国际体系	权势
2009年第5期	《美元困境:全球顶尖货币面临竞争》(The Dollar Dilemma: The World's Top Currency Faces Competition)	巴利·艾肯格林 (Barry Eichengreen)	学者	否定	美元对世界的重要地位没有减弱	经济
2009年第6期	《美元与赤字》(The Dollar and the Deficits)	弗雷德·伯格斯坦 (C. Fred Bergsten)	学者、前官员	否定	美国应避免巨额外债,同时平衡预算,适应一个较少以美元为中心的全球货币体系。一个负责任的财政政策能够降低利率和防止美元升值	经济
2010年第2期	《复杂性和崩溃》(Complexity and Collapse)	尼尔·弗格森 (Niall Ferguson)	学者	肯定	"帝国过度扩张论"认为,帝国迟早会衰退和崩溃。当前联邦财政赤字对美国霸权是一项长期威胁。金融危机是放松金融管制的结果	经济

续表

时间	题目	作者	作者身份	对美国霸权衰退的看法	主要观点	议题
2010年第6期	《通过民间力量的领导：重塑美国外交和发展》（Leading through Civilian Power: Redefining American Diplomacy and Development）	（Hillary Rodham Clinton）希拉里·克林顿	政要	否定	通过加强海外民间力量，美国能够应对诸如暴力极端主义和全球经济危机等一系列挑战	外交
2010年第6期	《数据分裂：联系性和权力分散》（The Digital Disruption: Connectivity and the Diffusion of Power）	埃里克·施密特（Eric Schmidt）；杰瑞德·科恩（Jared Cohen）	CEO、企业家	否定	通信科技使政府得以传播其价值观念和捍卫国家利益。为促进威权国家中信息的自由流动，民主国家应在信息革命的前线同民众和企业结成联盟	科技
2010年第6期	《挥霍与权力：财政不负责任的后果》（American Profligacy and American Power: The Consequences of Fiscal Irresponsibility）	罗杰·奥尔特曼（Roger C. Altman）；理查德·哈斯（Richard N. Haass）	CEO、前官员；学者、前官员	肯定	巨额外债等财政问题不仅会导致经济紧缩、民众生活水平下降，而且会影响美国外交政策和国际社会，对美国霸权造成负面影响	经济
2010年第6期	《GDP现在比军事重要：经济权力时代的美国外交政策》（GDP Now Matters More Than Force: A U.S. Foreign Policy for the Age of Economic Power）	莱斯利·盖尔布（Leslie H. Gelb）	学者、前官员	肯定	当前多数国家将外交政策聚焦于经济安全，美国却没有。华盛顿依然以传统军事思维考虑安全政策，以军事手段应对威胁。美国决策者须适应一个以经济为中心的世界	外交

续表

时间	题目	作者	作者身份	对美国霸权衰退的看法	主要观点	议题
2010年第6期	《不可靠的利益攸关者？整合崛起大国的困难》(Irresponsible Stakeholders? The Difficulty of Integrating Rising Powers)	帕特里克·斯图亚特（Patrick Stewart）	学者	肯定	新兴大国崛起正在改变着地缘政治格局，它们往往反对二战后自由主义国际秩序的政治经济基础。为整合该秩序，美国需接受多边合作	权势
2010年第6期	《返回学校：提高美国教育和竞争力》(Back to School: Enhancing U.S. Education and Competitiveness)	阿恩·邓肯（Arne Duncan）	政要	否定	国家间为争夺有限经济资源的竞争是贸易保护主义和国际冲突的根源。美国人必须意识到增加全球受教育机会才是为所有人做大蛋糕的最好途径	教育
2010年第6期	《美国霸权的未来：透视美国权力及其衰退》(The Future of American Power: Dominance and Decline in Perspective)	约瑟夫·奈（Joseph Nye）	学者前官员	否定	"美国衰落"主要是心理上的，而非真实权力资源方面的衰落，美国霸权只是相对衰退而非绝对衰退，有理由相信美国在今后几十年仍能保持优势权力地位	权势
2010年第6期	《人口的未来：人口增长和下降对世界经济意味着什么》(The Demographic Future: What Population Growth-and Decline-Means for the Global Economy)	尼古拉斯·伯施塔特（Nicholas Eberstadt）	学者	否定	21世纪世界人口出生率急剧下降。众多国家将面临人口减少和老龄化的挑战。然而，由于较高出生率和移民水平，美国拥有人口优势	人口

续表

时间	题目	作者	作者身份	对美国霸权衰退的看法	主要观点	议题
2011年第2期	《自信中国的优势：回应北京的摩擦外交》(The Advantages of an Assertive China: Responding to Beijing's Abrasive Diplomacy)	托马斯·克里斯滕森(Thomas J. Christensen)	学者、前官员	否定	虽然金融危机以来的中国更加充满自信，但是中国外交政策更多是反应性和保守性的。中国影响力上升和美国霸权衰退被夸大了	权势
2011年第2期	《中国崛起导致战争？为何现实主义不意味着悲观主义》(Will China's Rise Lead to War? Why Realism does not Mean Pessimism)	查尔斯·格拉泽(Charles Glaser)	学者	否定	中美冲突并非不可避免。当前国际秩序应当使双方在没有重大威胁的情况下维护各自利益。在中国成为超级大国的任何潜在可能性中，双方均能够维持较高的安全水平	权势
2011年第2期	《后华盛顿共识：危机之后的发展》(The Post-Washington Consensus: Development after the Crisis)	南希·博德塞奥(Nancy Birdsall)；弗朗西斯·福山(Francis Fukuyama)	学者	肯定	金融危机对世界政治经济均造成了可怕影响，削弱了资本主义体系合法性，加剧了全球反对自由主义的浪潮。根源是美国经济已经由"实"转"虚"	经济
2011年第3期	《自由主义国际秩序的未来：美国之后的国际主义》(The Future of the Liberal World Order: Internationalism after America)	约翰·伊肯伯里(G. John Ikenberry)	学者	否定	"美国衰落论"忽略了时下发生的转变：正在发生的并非美国衰落，而是其他国家赶上并加强联系的一个动态过程。这正是在一个开放的和基于规则的国际秩序中发生的	权势
2011年第6期	《破碎的契约：不平等和美国衰落》(The Broken Contract: Inequality and American Decline)	乔治·帕克(George Packer)	作家	肯定	占领华尔街、财政悬崖、意识形态极化、对现实冷漠、政治短视和国家利益党争化问题表明：美国的政治、商业和媒体中均存在机构阻力。然而，美国的政治僵局似乎根本无法解决	政治

续表

时间	题目	作者	作者身份	对美国霸权衰退的看法	主要观点	议题
2012年第1期	《平衡东方,提高西方:剧变时代的美国大战略》(Balancing the East, Upgrading the West: U.S. Grand Strategy in an Age of Upheaval)	兹比格涅·布热津斯基(Zbigniew Brzezinski)	学者、前官员	否定	未来几十年美国的核心挑战是再次复兴:促进一个更大的西方,同时,在东方支撑一个能够容纳崛起中的中国的复杂平衡,最终促进全球民主政治文化的逐渐形成	战略
2012年第1期	《历史的未来:自由民主制能否在中产阶级的衰落中幸存下来》(The Future of History: Can Liberal Democracy Survive the Decline of the Middle Class?)	弗朗西斯·福山(Francis Fukuyama)	学者	肯定	金融危机和欧债危机均是资本主义不负责任放松金融管制的产物。当前全球化的资本主义正在侵蚀自由民主制度的社会基础——中产阶级,而中产阶级状况可能会影响到政治体制的稳定	政治
2012年第1期	《中国大辩论》(The Great China Debate: Will Beijing Rule the World?)	德里克·史剑道(Derek Scissors);阿文·苏布兰马尼安(Arvind Subramanian)	学者、学者	否定	中国崛起被夸大了,其国内问题非常严重	权势
2012年第2期	《明确和现实的安全:美国比华盛顿想象的更安全》(Clear and Present Safety: The United States is More Secure Than Washington Thinks)	米卡·增科(Micah Zenko);迈克尔·科恩(Michael A. Cohen)	学者、学者	否定	美国是世界最有实力的国家,未受挑战而且很安全。奥巴马最新国家安全战略所渴望的美国的世界地位是:更加强大和更加安全,在吸引世界民众的同时还能克服自身面临的挑战	战略

续表

时间	题目	作者	作者身份	对美国霸权衰退的看法	主要观点	议题
2012年第4期	《霸权之后:关于衰退争论的已知和未知因素》(Hegemony and After: Knowns and Unknowns in the Debate over Decline)	罗伯特·基欧汉(Robert O. Keohane)	学者	否定	由于中国崛起和美国在经济、政治和军事上的问题,美国正在进行关于霸权衰退的第六次争论。对于悲观派的论调,乐观派以美国全球领导地位的延续和可行性进行了反驳	权势
2013年第1期	《西方兴衰:为何金融危机后美欧更强大》(The Fall and Rise of the West: Why America and Europe will Emerge Stronger from the Financial Crisis)	罗杰·奥尔特曼(Roger C. Altman)	CEO、前官员	否定	美国经济将因金融危机更强健,经济结构也得到广泛调整。房地产复苏、非传统能源革命、银行体系改组和制造业复兴将刺激新一轮经济增长	经济
2013年第1期	《美国能自我修复吗?民主新危机》(Can America be Fixed? The New Crisis of Democracy)	法里德·扎卡里亚(Fareed Zakaria)	编辑、作家、媒体人	肯定	政治僵局和财政悬崖对美国霸权是重大挑战	政治
2013年第3期	《大数据崛起:它如何改变我们思考世界的方式》(The Rise of Big Data: How It's Changing the Way We Think About World)	肯尼斯·库克耶(Kenneth Cukier);维克托·迈尔-舒博格(Viktor Mayer-Schoenberger)	编辑、学者	否定	大数据意味着信息数量多、价值密度低、信息内容复杂多样、信息积累快。美国抓住这一新趋势,从政治和战略层面制定相关政策,以引领大数据潮流	科技

续表

时间	题目	作者	作者身份	对美国霸权衰退的看法	主要观点	议题
2013年第5期	《为何趋同会导致冲突:趋同化会使中美相分离》(Why Convergence Breeds Conflicts: Growing More Similar will Push China and the United States Apart)	马克·雷纳德(Mark Leonard)	学者	肯定	当前中美竞争更多指向国际地位而非意识形态。大国间的差异往往导致互补与合作,反之,趋同往往成为冲突的根源。当前双方的竞争大于合作	权势
2014年第1期	《美国社会民主未来:政策弧线虽长,但趋向正义》(America's Social Democratic Future: The Arc of Policy is Long But Bends Toward Justice)	莱恩·肯沃西(Lane Kenworthy)	学者	否定	自2010年奥巴马签署医改法案以来,该法案成为美国政治的核心议题。由于公众需求的整合、科技条件和国民健康水平的提高,社会民主将是美国的未来	政治
2014年第1期	《失败国家兴衰:结束十多年注意力的分散》(The Rise and Fall of the Failed-State Paradigm: Requiem for a Decade of Distraction)	迈克尔·马扎尔(Michael J. Mazarr)	学者	肯定	美国帮助"失败国家"进行干预主义国家建设是战略失败,美国经历了十多年非理性狂热	外交
2014年第2期	《中美如何看待对方:为何它们必将发生冲突》(How China and America See Each Other: And Why They are on a Collision Course)	裴敏欣(Pei, Minxin)	学者	肯定	美国自由主义者认为,中国通过贸易和投资融入现存国际秩序,中国就会接受规则并维持该体系;现实主义者认为,在中国成为利益攸关方之前,美国应做好联盟和军事准备,以防中国威胁现存国际秩序。美中冲突不可避免	权势

续表

时间	题目	作者	作者身份	对美国霸权衰退的看法	主要观点	议题
2014年第3期	《华盛顿的失败国家议程:十多年注意力的分散?/答复马扎尔》(Washington's Weak-State Agenda: A Decade of Distraction?/Mazarr Replies)	詹姆斯·史依尔(James A. Schear)	学者、前官员	否定	一直以来美国对"失败国家"进行的干预主义国家建设取得的成就还是不容抹杀的	外交
2014年第2期	《发起失败:奥巴马如何摸索医疗保健》(Failure to Launch: How Obama Fumbled Health Care.gov)	乔纳森·奥尔特(Jonathan Alter)	作家、编辑	肯定	奥巴马医改是个失败	政治
2014年第2期	《美国能源优势:页岩革命的地缘政治结果》(America's Energy Edge: The Geopolitical Consequences of the Shale Revolution)	罗伯特·布莱克威尔(Robert D. Blackwill);梅根·沙利文(Meghan L. O'Sullivan)	学者、学者	否定	美国能源革命不仅具有商业意义。本次革命应有助于结束衰落论者关于美国的论调	经济
2014年第3期	《近东承诺:华盛顿为何应聚焦中东》(Near Eastern Promises: Why Washington Should Focus on the Middle East)	肯尼斯·波拉克(Kenneth M. Pollack);雷·塔克(Ray Takeyh)	学者	否定	美国决策者一直试图减少对中东事务的卷入。虽然亚洲是美国外交政策的核心,但这无法削弱中东的重要性	外交
2014年第3期	《地缘政治幻想:自由主义国际秩序的持久力量》(The Illusion of Geopolitics: The Enduring Power of the Liberal Order)	约翰·伊肯伯里(G. John Ikenberry)	学者	否定	美国在地缘政治、经济、科技、人口、政治和思想领域对中国、伊朗、俄罗斯都有绝对优势。通过自由主义国际秩序美国能将这些国家整合起来	权势

续表

时间	题目	作者	作者身份	对美国霸权衰退的看法	主要观点	议题
2014年第3期	《地缘政治回归：修正主义大国的报复》(The Return of Geopolitics: The Revenge of the Revisionist Powers)	沃尔特·拉塞尔·米德 (Walter Russell Mead)	学者	肯定	美国面临地缘政治困境，中、俄和伊朗等修正主义国家挑战后冷战政治安排和美国领导下的全球秩序。它们扩展势力范围对美国利益和领导地位构成挑战	权势
2014年第3期	《美国天然气：为何页岩革命只能发生在美国》(The United States of Gas: Why the Shale Revolution Could Have Happened Only in America)	罗伯特·海夫纳 (Robert A. Hefner Ⅲ)	CEO	否定	页岩气刺激了美国制造业复兴。得益于保护土地私有制及其资源的法律体系、开放的资本市场与合理的监管体系，美国独具开发页岩资源的条件	经济
2014年第3期	《欢迎加入革命：为何页岩是下一个页岩》(Welcome to the Revolution: Why Shale is the Next Shale)	爱德华·莫尔斯 (Edward L. Morse)	学者	否定	怀疑者所谓的环境管制、生产效率下降和钻井经济学对于美国页岩气革命都不算灾难。由于页岩能源的全球涌现，多数试图模仿美国成就的国家都将取得成功	经济
2014年第3期	《别钻，小心地钻：如何使水力裂压对环境更安全》(Don't Just Drill, Baby-Drill Carefully: How to Make Fracking Safer for the Environment)	弗雷德·克鲁伯 (Fred Krupp)	非营利组织成员	否定	水平钻井和水力压裂技术显著提高美国天然气产量，然而，这些技术的运用造成人们对环境破坏的担忧不应被忽视。美国应创建合理的标准，削减这些风险，保证经济繁荣及环境	科技
2014年第3期	《远东承诺：为何华盛顿应聚焦亚洲》(Far Eastern Promises: Why Washington Should Focus on Asia)	库尔特·坎贝尔 (Kurt M. Campbell); 伊利·帕特纳 (Ely Patner)	CEO前官员学者	否定	美国在亚太地区有军事同盟和重要的战略伙伴，美国在日、韩的军事基地对其在该区域和域外的领导地位至关重要	外交

续表

时间	题目	作者	作者身份	对美国霸权衰退的看法	主要观点	议题
2014年第4期	《经营新冷战：华盛顿和莫斯科从最近一次能学到什么》(Managing the New Cold War: What Moscow and Washington Can Learn from the Last One)	罗伯特·莱格沃尔德 Robert Legvold	学者	肯定	乌克兰危机将美俄推到了悬崖，两国现在是敌手。美欧应通过管控事件影响俄方的选择，而非试图改变俄方的思维方式	外交
2014年第4期	《世界新秩序："权力、法、经济"下的劳动、资本和观念》(New World Order: Labor, Capital, and Ideas in the Power Law Economy)	埃里克·布莱恩杰尔夫森（Erik Brynjolfsson）；安德鲁·迈克菲（Andrew Mcafee）；迈克尔·斯宾斯（Michael Spence）	学者 学者 学者	肯定	在"权力、法、经济"世界秩序中，美国的一些传统优势正在衰退	外交
2014年第5期	《为何乌克兰危机是西方的错误：激怒普京的自由主义幻想》(Why the Ukraine Crisis is the West's Fault: The Liberal Delusions That Provoked Putin)	约翰·米尔斯海默(John J. Mearsheimer)	学者	肯定	乌克兰危机是美国的错误。北约和欧盟的东扩以及民主推广是乌克兰危机的根本原因	外交
2015年第3期	《什么造就了资本主义？——评估西方和他者的角色》(What Caused Capitalism?——Assessing the Roles of the West and the Rest)	杰里米·阿德尔曼 Jeremy Adelman	学者	肯定	金融危机、美国政治僵局、欧债危机、"阿拉伯之春"和中国崛起使得西方的命运遭受热议，西方模式遭受质疑。西方主义既非不可避免，也非持久稳固	政治

资料来源：1999—2015年《外交》杂志。

2015年稿件匿名评审人名单

2015年中,以下专家学者为本刊的稿件进行了匿名评审,编辑部对他们的无私工作谨表示衷心的感谢(名单按汉语拼音排序)。

曹 玮	陈定定	刁大明	管传靖	李晓隽	蒲晓宇
任 琳	石之瑜	唐晓阳	吴怀中	徐 进	薛 力
杨 原	于宏源	张 云	赵 通	左希迎	田 野
李 巍	周建仁	齐 皓	邢 悦	张 锋	

2015 年全年总目录

第 1 期

1	主编的话	阎学通
4	中美新型大国关系：概念化与操作化	达巍
25	战略竞争时代的新型中美关系	李巍 张哲馨
54	中国学界对新型大国关系的共识与分歧	齐皓
78	美国学界对中美新型大国关系的讨论	刁大明
100	战略再保证是中美关系的稳定机制？	迟永
	——评《战略再保证与决心：21世纪的中美关系》	

第 2 期

1	外国干涉族群冲突的研究综述	杨迪 漆海霞
31	国际贸易对泰国政治参与的影响	李东云 曹倩 田野
66	中国跨国界河流问题影响因素分析	李志斐
93	拓展地方交流，促进中美大国关系	外交改革课题组
118	系统、时间与社会进化	唐健
	——评唐世平《国际政治的社会进化》	

第 3 期

1	全球治理：一个理论分析框架	张宇燕 任琳
30	中国公共外交有效吗？	曹玮
	——基于2005—2012年六国民众好感度的时间序列分析	

68	美国的楔子战略与中苏同盟的分裂	凌胜利
106	民主转型理论：研究路径、评论及发展	张伟玉
141	日本国际关系学研究的谱系	王广涛

第4期

1	崛起国海军建设的战略选择	金 峰　陈 琪　管传靖
42	印度政党政治碎片化的成因和历程	谢 超
72	上合组织和集安组织发展及前景	靳晓哲　曾向红
	——基于区域公共产品理论的视角	
113	国际关系理论中的历史主义	王日华
148	美国视角下的霸权衰退	赵 华　杨夏鸣
	——基于对1999—2015年《外交》刊文的研究	

注释体例

一 中文注释要求

(一) 首次引用

引用的资料第一次出现在注释中时,一般中文著作的标注次序是:著者姓名(多名著者间用顿号隔开,编者姓名应附"编"字)、文献名、卷册序号、出版地、出版单位、出版时间、页码。

1. 专著

吴冷西:《十年论战:1956—1966 中苏关系回忆录》(上),北京,中央文献出版社,1999,第 13 页。

梁守德、洪银娴:《国际政治学概论》,北京,中央编译出版社,1994,第 36 页。

阎学通等:《中国崛起:国际环境评估》,天津人民出版社,1998,第 168 页。[作者三人以上,可略写为××(第一作者)等;出版社名称已包含地名的,不必重复注出。]

2. 编著

倪世雄主编《冲突与合作:现代西方国际关系理论评介》,成都,四川人民出版社,1988,第 71 页。

威廉·沃尔福思:《单极世界中的美国战略》,载约翰·伊肯伯尔主编《美国无敌:均势的未来》,韩召颖译,北京大学出版社,2005,第 99—117 页。

《什特科夫关于金日成提出向南方发动进攻问题致维辛斯基电》(1950 年 1 月 19 日),沈志华主编《朝鲜战争:俄国档案馆的解密文件》第 1 卷,台北,中研院近代史研究所史料丛刊(48),第 305 页。

3. 译著

孔飞力：《叫魂》，陈兼、刘昶译，上海三联书店，1999，第207页。（译者姓名在著作后）

4. 期刊杂志（期刊指月刊、双月刊、季刊、年刊等，杂志指周刊或半月刊）

吴承明：《论二元经济》，《历史研究》1994年第2期，第98页。

李济：《创办史语所与支持安阳考古工作的贡献》，《传记文学》（台北）第28卷第1期，1976年1月。

阎学通：《中国面临的国际安全环境》，《世界知识》2000年第3期，第9页。

5. 报纸

符福渊、周德武：《安理会通过科索沃问题决议》，《人民日报》1999年6月11日，第1版。（此例适合署名文章）

《朝韩首脑会晤程序大多达成协议》，《中国青年报》2000年5月12日，第6版。（此例适合不署名文章或报道）

6. 通讯社消息

《和平、繁荣与民主》，美新署华盛顿1994年2月24日英文电。（写明电文题目、通讯社名称、发电地、发电日期和发电文种）

7. 政府出版物

中华人民共和国外交部研究室：《中国外交：1998年版》，北京，世界知识出版社，1998，第768页。

《关于国际形势的讲话提纲》（1959年12月），《建国以来毛泽东文稿》第8卷（1959年），北京，中央文献出版社，1996，第599—603页。

8. 会议论文

任东来：《对国际体制和国际制度的理解和翻译》，提交给"全球化与亚太区域化国际研讨会"的论文，天津，南开大学，2000年6月5—16日，第2页。

9. 学位论文

孙学峰：《中国国际关系理论研究方法20年：1979—1999》，中国现代国际关系研究所硕士学位论文，2000年1月，第39页。

10. 未刊手稿、函电等

"蒋介石日记",毛思诚分类摘抄本,中国第二历史档案馆藏。

陈云致王明信,1937年5月16日,缩微胶卷,莫斯科俄罗斯当代文献保管与研究中心藏,495/74/290。(标明作者、文献标题、文献性质、收藏地点和收藏者,收藏编号)

(二) 再次引用

再次引用同一资料来源的资料时,只需注出作者姓名、著作名(副标题可省略)和资料所在页码。

吴冷西:《十年论战:1956—1966中苏关系回忆录》(上),第13页。

(三) 转引

按上述要求将原始资料出处注出,用句号结束。用"转引自"表明转引,再把载有转引资料的资料出处注出。

胡乔木:《胡乔木回忆毛泽东》,北京,人民出版社,1992,第88—89页。转引自杨玉圣《中国人的美国观:一个历史的考察》,上海,复旦大学出版社,1996,第183页。

二 英文注释要求

(一) 首次引用

同中文著作注释一样,引用的英文资料第一次出现在注释中时,需将资料所在文献的作者姓名、文献名、出版地、出版者、出版时间及资料所在页码一并注出。

1. 专著

Kenneth N. Waltz, *Theory of International Politics* (New York: McGraw-Hill Publishing Company, 1979), p.81. (作者姓名按通常顺序排列,即名在前,姓

在后；姓名后用逗号与书名隔开；书名使用斜体字，手稿中用下划线标出；括号内的冒号前为出版地，后面是出版者和出版时间，如果出版城市不是主要城市，要用邮政中使用的两个字母简称标明出版地所在地，例如 CA；单页用 p. 表示）

Hans J. Morgenthau, *Politics Among Nations: The Struggle for Power and Peace* (New York: Alfred A. Knopf Inc. , 1985), 6th ed. , pp. 389 – 392. （主标题与副标题之间用冒号相隔；多页用 pp. 表示。）

Robert Keohane and Joseph Nye, *Power and Interdependence: World Politics in Transition* (Boston, MA: Little Brown Company, 1977), pp. 45 – 46. （作者为两人，姓名之间用 and 连接；如果为两人以上，写出第一作者，后面加 et al. , 意思是 and others）

Ole R. Holsti, "The 'Operational Code' as an approach to the analysis of belief systems," final report to the National Science Foundation, 1977, grant No. SCO 75 – 14368.

2. 编著

David Baldwin ed. , *Neorealism and Neoliberalism: The Contemporary Debate* (New York: Columbia University Press, 1993), p. 106.

Klause Knorr and James N. Rosenau, eds. , *Contending Approaches to International Politics* (Princeton, NJ: Princeton University Press, 1969), pp. 225 – 227. （如编者为多人，须将 ed. 写成 eds. ）

3. 译著

Homer, *The Odyssey*, trans. Robert Fagles (New York: Viking, 1996), p. 22.

4. 文集

Robert Levaold, "Soviet Learning in the 1980s," in George W. Breslauer and Philip E. Tetlock, eds. , *Learning in US and Soviet Foreign Policy* (Boulder, C. O. : Westview Press, 1991), p. 27. （文章名用双引号引上，不用斜体）

5. 期刊

Stephen Van Evera, "Primed for Peace: Europe after the Cold War," *International Security*, Vol. 15, No. 3, 1990/1991. （期刊名用斜体，15 表示卷号）

Ivan T. Boskov, "Russian Foreign Policy Motivations," *MEMO*, No. 4, 1993, p. 27. （此例适用于没有卷号的期刊）

Nayan Chanda, "Fear of Dragon," *Far Eastern Economics Review*, April 13, 1995, pp. 24 – 28.

6. 报纸

Clayton Jones, "Japanese Link Increased Acid Rain to Distant Coal Plants in China," *The Christian Science Monitor*, November 6, 1992, p. 4. （报纸名用斜体；此处 p. 4 指第 4 版）

Rick Atkinson and Gary Lee, "Soviet Army Coming apart at the Seams," *Washington Post*, November 18, 1990, pp. A1, A28 – 29.

7. 通讯社消息

"Beijing Media Urge to Keep Taiwan by Force," Xinhua, July 19, 1995.

8. 政府出版物

Central Intelligence Agency, Directorate of Intelligence, *Handbook of Economic Statistics*, 1988 (Washington, D. C.: US Government Printing Office, 1988), p. 74.

"Memorandum from the President's Special Assistant (Rostow) to President Johnson," November 30, 1966, *FRUS*, 1964 – 1968, Vol. II, Vietnam 1966, document No. 319.

9. 国际组织出版物

报告：*United Nation Register of Conventional Arms*, *Report of the Secretary General*, UN General Assembly Document A/48/344, October 11, 1993. ［文件的注释应包括三项内容：报告题目、文件编号（包括发布机构）、发布日期；题目用斜体］

决议：UN Security Council Resolution 687, April 3, 1991. （决议的注释应当包括两项内容：发布机构和决议号、生效日期）

10. 会议论文

Albina Tretyakava, "Fuel and Energy in the CIS," paper delivered to Ecology '90 conference, sponsored by the America Enterprise Institute for Public Policy Research, Airlie House, Virginia, April 19 – 22, 1990.

11. 学位论文

Steven Flank, *Reconstructing Rockets: The Politics of Developing Military Technologies in Brazil, Indian and Israel*, Ph. D. dissertation, MIT, 1993.

12. 互联网资料

Astrid Forland, "Norway's Nuclear Odyssey," *The Nonproliferation Review*, Vol. 4 (Winter 1997), http://cns.miis.edu/npr/forland.htm. （对于只在网上发布的资料，如果可能的话，也要把作者和题目注出来，并注明发布的日期或最后修改的日期。提供的网址要完整，而且在一段时间内能够保持稳定；内容经常变化的网址，比如报纸的网络版，就不必注明了）

（二）再次引用

再次引用同一资料来源的英文资料时，可以只注出作者姓、著作简短题目和资料所在页码。

Waltz, *Theories of International Politics*, p. 81. （此例适用于著作）

Nye, "Nuclear Learning," p. 4. （此例适用于编著中的章节和期刊中的文章）

Jones, "Japanese Link," p. 4. （此例适用于报纸署名或未署名文章）

决议只需提供文件号。

（三）转引

F. G. Bailey ed., *Gifts and Poisons: The Politics of Reputation* (Oxford: Basil Blackwell, 1971), p. 4, quote from Paul Ian Midford, *Making the Best of A Bad Reputation: Japanese and Russian Grand Strategies in East Asia*, Dissertation, UMI, No. 9998195, 2001, p. 14.

图书在版编目(CIP)数据

国际政治科学. 2015年. 第4期/阎学通主编. —北京：社会科学文献出版社，2015.12
 ISBN 978-7-5097-8373-3

Ⅰ.①国… Ⅱ.①阎… Ⅲ.①国际政治-丛刊 Ⅳ.①D5-55
中国版本图书馆CIP数据核字（2015）第268745号

国际政治科学（2015年第4期）

主　　编 / 阎学通

出 版 人 / 谢寿光
项目统筹 / 祝得彬
责任编辑 / 王丽影　王晓卿

出　　版 / 社会科学文献出版社·全球与地区问题出版中心（010）59367004
　　　　　　地址：北京市北三环中路甲29号院华龙大厦　邮编：100029
　　　　　　网址：www.ssap.com.cn
发　　行 / 市场营销中心（010）59367081　59367090
　　　　　　读者服务中心（010）59367028
印　　装 / 北京季蜂印刷有限公司
规　　格 / 开　本：787mm×1092mm　1/16
　　　　　　印　张：13.5　字　数：191千字
版　　次 / 2015年12月第1版　2015年12月第1次印刷
书　　号 / ISBN 978-7-5097-8373-3
定　　价 / 29.00元

本书如有破损、缺页、装订错误，请与本社读者服务中心联系更换
▲ 版权所有 翻印必究

期刊订阅单

《国际政治科学》致力于推进国际关系的科学研究,主要刊登国际安全、对外政策、国际关系理论、国际政治经济、外交学领域的论文,尤其重视与中国对外政策和东亚国际关系的相关的研究成果。

《国际政治科学》倡导理论流派和研究方法的多样性,包括问题提出、文献回顾、逻辑推论和经验检验等研究程序完整的学术论文,同时适当刊出学术性较强的评论文章和书评。

2015年《国际政治科学》国内零售价每期29元,全年4期(季刊);年价116元。

订阅方式:
1. 电话订阅:010-62798183/62798083
2. 邮件订阅:wpfs@ tsinghua.edu.cn
3. 回执订阅:填妥以下回执并以挂号信或传真的方式发回我院。
4. 汇款方式:邮局汇款
   地　　址　清华大学明斋304室　　　邮　　编　100084
   收　　款　清华大学当代国际关系研究院
   附　　言　订购《国际政治科学》
5. 办理汇款后请将汇款凭证邮寄或传真给我院(传真号码:010-62773173)。

订户单位				
收刊地址				
订户姓名		职务:		邮政编码:
电子邮件		电话:		传真:
订阅起止	年　月至　年　月	订阅份数:		本
付款方式	□邮局	需开收据:	□是　□否	
合计金额(大写):万　千　百　十　元		合计金额(小写):		
备注:				